Le français en vrai !

FLE • B1-C1

LE FRANÇAIS EN VRAI !

Pour communiquer au quotidien

avec fichiers audio

Antoine Boissier
Yann Jubier
Jérôme Rambert

ellipses

Fichiers audio à télécharger sur le site des éditions Ellipses :
www.editions-ellipses.fr

ISBN 9782340-048164

32, rue Bargue 75740 Paris cedex 15

www.editions-ellipses.fr

Sommaire

Avant-propos

Cet ouvrage souhaite proposer un outil concret, immédiat et pratique pour comprendre et mieux appréhender des situations réelles de francophones, dans de multiples contextes et à tous les âges de la vie. Il s'adresse aussi bien à des apprenants à partir du niveau B1 qu'aux professeurs de français désireux de proposer des contenus vivants et actuels. Des documents sonores variés, des thématiques de société contextualisées, un style volontairement oralisé tout en restant accessible proposent à l'apprenant de se confronter aux réalités de la langue française d'aujourd'hui.

Les enseignants y trouveront un matériau précieux pour leurs classes, aussi bien des documents déclencheurs que des contenus plus approfondis de compréhension écrite et orale. Les enregistrements disponibles en ligne permettent également de travailler en parfaite autonomie en suivant une progression thématique calibrée et enrichie d'exercices, de points lexicaux et d'activités complémentaires.

Conçue par des enseignants de FLE proches du terrain et rodés aux échanges interculturels, cette méthode est déclinée de la manière suivante :

- Chaque dossier thématique contient cinq sous-parties.
- Chaque double page propose un ou plusieurs documents à lire et à écouter ainsi que des activités de compréhension variées.
- Chaque sous-partie contient un point lexical et des activités complémentaires pour aller plus loin.
- Une section Annexes centrée sur la langue quotidienne.
- 142 enregistrements disponibles en ligne.
- Les corrigés des activités.

Enfin, nous souhaitons proposer quelques pistes méthodologiques pour une utilisation optimale de cet ouvrage :

- Pour les enseignants : les documents proposés peuvent être soit déclencheurs, soit d'approfondissement, une véritable « matière première » pour les enseignants de FLE. Ils peuvent également être utilisés en préparation du DELF et du DALF.
- Pour les apprenants en autonomie :
  - **Niveau B1** : d'abord lire les documents puis les écouter pour ensuite répondre aux questions. Enfin, en guise de vérification, lire et écouter en même temps afin d'associer la graphie et la phonie française.
  - **Niveaux B2 et supérieurs** : écouter une ou deux fois les documents puis répondre aux questions. De même, in fine, lire et écouter en même temps.

Bonne découverte et bon travail à toutes et à tous !

Les auteurs

PARTIE 1

Vie quotidienne

1 Faire ses courses, aller au marché

LIRE / ÉCOUTER

DOC 1 — PISTE 01

Au supermarché.

Teddy adore faire ses courses au supermarché ; pour lui qui n'a pas le temps, c'est super pratique ! Il gare rapidement sa voiture sur le parking géant, il y a toujours de la place. Ensuite, il prend son caddie et il se précipite dans les rayons où il apprécie le choix incroyable qui lui est proposé ; des produits bien rangés provenant du monde entier et aussi des produits locaux qui sont valorisés. Il essaie de ne pas trop dépenser, et ce pour plusieurs raisons : avant tout à cause de son budget mais aussi car il souhaite limiter sa consommation pour réduire son impact sur la planète. Teddy aime consommer, d'accord, mais il se voit aussi comme un « consomm'acteur », c'est-à-dire un citoyen responsable qui choisit des produits locaux, bios et du commerce équitable. Il souhaite également limiter sa consommation de viande. Ce n'est pas du tout facile de concilier tous ces aspects ! Rayon épicerie, rayon des surgelés, rayon boulangerie/viennoiserie, rayon bien-être/hygiène, rayon poissonnerie, rayon boucherie… et voilà, c'est fini, il est l'heure de passer à la caisse. Teddy a aussi prévu ses sacs de course réutilisables.

DOC 2 — PISTE 02

Les courses alternatives.

Chloé ne supporte pas les grandes surfaces, les super ou bien les hypermarchés. Elle préfère les petites boutiques qui valorisent les produits locaux pour acheter ses fruits et légumes, le marché de sa ville le samedi matin, le boucher-charcutier et le poissonnier de son quartier. Pour tout le reste, elle fréquente la petite supérette bio à côté de son travail. Elle veut lutter contre la surconsommation de notre société qui a un impact très négatif sur la planète, elle se contente du strict nécessaire. Elle achète en vrac pour limiter les emballages en plastique beaucoup trop polluants. Elle fait tous ses achats à pied et elle utilise un cabas de courses pour les transporter.

ACTIVITÉS

DOC 1 Activité 1 Vrai ou faux ?

	Vrai	Faux
1. Teddy déteste les supermarchés à cause de la foule.	☐	☑
2. Teddy fait attention à bien dépenser son argent.	☑	☐
3. Teddy ne s'inquiète pas du niveau de pollution de ses courses.	☐	☑
4. Teddy souhaite consommer moins de viande.	☑	☐
5. À la caisse, Teddy utilise des sacs plastiques jetables.	☐	☑

SCORE : ....

DOC 2 Activité 2 Associez les mots à leur définition.

1. « Grande surface »
2. « Marché »
3. « Supérette bio »
4. « Acheter en vrac »
5. « Emballage »

a. Petit magasin spécialisé en produits issus de l'agriculture biologique
b. Produits transportés, présentés ou vendus sans soin particulier, sans protection
c. Magasin de grande taille
d. Lieu où se réunissent les marchands
e. Sert à protéger le produit vendu

SCORE : ....

LIRE / ÉCOUTER

DOC 3 — PISTE 03

Au marché.

Chloé fait ses courses le samedi matin au marché de sa petite ville. Elle commence chez le marchand de fruits et légumes :

Le marchand : 6 euros la barquette de fraises ! Pas 7, pas 8 mais 6 euros ! Profitez !

Chloé : Bonjour !

Le marchand : Bonjour ma p'tite dame, qu'est-ce qu'il vous faut ?

Chloé : Je vais vous prendre deux barquettes de fraises, elles ont l'air super ! Elles viennent d'où ?

Le marchand : Production nationale ! C'est français.

Chloé : Ah ! Sans trop de pesticides ?

Le marchand : Ah ça, je peux pas vous le garantir...

Chloé : C'est dommage... je les prends quand même.

Le marchand : Il vous faut autre chose ??

Chloé : heu oui ! 200 grammes de haricots verts, 1 kilo de tomates, deux poivrons, trois oignons...

Le marchand : Voilà, voilà, j'arrive...

Chloé : Deux courgettes, une petite botte de carottes et une salade bien fraîche !

Le marchand : Ce sera tout ??

Chloé : Oui, merci.

Le marchand : Ça vous fera 12 euros 60... allez 12 euros !

Chloé : Merci, c'est gentil, bonne journée.

Le marchand : Bonne journée à vous.

DOC 4 — PISTE 04

Au marché, la suite.

Chloé continue à faire son marché :

Le fromager : Madame, c'est à vous !

Chloé : Bonjour Monsieur, je voudrais un Reblochon s'il vous plaît, c'est pour cuisiner une tartiflette.

Le fromager : Oui, le voilà ! Avec ceci ?

Chloé : 50 grammes de crème fraîche... vous pouvez la mettre directement dans mon bocal en verre ?

Le fromager : Oui, si vous voulez... mais vous savez, j'ai des barquettes en plastique exprès pour les produits alimentaires.

Chloé : Oui, oui, je comprends bien, mais je ne veux pas utiliser d'emballages.

Le fromager : Comme vous voulez Madame. Quoi d'autre ?

Chloé : Un morceau de Comté... pas trop gros.

Le fromager : Comme ceci ?

Chloé : Oui, c'est très bien. Et un Saint-Marcellin aussi.

Le fromager : Oui, ça sera tout ?

Chloé : Oui. Vous pouvez me les mettre ici dans ce récipient ?

Le fromager : Mais bien sûr ! Pas d'emballage n'est-ce pas ? Ah ces jeunes écolos ! ça vous fera 16 euros s'il vous plaît.

Chloé : Voilà, bonne journée !

Le fromager : Au revoir.

ACTIVITÉS

DOC 3 **Activité 3** **Sélectionnez la réponse correcte.**

1. Chloé achète :
   - ☐ des fruits ☐ des légumes ☐ des fruits et des légumes
2. Les fraises sont produites :
   - ☐ en Italie ☐ en France ☐ en Espagne
3. On a utilisé des pesticides sur les fraises ?
   - ☐ Ce n'est pas sûr ☐ certainement ☐ non, pas du tout
4. Le marchand fait payer ………… à Chloé.
   - ☐ moins ☐ plus ☐ autant

SCORE : …………

DOC 4 **Activité 4** **Vrai ou faux ?**

	Vrai	Faux
1. Chloé veut cuisiner une raclette.	☐	☐
2. Chloé ne veut surtout pas utiliser d'emballage.	☐	☐
3. Chloé veut un gros morceau de Comté.	☐	☐
4. Le Saint-Marcellin est un fromage.	☐	☐
5. Le fromager est un peu ironique.	☐	☐

SCORE : …………

À RETENIR

Les 10 mots incontournables de la séquence

- supermarché
- rayon
- marché
- « consomm'acteur »
- emballage
- les courses
- en vrac
- cabas
- budget
- barquette

Pour aller plus loin ou en savoir plus sur ce thème

Comment consommer responsable en France aujourd'hui ? Quelles sont les stratégies proposées par les sites suivants pour devenir un « consomm'acteur » efficace ?

- **Migros.fr** : https ://www.migros.fr/developpement-durable/consommation
- **Ritimo.org** : https ://www.ritimo.org/Une-consommation-responsable-et-si-c-etait-possible
- **Que Choisir.org** : https ://www.quechoisir.org/billet-du-president-au-printemps-la-consommation-responsable-fleurit-n66131/

2 Prendre les transports en commun

LIRE / ÉCOUTER

DOC 1

PISTE 05

Une appli pour la ville.

Une nouvelle application pour vous aider à vous déplacer en ville, c'est le service que vient de lancer la mairie de la capitale. Elle s'appelle Mobil'cité et permet de regrouper tous les services de mobilité en un seul compte : non seulement les classiques – bus, métros, tramways ou bateaux –, mais aussi les nouveaux modes de transport partagé comme les vélos ou les voitures.

Vous aurez accès, en temps réel, à tous les modes de transport de la région, depuis les trains au départ et à l'arrivée des gares SNCF aux vélos en libre-service en passant par les cars du département et les avions au départ et à l'arrivée des 3 aéroports de la région.

Avec Mobil'cité, vous avez même accès en temps réel au nombre de places disponibles dans les parkings du centre-ville.

L'application intègre l'ensemble des données de mobilité, qu'il s'agisse des modes de transports, des offres de stationnement, des perturbations liées à des chantiers, des informations routières, etc. À partir de l'ensemble de ces données, l'appli vous propose le parcours le plus efficace pour vous rendre d'un endroit à un autre en calculant votre temps de parcours et en proposant un ou plusieurs parcours alternatifs en cas de problème.

La mairie espère notamment rendre la circulation plus fluide en facilitant l'accès aux transports publics afin d'inciter les gens à laisser leur voiture personnelle dans leur garage. C'est un enjeu urbain et environnemental important puisque les rues de la capitale sont aujourd'hui trop souvent bloquées par les embouteillages et l'air de plus en plus irrespirable. L'appli pourrait donc permettre une circulation moins dense et mieux organisée, c'est en tout cas l'objectif de la mairie qui mise sur une baisse de 30 % des voitures particulières d'ici deux ans. À suivre.

ACTIVITÉS

DOC 1 **Activité 1** **Vrai ou faux ? Choisissez la bonne réponse.**

	Vrai	Faux
1. La mairie va bientôt lancer une nouvelle application pour les transports.	☐	☐
2. Avec cette application, on peut s'informer sur tous les moyens de transport de la ville.	☐	☐
3. L'application peut aussi proposer des itinéraires.	☐	☐
4. Selon la mairie, trop de gens utilisent leur voiture personnelle.	☐	☐
5. L'objectif est de faire baisser le taux de pollution de 30 %.	☐	☐

SCORE : ....

DOC 1 **Activité 2** **Choisissez la bonne réponse.**

1. Le nom de l'application a été créé en associant les mots :
   ☐ mobile et électricité ☐ mobilité et vélocité ☐ mobilité et cité
2. Les nouveaux modes de transport qui permettent de louer un véhicule (vélo, voiture...) pour une brève période sont des modes de transport :
   ☐ collectif ☐ partagé ☐ en commun

SCORE : ....

DOC 1 **Activité 3** **Retrouvez les mots correspondant aux définitions.**

1. C'est un système qui laisse la faculté au client de se servir lui-même.
   ....
2. C'est l'appareil administratif d'une ville, d'une commune.
   ....
3. C'est un espace sur lequel ont lieu des travaux de construction ou de démolition.
   ....
4. C'est un encombrement de la circulation automobile provoquant d'importants ralentissements.
   ....
5. Ce sont des éléments d'information pouvant être traités de manière informatique.
   ....

SCORE : ....

LIRE / ÉCOUTER

DOC 2

PISTE 06

En voiture !

– Dis, Karim, je dois aller à Nantes le mois prochain. J'ai regardé les prix des billets d'avion, c'est super cher et j'ai un peu peur. Le train, c'est pas donné non plus, et les horaires ne sont pas pratiques. Je sais pas quoi faire.

– Le covoiturage, tu connais ? Moi, ça fait plusieurs fois que je voyage avec, c'est impeccable.

– Ouh la ! Tu voyages avec des gens que tu ne connais pas, que t'as jamais vus ? C'est chaud*, non ? Tu n'as pas peur de tomber sur un psychopathe, ou en tout cas un fou du volant ?

– Pourquoi ? Quand tu prends l'avion, tu connais le pilote ? Faut pas être parano* comme ça, Matthieu !

– Ben, normalement, ils sont pro*, les pilotes, ils sont formés pour piloter et ils sont contrôlés. Là, tu ne sais pas sur qui tu tombes.

– Mais si ! Sur les sites, il y a plein de critères pour choisir ta voiture : le modèle du véhicule, les avis des autres utilisateurs, les préférences du conducteur, etc. Donc, tu as quand même une idée de... avec qui tu vas voyager. Moi, je n'ai pas eu de mauvaises surprises, et j'ai déjà fait 5 ou 6 trajets. C'est même très sympa*, tu rencontres des gens ! Et puis, c'est beaucoup moins cher que l'avion ou le train.

– Oui, sûrement. Mais il y a beaucoup de propositions ? Il y a du choix ? À mon avis, il doit y avoir un covoiturage par semaine, pas plus, et avec départ à 4 heures du matin !

– N'importe quoi ! Ça dépend des trajets, évidemment, mais pour un trajet Lyon-Nantes, à mon avis, il y aura pas mal de propositions, oui.

– Hmm... Je vais aller voir sur un site...

ACTIVITÉS

DOC 2 Activité 4 **Répondez aux questions.**

1. Pourquoi Matthieu a-t-il besoin de conseils sur les moyens de transport ?

....

2. Comment Karim qualifie-t-il le covoiturage ?

....

3. Quelle différence Matthieu fait-il entre les pilotes d'avion et les conducteurs faisant du covoiturage ?

....

4. Quels sont les deux aspects positifs du covoiturage que Karim met en avant ?

....

SCORE : ....

DOC 2 Activité 5 **Indiquez (☑) à quel moyen de transport les affirmations correspondent, selon Matthieu. Plusieurs réponses sont possibles.**

	Train	Avion	Covoiturage
1. Le prix est trop élevé.	☐	☐	☐
2. Ce n'est pas rassurant.	☐	☐	☐
3. Les horaires sont contraignants.	☐	☐	☐
4. On manque d'informations.	☐	☐	☐

SCORE : ....

À RETENIR

Les 10 mots incontournables de la séquence

- contrôleur
- partager
- libre-service
- abonnement
- parcours
- itinéraire
- circulation
- embouteillage
- arrêt
- station

Pour aller plus loin ou en savoir plus sur ce thème

En vous inspirant des études présentées sur les sites ci-dessous,

1. Présentez en quelques chiffres les transports publics de votre ville/de votre région ;
2. Faites un sondage auprès de vos proches/collègues/camarades sur les pratiques liées à l'utilisation des transports en commun (fréquence, moyen privilégié, habitudes dans les transports...)

- https://www.tns-sofres.com/publications/les-francais-et-les-transports-en-commun
- https://www.lemonde.fr/blog/transports/2018/03/08/transports-ile-de-france-10-chiffres/

3 Fréquenter les réseaux sociaux

LIRE / ÉCOUTER

DOC 1 — PISTE 07

Accro aux réseaux sociaux ?

– Tu es toujours sur les réseaux sociaux, je trouve que tu deviens complètement accro.

– Mais non, je m'informe aussi, aujourd'hui tout le monde suit l'actualité sur les réseaux sociaux. En plus, j'ai découvert un tas d'applis intéressantes pour apprendre des langues par exemple. Tiens, je viens de télécharger celle-ci, regarde le logo ! Il est marrant, et elle est super bien faite, gratuite en plus !

– Tu ne vas pas me faire croire que les réseaux sociaux sont fiables pour l'info, c'est surtout pour se montrer, parler de sa vie, se mettre en valeur, moi je trouve ça trop envahissant, et puis tes données privées sont publiées partout, il n'y a aucune sécurité. Et pour apprendre les langues, il y a l'école !

– Oh là là, qu'est-ce que tu es vieux jeu ! Il faut savoir vivre avec son époque, personne ne t'oblige mais tu rates un tas de trucs super ! Tant pis pour toi.

DOC 2 — PISTE 08

Les réseaux au boulot.

Les réseaux sociaux sont une source de distraction au travail. De nombreuses entreprises contrôlaient déjà les ordinateurs de leurs employés et bloquaient l'accès aux principaux réseaux sociaux ou même sites d'informations, désormais ce sont les smartphones et autres tablettes qui sont dans le viseur. Les sociétés fournissant des dispositifs numériques mobiles à leurs employés négocient des contrats avec les producteurs afin d'empêcher l'installation des applis comme Facebook®, Twitter® ou Instagram®. Le deal est le suivant : l'entreprise fournit un dispositif dernier modèle mais en garde le contrôle. Le but de la manœuvre est simple : fini le temps perdu à surfer d'un réseau à l'autre, terminé les posts inutiles pendant le temps de travail et adieu les vidéos regardées entre deux réunions ! Objectif concentration et productivité. Mais est-il vraiment possible de faire disparaître les réseaux sociaux de nos vies pendant toute une journée ? Ne vaudrait-il pas mieux travailler sur l'éducation à un usage sage et raisonnable plutôt que de tout verrouiller ? Le débat reste ouvert.

ACTIVITÉS

DOC 1 **Activité 1** **Associez les mots à leur définition.**

1. accro •	• a. beaucoup de
2. un tas de •	• b. qui s'introduit dans l'intimité
3. données privées •	• c. qui est dépendant de quelque chose
4. fiable •	• d. des informations personnelles
5. envahissant •	• e. digne de confiance

SCORE : ....

DOC 2 **Activité 2** **Vrai ou faux ? Justifiez.**

	Vrai	Faux
1. Concernant l'usage des réseaux sociaux, les sociétés font confiance à leurs employés. Justifiez :	☐	☐
2. Seuls les ordinateurs fixes sont concernés par les contrôles. Justifiez :	☐	☐
3. Les entreprises demandent aux fournisseurs des dispositifs numériques adaptés à leurs besoins.	☐	☐
4. L'objectif est d'éviter les distractions des employés. Justifiez :	☐	☐
5. L'article nous dit que le contrôle est la seule et unique solution à ce problème. Justifiez :	☐	☐

SCORE : ....

LIRE / ÉCOUTER

DOC 3

PISTE 09

Créer son profil.

– Tu n'as pas encore de profil sur ce nouveau réseau social ? mais qu'est-ce que tu attends ? Il est méga génial. C'est là que tout se passe aujourd'hui. Je vais t'aider à t'inscrire si tu veux.

– Merci, en fait j'ai du mal à paramétrer les conditions d'accès, je ne veux pas que mon profil soit public, tu crois que c'est possible ? Je voudrais publier des contenus, juste pour mes amis, enfin mes vrais amis... et je voudrais suivre aussi quelques influenceurs qui m'intéressent, comment on fait ?

– C'est hyper simple, tu sélectionnes ces options de confidentialité ici et là, puis tu valides, ensuite si tu veux suivre un profil en particulier tu envoies une demande d'abonnement et tu attends que la personne l'accepte, sauf si son profil est public. Mais fais attention quand même c'est une super appli mais elle est un peu envahissante, je te conseille de désactiver les notifications.

– Comment on fait ?

– Mais décidément tu sais rien faire tout seul... ahahahah !

DOC 4

PISTE 10

Les ados et les réseaux sociaux.

Les ados accros aux réseaux sociaux sont aujourd'hui de plus en plus nombreux. Parents, adultes et professeurs sont souvent démunis pour faire face à ce phénomène en constante augmentation.

Les spécialistes constatent surtout un cruel manque d'éducation et une absence de dialogue.

Certains proposent des cours de formation pour aider les parents à trouver les clés pour renouer le contact et éviter l'enfermement de l'isolement. Il ne suffit pas de priver les jeunes de leurs dispositifs car cela pourrait créer des tensions supplémentaires, l'objectif est d'abord celui d'apprendre ensemble à faire un usage raisonnable et sécurisé des outils numériques pour ensuite prendre conscience des risques liés à un usage exagéré des réseaux sociaux.

ACTIVITÉS

DOC 3 **Activité 3** **Sélectionnez la réponse correcte.**

1. Le réseau social dont on parle :
   ☐ est démodé ☐ est dépassé ☐ est trop cool
2. Paramétrer signifie :
   ☐ régler ☐ se déconnecter ☐ s'inscrire
3. La deuxième personne veut :
   ☐ diffuser ses données à tout le monde ☐ pouvoir sélectionner ses contacts
   ☐ devenir un influenceur
4. Cette appli :
   ☐ peut déranger ☐ est discrète ☐ n'est pas fiable

SCORE : ....

DOC 4 **Activité 4** **Vrai ou faux ?**

	Vrai	Faux
1. On constate une augmentation de la dépendance aux réseaux sociaux chez les jeunes.	☐	☐
2. Les adultes en général ont du mal à trouver des solutions pour y faire face.	☐	☐
3. Il est recommandé d'interdire aux jeunes d'utiliser leurs appareils numériques.	☐	☐
4. Il faut d'abord apprendre à utiliser les appareils pour prendre dans un deuxième temps conscience des dangers des réseaux sociaux.	☐	☐

SCORE : ....

À RETENIR

Les 10 mots incontournables de la séquence

- accro
- télécharger
- fiable
- envahissant
- paramétrer
- les données
- usage
- profil
- s'inscrire
- appli

Pour aller plus loin ou en savoir plus sur ce thème

Internet : Faites une recherche sur les accros des réseaux sociaux, qui sont-ils ?

Sources :

- Wikipedia : https ://fr.wikipedia.org/wiki/D %C3 %A9pendance_aux_r %C3 %A9seaux_sociaux
- https ://blog.specialist-wanted.com/me-faire-connaitre-sur-internet/reseaux-sociaux/

4 Être à la mode

LIRE / ÉCOUTER

DOC 1 — PISTE 11

Être tendance.

Lucas est un ado* de 17 ans, son truc à lui c'est la mode. Il suit de très près toutes les tendances. Aujourd'hui il faut être connecté sur les réseaux sociaux et suivre les influenceurs pour connaître les dernières évolutions.

Ensuite il y a deux options : soit on fait les magasins, soit on commande sur Internet.

Lucas compare les prix et fait son choix en fonction de son budget. Il préfère quand même acheter en magasin car il a la possibilité d'essayer les articles.

Son style ? les baskets avant tout, belles, originales et confortables. Il dépense en moyenne 120 euros pour une nouvelle paire. Ses parents lui donnent un peu d'argent mais pour pouvoir s'offrir ces merveilles, Lucas travaille le week-end dans un bar.

Les jeunes d'aujourd'hui aiment surtout les articles de sport : sweats, polos, survêtements, casquettes. Ne pas être à la mode pour Lucas c'est risquer de se sentir exclu, c'est un moyen de s'intégrer dans les groupes et cela ne se limite pas aux vêtements car de nos jours les smartphones, les écouteurs bluetooth sont aussi importants que les fringues.

Tout cela a un prix, mais quand on aime on ne compte pas.

DOC 2 — PISTE 12

La mode, c'est pas mon truc.

Témoignage de Marion sur la mode.

« Moi je trouve ça nul, tout le monde est habillé pareil. Il n'y a plus aucune originalité.

Les mêmes marques, les mêmes couleurs, les mêmes chaussures. On ne fait plus d'efforts pour se démarquer en fait. Tout le monde suit les influenceurs, c'est insupportable. Et puis ça coûte une blinde*, moi je peux pas me permettre de dépenser tout ce fric*. Je trouve qu'on devrait commencer à réfléchir aussi aux conséquences sur l'environnement parce que nos armoires sont pleines de fringues* qu'on ne met jamais. Perso*, je préfère acheter ce qui me plaît au marché, ça coûte moins cher et on trouve des trucs hyper originaux. Et si les autres se moquent de moi ben ça m'est égal, c'est eux qui n'ont pas de personnalité. »

ACTIVITÉS

DOC 1 Activité 1 Vrai ou faux ? Justifiez.

	Vrai	Faux
1. Aujourd'hui on suit la mode en lisant la presse. Justifiez : Il faut être connecté sur les réseaux sociaux et suivre les influencers	☐	☑
2. S'il a le choix Lucas achète dans les commerces. Justifiez : Il préfère quand même acheter en magasin	☑	☐
3. Lucas finance une partie de ses achats. Justifiez : Lucas travaille le weekend dans un bar	☑	☐
4. S'il n'est pas à la mode Lucas craint l'exclusion. Justifiez : Lucas c'est risquer de se risquer exclu	☑	☐
5. Les accessoires comptent autant que les vêtements. Justifiez : les smartphones, les écouteurs bluetooth	☑	☐

SCORE : ....

DOC 2 Activité 2 Associez les mots à leur définition.

1. ça coûte une blinde • — • c. C'est très cher
2. Fringues • — • e. Vêtements
3. Fric • — • a. Argent
4. Je trouve ça nul • — • b. C'est consternant
5. Se démarquer • — • d. Être original

SCORE : ....

LIRE / ÉCOUTER

DOC 3

PISTE 13

Le marché du vintage.

C'est une réalité de plus en plus concrète, le vintage a le vent en poupe. Une veste en cuir, un sac à main, une paire de bottes bien datées, un jean élimé mais encore en bon état, on trouve tout ce qu'on veut. Les sites de ventes en ligne se multiplient mais il existe aussi encore de nombreuses friperies où on peut dénicher l'objet rare. Le vintage est également vu comme une alternative à la mode ambiante qui change tous les deux mois. Certes les articles ont un prix pas toujours abordable mais les objets ont une durée de vie nettement plus longue et question originalité, on est sûrs d'étonner ses amis et de sortir du lot.

Être originaux sans être démodés, voilà ce qui fait le charme du vintage. Attention néanmoins aux arnaques sur les sites en ligne car certains petits malins profitent de l'effet de mode pour revendre des objets pas toujours conformes aux photos postées.

DOC 4

PISTE 14

Encore un survêt* ?

– Alors Léo, tu as encore acheté un survêtement ?

– Ouais, il est trop classe*, je l'ai vu et j'ai craqué. Le logo est trop beau, les couleurs trop flashy. Mes potes adorent.

– C'est le deuxième que tu achètes ce mois-ci, t'as pas l'impression d'exagérer un peu ?

– Arrête, t'es lourd papa, toi tu achètes toujours des costumes cravates pour aller au boulot, et ben moi c'est des survêtements.

– C'est pas pareil, désolé, au boulot* je dois être élégant et je dois bien présenter devant les clients, c'est une question professionnelle.

– Écoute papa, quand tu étais jeune tu étais pareil que moi sauf que toi tu portais des jeans et des blousons en cuir parce que c'était la mode de ton époque alors tu me laisses faire hein ?

– Je te rappelle quand-même que c'est ta mère et moi qui payons tes petits caprices, alors il serait peut-être temps de te trouver un petit boulot pour financer tes achats non ?

ACTIVITÉS

DOC 3 **Activité 3** **Retrouvez le mot ou l'expression correspondant à la définition.**

1. Le vintage a du succès. → le vintage a le vent en poupe
2. Un pantalon un peu usé. → un jean élimé mais encore en bon état
3. Trouver un objet original. → où on peut dénicher l'objet rare
4. On peut se faire remarquer de ses amis. → on est sûrs d'étonner ses amis et de sortir du lot
5. Quand une personne essaye de tromper une autre pour lui voler de l'argent.
→ certains petits malins profitent de l'effet de mode pour revendre des objets pas ... conformes aux photos postées

SCORE : ....

DOC 3 **Activité 4** **Choisissez la bonne réponse.**

1. Léo :
   - ☐ a hésité avant d'acheter son survêtement.
   - ☐ a essayé plusieurs modèles.
   - ☑ a immédiatement cédé.
2. Le père de Léo achète des vêtements :
   - ☐ par goût de la mode.
   - ☑ parce que son travail le demande.
   - ☐ pour faire plaisir à son employeur.
3. Léo répond :
   - ☑ que son père faisait pareil au même âge.
   - ☐ qu'il participera aux achats.
   - ☐ qu'il achètera moins de survêtements.
4. Léo :
   - ☐ travaille pour acheter ses vêtements.
   - ☑ compte encore sur l'argent de ses parents.
   - ☐ est en train de chercher un boulot.

SCORE : ....

À RETENIR

Les 10 mots incontournables de la séquence

- fringues*
- comparer les prix
- le fric*
- dépenser
- arnaques
- craquer
- élégant
- c'est classe
- se démarquer
- c'est nul

Pour aller plus loin ou en savoir plus sur ce thème

Activité de recherche :

Quelles sont les tendances actuelles de la mode dans votre pays ?

Quels vêtements sont recherchés, quelles sont les couleurs préférées ?

Quelques conseils pour être bien habillé(e) :
https://www.youtube.com/watch ?v=o8ZyPMugPTI

5 Passer du temps en famille

LIRE / ÉCOUTER

DOC 1

PISTE 15

Présentation de la famille Bidule.

Aurélie et Cédric ont deux enfants, Luca (7 ans) et Océane (4 ans). La petite famille habite à Voiron, une ville charmante dans le département de l'Isère (38) aux portes du massif de la Chartreuse. Les enfants sont scolarisés à l'école publique de leur lieu de résidence ; Océane va à l'école maternelle et Luca à l'école primaire. Les parents travaillent tous les deux à temps plein ; Aurélie est employée de banque et Luca travaille pour la ville de Voiron.

Pendant toute l'année, il faut s'organiser pour faire garder les enfants après l'école et pendant les vacances scolaires, ce n'est pas simple ! Chaque semaine représente un vrai défi d'organisation pour la famille Bidule. Pour les aider, ils emploient une nounou et de temps en temps les grands-parents viennent prêter main-forte quand ils le peuvent car ils sont très occupés ! Et puis Aurélie et Cédric pensent que les grands-parents ne doivent pas trop intervenir dans l'éducation de leurs petits-enfants, à chacun son rôle !

DOC 2

PISTE 16

Un matin normal pendant la semaine.

Cédric : Allez, allez, dépêchez-vous !! On est en retard ! Il est déjà 8 heures !

Aurélie : Tous les matins c'est la même histoire…

Cédric : Ouais, ils ne savent pas s'organiser…

Aurélie : Non, je parlais de toi plutôt, tu stresses et du coup toute la famille est stressée !

Cédric : Je n'aime pas être en retard… c'est comme ça.

Océane : Papa, j'ai perdu mon cartable !

Cédric : Il est dans ta chambre…

Luca : Maman ! Je sais pas où j'ai rangé mon blouson bleu.

Aurélie : Rangé ?? Tu ne le ranges jamais, mon cœur. Il est à sa place, sur le porte-manteau de l'entrée.

Océane : J'ai pris mon goûter !

Cédric : Oui, c'est bien.

Luca : C'est bon, j'suis prêt !

Aurélie : Eh bien voilà !! Vous progressez. Enfin… les enfants, pas le père…

Cédric : Allez, on y va ! En voiture !

Les enfants : Ouaiiiiiis !!!

ACTIVITÉS

DOCS 1-2 **Activité 1** **Vrai ou faux ? Justifiez à l'aide d'une phrase.**

	Vrai	Faux
1. La famille Bidule habite dans le département du Rhône.	☐	☐
Justification :		
2. La famille Bidule emploie une baby-sitter.	☐	☐
Justification :		
3. Le matin, Cédric stresse sa famille.	☐	☐
Justification :		
4. Luca est très ordonné.	☐	☐
Justification :		
5. Aurélie est polémique.	☐	☐
Justification :		

SCORE : ....

DOCS 1-2 **Activité 2** **Associez l'extrait avec sa définition.**

1. « faire garder les enfants » •	• a. Mettre ses affaires à leur place
2. « prêter main-forte » •	• b. Quand un adulte s'occupe des enfants
3. « ranger » •	• c. Aider
4. « un cartable » •	• d. Nourriture et/ou boisson que l'on prend pendant l'après-midi
5. « goûter » •	• e. Une sacoche, un sac d'écolier

SCORE : ....

LIRE / ÉCOUTER

DOC 3 — PISTE 17

Le vendredi soir avant le week-end.

Aurélie : Ahhh, enfin le week-end ! On va pouvoir se reposer un peu...

Cédric : Un peu oui... mais pas trop ! Nous avons plein de trucs à faire... les courses, la piscine avec les deux dimanche matin, l'anniversaire de la copine d'Océane samedi après-midi...

Aurélie : Ah bon ?? Ah oui, j'avais oublié l'anniversaire de Sarah... on doit aussi lui acheter un cadeau.

Cédric : On va être encore plus fatigués après le week-end... vivement que je me repose au travail...

Aurélie : Je ne les entends plus !! Ils sont où les petits ?

Cédric : Dans leur chambre, ils jouent ensemble, ça arrive parfois. Demain matin, nous devons sortir un peu, je vais faire un tour au parc avec eux. Si tu veux en profiter pour faire les courses.

Aurélie : D'accord... je vais voir ce qu'ils font...

Cédric : Laisse-les tranquilles un peu... pour une fois qu'ils s'amusent ensemble. En plus, ils n'ont même pas réclamé leur dessin animé !

Aurélie : Alors chut !

Cédric : Il est bientôt 19 h, je vais préparer le dîner.

Aurélie : Les enfants ? Vous faites quoi de beau ?

Océane et Luca : On joue !!!

DOC 4 — PISTE 18

Préparer les vacances d'été.

Aurélie : Je te préviens, je ne repars pas avec tes parents cet été !

Cédric : Oui, bon, je comprends... mais c'est quand même bien pratique quand ils s'occupent des gosses !

Aurélie : Les vacances sont justement le moment pour passer du temps ensemble en famille, on a besoin de personne.

Cédric : Moi, j'ai aussi besoin de me reposer...

Aurélie : Il fallait y réfléchir avant...

Cédric : D'accord, d'accord... alors, mer ou montagne en juillet ??

Aurélie : Ils sont encore petits Luca et Océane, à la mer, c'est plus facile de les occuper.

Cédric : C'est vrai... on peut tenter l'océan ? C'est un peu loin, mais il paraît que ça vaut le coup.

Aurélie : Oui, pourquoi pas...

ACTIVITÉS

DOC 3 **Activité 3** **Sélectionnez la réponse correcte.**

1. Pendant le week-end, Aurélie espère :
   - ☐ se reposer ☐ aller au cinéma ☐ lire un bon livre
2. Pendant le week-end, c'est l'anniversaire de :
   - ☐ une copine d'Océane ☐ une copine de Chloé ☐ un copain de Chloé
3. Demain Aurélie doit :
   - ☐ Faire les courses ☐ aller au parc ☐ sortir avec les enfants
4. Les enfants ont l'habitude de :
   - ☐ lire une bande dessinée ☐ lire un livre ☐ regarder un dessin animé
5. Les enfants jouent :
   - ☐ souvent ensemble ☐ jamais ensemble ☐ pas très souvent ensemble

SCORE : ....

DOC 4 **Activité 4** **Répondez aux questions suivantes.**

1. Avec qui Aurélie ne veut pas partir en vacances ? → ....
2. Cédric utilise un synonyme de « enfant », lequel ? → ....
3. Quelle est la priorité de Cédric pendant les vacances ? → ....
4. Aurélie préfère aller à la mer ou la montagne ? Pourquoi ? → ....
5. Quel est l'inconvénient de l'océan ? → ....

SCORE : ....

À RETENIR

Les 10 mots incontournables de la séquence

- école
- week-end
- enfants
- semaine
- travail
- garder
- s'amuser
- nounou
- ranger
- vacances

Pour aller plus loin ou en savoir plus sur ce thème

À partir des mots clés suivants, faites une recherche sur les caractéristiques de la famille française aujourd'hui : « nombre de mariages en France », « taux de natalité en France », « famille française type », « taux de divorce ».

Quel portrait pouvez-vous en faire ? En quoi ce portrait est-il différent de votre pays ?

- **Le Monde :** https ://www.lemonde.fr/les-decodeurs/article/2015/12/16/quatre-idees-recues-sur-la-famille-francaise_4833337_4355770.html
- **Radio France Internationale :** http ://www.rfi.fr/fr/france/20190227-famille-francaise-pleine-mutation-fecondite-mariage-pacs

PARTIE 2

Géographie

1 Voyager en France

Voir la carte de France en annexes.

LIRE / ÉCOUTER

DOC 1

PISTE 19

Planifier ses vacances en France.

Carla et Paolo ont décidé de passer trois semaines en France pendant le mois de juillet !! Ils veulent prendre leur temps pour visiter le plus possible de villes et villages tout en découvrant des endroits moins fréquentés, un peu hors des sentiers battus, en fonction des rencontres. Ils espèrent rencontrer des Français sympas en logeant chez eux et en faisant du covoiturage.

Ils vont tout d'abord prendre un avion Milan-Paris pour commencer par la capitale, Paris ; au programme, le Louvre, les restos, le bateau-mouche sur la Seine, la tour Eiffel, etc. Ils ont trouvé un petit appart sympa dans le quartier du Marais. Ensuite, direction la Normandie ! Carla est fan d'histoire, elle veut visiter les plages du débarquement de 1944 et le Mémorial de Caen. Ils pensent réserver un Blablacar® au dernier moment, ils peuvent le faire facilement avec leur smartphone. Pour se loger, ils ont déjà réservé deux nuits à Caen sur Airbnb®. Paolo aime bien l'histoire lui aussi, mais il pense que deux jours devraient suffire... Après, direction la Bretagne en passant par le Mont Saint-Michel, en bus cette fois-ci. Ils pensent passer deux jours à Saint-Malo, mais ce n'est pas certain, ils doivent encore décider. Ensuite, Paolo veut profiter de la nature, il essaie de convaincre Carla de visiter le marais Poitevin qui est un parc naturel régional. Il paraît que c'est magnifique, mais Carla a peur de s'ennuyer... Bref, négociations en cours ! La Rochelle ensuite pour découvrir un patrimoine unique, puis la très élégante Bordeaux et son musée du vin. À chaque fois, nos deux amis pensent se déplacer un peu en bus, un peu en covoiturage.

À partir de la deuxième semaine, ils n'ont plus rien réservé, ils veulent improviser. Ils sont cependant sûrs de se rendre à Toulouse et de visiter les châteaux cathares, de découvrir la cathédrale d'Albi, de visiter Montpellier et Marseille. Ils sont d'accord aussi pour faire un peu de randonnée, probablement à côté de Grenoble, dans le Vercors. Lyon pourrait être la dernière destination du périple, avant de revenir à Milan... mais là ils ne sont pas d'accord, tout dépendra de la durée des étapes et du budget prévu !! Carla voudrait visiter également Strasbourg en passant par Beaune en Bourgogne et en profiter pour faire un circuit à vélo le long de la route des vins. Le programme est beaucoup trop chargé, mais ils peuvent toujours l'adapter.

ACTIVITÉS

DOC 1 **Activité 1** **Répondez aux questions suivantes.**

1. Comment Carla et Paolo pensent-ils rencontrer des Français sympas ?

....

2. Quelle région vont-ils visiter après Paris ?

....

3. Pourquoi Carla souhaite-t-elle la visiter ?

....

4. Pourquoi Paolo veut-il visiter le marais Poitevin ? Que craint Carla ?

....

5. Ont-ils organisé précisément la deuxième semaine ?

....

6. Après Bordeaux, et avant une randonnée dans le Vercors, quelles sont les trois villes que nos amis veulent visiter ?

....

7. Quels sont les deux critères qui vont décider de la fin du voyage ?

....

SCORE : ....

DOC 1 **Activité 2** **Associez l'extrait avec sa définition.**

1. « hors des sentiers battus » •	• a. Utilisation par plusieurs automobilistes d'une seule voiture pour effectuer le même trajet
2. « covoiturage » •	• b. Longue promenade
3. « un petit appart » •	• c. Sortir des parcours touristiques habituels
4. « randonnée » •	• d. Ce qui est considéré comme une propriété transmise par les ancêtres
5. « patrimoine » •	• e. Un appartement de taille modeste

SCORE : ....

LIRE / ÉCOUTER

DOC 2 — PISTE 20

Téléphoner à un office du tourisme.

Carla : Allô ?

Office du tourisme de la Rochelle : Oui, office du Tourisme bonjour !

Carla : Bonjour, je voudrais des renseignements s'il vous plaît

OTLR : Mais bien sûr, c'est à quel sujet ?

Carla : J'ai consulté votre site Internet, et je n'ai pas bien compris l'heure exacte de la visite guidée du centre historique, demain matin...

OTLR : Oh oui, vous avez tout à fait raison, les horaires ne sont pas encore disponibles sur le site...

Carla : Ah, j'ai compris. Pouvez-vous nous les indiquer ?

OTLR : Oui, oui ! Donc, une visite guidée débute demain matin à 10 h, devant le musée maritime.

Carla : Oui, d'accord. Vous confirmez que la visite dure bien deux heures ?

OTLR : Oui, c'est exact.

Carla : Cela coûte 10 euros par personne ?

OTLR : Oui, c'est bien ça. Je vais noter vos prénoms pour réserver si vous le souhaitez.

Carla : Oui, merci : Paolo et Carla.

OTLR : Vous êtes Italienne ?

Carla : Oui, je vois que vous l'avez compris à mon accent...

OTLR : Oh, mais vous parlez très très bien ! J'aimerais parler italien comme vous parlez français !

Carla : Merci, ce n'est pas facile au téléphone, mais je suis contente d'avoir tout compris ! Voilà, merci et bonne journée.

OTLR : Bonne journée à vous et bonne visite demain matin !

DOC 3 — PISTE 21

Bavarder en covoiturage.

Carla : Ah le voilà !

Théo : Bonjour, vous êtes bien Carla et Paolo ?

Carla : Oui oui !

Théo : Allez, montez !

Carla et Paolo : Ciao !

Théo : Bonjour, bonjour. Direction La Chapelle-en-Vercors, c'est bien ça ?

Carla : Oui, oui. Nous avons une heure de trajet ?

Théo : Ouais maximum, ça dépend aussi de la circulation, mais à cette heure ça devrait aller. C'est la première fois que je transporte des Italiens à La Chapelle-en-Vercors !! Vous y allez pour faire du tourisme ?

Carla : Oui, de la randonnée surtout. Mais aussi du parapente peut-être !

Théo : La région est superbe, vous avez bien raison ! Vous vous logez comment ?

Carla : En chambre d'hôtes, deux nuits, et on repart.

Théo : Vous êtes bien organisés... vous voyagez souvent en France ?

Carla : Moi souvent, par contre mon copain connaissait juste Paris... ça va Paolo ? Il s'est endormi...

Théo : Ah ah ! ça arrive, c'est normal.

Carla : Et vous... vous êtes... tu es...

Théo : On peut se tutoyer bien sûr !

Carla : Merci, je préfère. Tu es étudiant ?

Théo : Oui, en école de commerce, c'est ma dernière année.

ACTIVITÉS

DOC 2 Activité 3 **Vrai ou faux ? Justifiez.**

	Vrai	Faux
1. Carla n'a pas pu voir le site Internet de l'office du tourisme de la Rochelle.	☐	☐
Justification :		
2. Carla souhaite obtenir les horaires de la visite guidée du centre historique.	☐	☐
Justification :		
3. La visite guidée dure trois heures.	☐	☐
Justification :		
4. L'employé de l'office du tourisme pense que Carla est Espagnole.	☐	☐
Justification :		
5. L'employé trouve que Carla parle bien français.	☐	☐
Justification :		

SCORE : ....

DOC 3 Activité 4 **Sélectionnez la réponse correcte.**

1. Carla et Paolo voyagent en :
   ☐ train ☐ voiture ☐ avion
2. Le trajet vers La Chapelle-en-Vercors va durer :
   ☐ plus d'une heure ☐ une heure environ ☐ deux heures
3. Paolo ne participe pas à la conversation car :
   ☐ il s'est endormi ☐ il ne parle pas français ☐ il est timide
4. Carla a du mal à :
   ☐ tutoyer ☐ vouvoyer

SCORE : ....

À RETENIR

Les 10 mots incontournables de la séquence

- planifier
- visiter
- rencontre
- covoiturage
- voyage
- logement
- patrimoine
- tourisme
- horaires
- circulation

Pour aller plus loin ou en savoir plus sur ce thème

Voici le site parfait pour organiser vos prochaines vacances en France !

https ://www.france-voyage.com/

L'option « Composer votre circuit » est géniale !

2 Découvrir Bordeaux

LIRE / ÉCOUTER

DOC 1

PISTE 22

Balade à Bordeaux.

À l'hôtel :

– Bon Sammy, ça y est, tu es prêt ? On peut y aller ?

– Oui, oui, je suis prêt ! À nous deux, Bordeaux !

– À nous trois, si tu veux bien. Tu as pris le plan du centre-ville ?

– Oui, je l'ai. Alors, les incontournables à Bordeaux, c'est le Grand-Théâtre, juste en face de notre hôtel, ensuite, le miroir d'eau, face à la Bourse, plus loin le long des Quais de la Garonne, les quartiers Saint-Pierre et Saint-Michel…

– Attends, pas trop vite ! Par quoi on commence ? Par le Grand-Théâtre ?

– Oui, c'est juste à côté. J'ai réservé sur leur site Internet, la visite guidée est cet après-midi à 14 heures, rendez-vous dans le hall d'entrée. Après, on peut prendre la rue Sainte-Catherine, c'est une très longue rue piétonne pleine de boutiques ; elle va jusqu'à la place de la Victoire, où il y a une grande porte en pierre et une statue de tortue. Le guide dit que c'est un quartier animé le soir, c'est là que les étudiants viennent boire un verre.

– On pourra y aller ce soir. Ce matin, on se promène au bord des Quais, il fait beau, un temps idéal pour une belle balade à pied. On va prendre la navette fluviale, aussi ! La vue sur les façades est magnifique, à ce qu'on m'a dit.

– Oui, toute la zone est classée patrimoine de l'Unesco, c'est un chef-d'œuvre d'architecture qui remonte au XVIIIe siècle. À l'époque, beaucoup d'armateurs ont fait fortune avec le commerce des esclaves. Aujourd'hui, les grands hangars sur les quais de la Garonne ont été restaurés et il y a des cafés, des restaurants, des boutiques…

– Oh regarde, le tram, il est beau ! On le prend ?

– Oui, fais vite… Allez, cours, Audrey !

ACTIVITÉS

DOC 1 **Activité 1** **Choisissez (☑) la bonne réponse.**

1. L'hôtel de Sammy et Audrey se trouve :
   - ☐ dans la rue Sainte-Catherine.
   - ☐ près du Grand-Théâtre.
   - ☐ place de la Victoire.
2. Ce matin, ils vont :
   - ☐ visiter le Grand-Théâtre.
   - ☐ faire du shopping rue Sainte-Catherine.
   - ☐ faire un tour en bateau.
3. Pour la visite du Grand-Théâtre :
   - ☐ ils doivent encore réserver sur Internet.
   - ☐ ils retrouvent le guide dans l'entrée.
   - ☐ ils ont rendez-vous le lendemain à 14 heures.
4. Au XVIIIe siècle, la ville s'est enrichie :
   - ☐ en vendant des esclaves.
   - ☐ grâce au commerce du vin.
   - ☐ en développant le tourisme fluvial.
5. Actuellement, les bâtiments sur les quais accueillent :
   - ☐ des hébergements pour les touristes.
   - ☐ un musée d'histoire de la ville.
   - ☐ des magasins et des bars.

SCORE : ....

DOC 1 **Activité 2** **Associez les mots à leur définition.**

1. chef-d'œuvre •	• a. ce qui est considéré comme l'héritage commun d'un groupe
2. balade •	• b. personne qui possède à ses frais un ou plusieurs navires
3. patrimoine •	• c. entrepôt, bâtiment servant à abriter du matériel ou des véhicules
4. armateur •	• d. ce qui est parfait dans son genre
5. hangar •	• e. promenade

SCORE : ....

LIRE / ÉCOUTER

DOC 2

PISTE 23

Chronique tourisme.

– 8 h 40, c'est l'heure de notre chronique « Tourisme en France » et aujourd'hui, Jérémie, vous nous parlez de la capitale de la région Nouvelle-Aquitaine, c'est-à-dire Bordeaux.

– Exactement, Leila.

– Et quel est votre top 4 des bonnes raisons de visiter cette ville ?

– Eh bien, en n° 4, la proximité de l'océan. À moins de 50 kilomètres, vous pouvez découvrir l'incontournable dune du Pyla, la plus haute d'Europe, ou bien surfer à Lacanau, ou encore découvrir les charmes du bassin d'Arcachon.

– Et de ses huîtres !

– Exactement, je vois que vous connaissez ! Et justement, en n° 3, la gastronomie. Les huîtres, vous le disiez, mais aussi les aloses, ces poissons que l'on pêche dans l'estuaire du fleuve, les escargots à la bordelaise, le filet de bœuf sauce bordelaise, sans oublier le foie gras des Landes ou de Dordogne, le magret de canard, bref, de vrais festins vous attendent sur les bords de la Garonne. Pour digérer, promenez-vous le long du fleuve, et découvrez la bonne raison n° 2 de notre classement, à savoir l'architecture bordelaise. En effet, une vaste partie de la ville est classée au patrimoine mondial de l'UNESCO, c'est le plus grand ensemble urbain jamais honoré. Vous admirerez les façades des bâtiments et le Pont de Pierre qui relie la rive droite à la rive gauche, en tram ou en voiture.

– Et en haut du classement, que trouvons-nous ?

– Le vin, bien sûr ! Bordeaux, c'est une appellation mondialement connue, des grands crus prestigieux : Château-Latour, Château-Margaux, Haut-Brion, sans oublier les Saint Émilion et les Médoc. Pour accompagner les plats dont nous avons parlé précédemment ou simplement en apéritif, vous apprécierez les nuances subtiles et les arômes intenses de ce nectar qui fait la fierté des Bordelais. À déguster sans faute, mais avec modération.

– Merci Jérémie pour cette balade dans le Sud-Ouest...

ACTIVITÉS

DOC 2 **Activité 3** **Indiquez si les affirmations suivantes sont vraies ou fausses.**

	Vrai	Faux
1. Bordeaux est une ville située au bord de la mer.	☐	☐
2. La gastronomie bordelaise est essentiellement à base de poisson.	☐	☐
3. La ville est construite le long d'un fleuve.	☐	☐
4. On peut prendre le tram pour aller d'une rive à l'autre.	☐	☐
5. Les Bordelais n'aiment pas qu'on associe leur ville au vin.	☐	☐

SCORE : ....

DOC 2 **Activité 4** **Retrouvez les mots correspondant aux définitions.**

1. C'est un animal dont on consomme le foie ou les magrets. → ....
2. C'est un poisson de l'estuaire du fleuve. → ....
3. C'est la partie d'un bâtiment que l'on voit de l'extérieur. → ....
4. Maison de maître dont le domaine est un vignoble ; grand cru de ce domaine. → ....
5. Boisson divine, vin exquis et réputé. → ....

SCORE : ....

DOCS 1-2 **Activité 5** **Remettez les lettres dans l'ordre et associez les mots aux définitions.**

1. Qu'il ne faut pas manquer •	• a. aieooubclnnnrt → ....
2. Très beau •	• b. aeiiufgmnq → ....
3. Très fréquenté •	• c. aéinm → ....
4. Réparé, remis à neuf •	• d. aeéurrst → ....

SCORE : ....

À RETENIR

Les 10 mots incontournables de la séquence

- balade
- bâtiment
- chef-d'œuvre
- cru
- façade
- fleuve
- incontournable
- miroir
- piéton/ne
- plat

Pour aller plus loin

Faites une recherche sur Internet et préparez votre week-end à Bordeaux !

- **lieux à visiter :** https://www.bordeaux-tourisme.com
- **tarifs, hébergement :** https ://www.tripadvisor.fr/Hotels-g187079-Bordeaux_Gironde_Nouvelle_Aquitaine-Hotels.html

3 Comparer des régions

LIRE / ÉCOUTER

DOC 1 — PISTE 24

La Normandie.

Je suis originaire du sud de la France mais j'ai déménagé dans le nord de la France il y a un an pour des raisons professionnelles et personnelles. Je vis aujourd'hui en Normandie près de Rouen. Au début, j'ai un peu souffert du climat qui est souvent pluvieux et il fait moins chaud que dans ma région d'origine mais j'ai tout de suite apprécié la beauté des paysages et des villes. Les reliefs sont variés et les monuments magnifiques.

Petit à petit, je me suis habitué à la mentalité des habitants. Ils sont un peu plus fermés que ceux du sud mais j'ai rencontré de vrais amis et je les trouve plus disponibles.

Par rapport à ma vie d'avant, je suis beaucoup plus curieux, le week-end je prends ma voiture et je vais visiter tous ces lieux que je ne connaissais pas mais dont j'avais entendu parler. Les plages du Débarquement, le Mont Saint-Michel, le jardin du peintre Monet à Giverny et j'en passe. Si le temps était meilleur, ce serait parfait, mais je suis très heureux ici et désormais je recommande à tous mes amis du sud de venir s'installer dans ma région d'adoption.

DOC 2 — PISTE 25

L'Occitanie.

L'Occitanie a le vent en poupe.

Depuis quelques années, la région Occitanie attire de plus en plus de nouveaux habitants. Ce franc succès s'explique par l'ensoleillement qui caractérise le sud de la France, mais également par des choix stratégiques car, contrairement aux régions voisines, l'Occitanie ne mise pas tout sur le tourisme. La croissance de l'emploi, la construction de nouvelles infrastructures et le développement de secteurs de pointe comme la médecine à Montpellier et l'aérospatiale à Toulouse sont autant d'éléments qui séduisent les investisseurs et les Français désireux de changer de cadre de vie. Moins de pollution, moins de chômage, plus d'initiatives et de projets durables, une image verte et dynamique contribuent à faire de cette région entre mer et montagnes la plus attrayante de l'Hexagone.

Il est indiscutable que l'Occitanie fait tout ce qu'elle peut pour garantir un avenir radieux à tous ses habitants et pour continuer à faire venir ceux et celles qui souhaitent un changement de vie. Reste maintenant à tenir ses promesses et à relever les défis.

ACTIVITÉS

DOC 1 **Activité 1** **Retrouvez le mot correspondant à la définition.**

1. Quand il pleut beaucoup on dit que le temps est… → ....
2. Action de changer de domicile. → ....
3. Mot désignant des paysages vallonnés. → ....
4. Expression signifiant « peu à peu ». → ....
5. Lieu célèbre de la Seconde Guerre mondiale. → ....

SCORE : ....

DOC 1 **Activité 2** **Complétez avec :**

meilleur • plus • davantage • moins • de nombreux

1. Niveau climat, il fait .... dans le sud.
2. Les habitants de la Normandie sont .... faciles d'accès au début.
3. En Normandie on trouve .... monuments à visiter.
4. Dans le sud il fait .... chaud.
5. En Normandie il pleut ....

SCORE : ....

DOC 2 **Activité 3** **Vrai ou faux ?**

	Vrai	Faux
1. La région Occitanie connaît un essor important.	☐	☐
2. Le tourisme est la principale raison de ce fort développement.	☐	☐
3. Le marché du travail est dynamique en Occitanie.	☐	☐
4. L'air de la région Occitanie est cependant moins respirable.	☐	☐
5. On mise également sur l'écologie pour attirer de nouveaux habitants.	☐	☐

SCORE : ....

LIRE / ÉCOUTER

DOC 3

PISTE 26

Dans quelle région rêvez-vous d'habiter ?

Les résultats de l'enquête publiée hier révèlent de nombreuses surprises. Contrairement à ce que l'on peut imaginer, ce n'est pas le climat qui constitue le premier facteur de choix. Le critère fondamental est celui de l'emploi, voilà pourquoi la ville de Paris et l'Ile-de-France sont encore largement plébiscitées par rapport aux régions ensoleillées du sud de la France. On remarque toutefois la présence en deuxième position de la Côte d'Azur qui reste une valeur sûre pour une majorité de Français bien qu'elle soit aussi considérée comme la région la plus chère pour le logement. Si on entre dans le détail des tranches d'âges, on observe que les étudiants recherchent davantage des régions actives offrant de bonnes universités et un marché de l'emploi dynamique. La Bretagne et l'Aquitaine et plus en général le Grand-Ouest attirent ainsi les 18-25 ans grâce à des villes comme Rennes, Nantes ou Bordeaux. Les familles, elles, recherchent en priorité des zones plus rurales pour permettre à leurs enfants de grandir loin de la pollution et du stress, c'est donc la région Auvergne qui les attire puisqu'elle garantit à la fois une bonne qualité de l'air, un coût de la vie plus accessible et de nombreuses nouvelles infrastructures notamment dans le domaine scolaire.

Sans trop de surprises, les séniors sont en quête de soleil et de chaleur en hiver mais étonnamment, et à la différence des années précédentes, ils délaissent Nice et Cannes pour aller chercher leur bonheur du côté du Pays Basque et de villes comme Biarritz et Bayonne. Les régions oubliées sont celles du Nord et de l'Est en général même si la plupart des personnes interrogées avouent volontiers qu'ils ne les connaissent pas suffisamment pour pouvoir les juger avec objectivité.

ACTIVITÉS

DOC 3 **Activité 4** **Associez le mot ou l'expression à son synonyme.**

1. Pollution
2. Être en quête de
3. Juger
4. Délaisser
5. Étonnamment
6. Coût de la vie

a. Donner une opinion
b. Abandonner
c. De manière surprenante
d. Mauvaise qualité de l'air
e. Être à la recherche
f. L'argent que l'on dépense pour vivre

SCORE : ....

DOC 3 **Activité 5** **Vrai ou faux ?**

	Vrai	Faux
1. On choisit une région avant tout pour le climat.	☐	☐
2. De nos jours, Paris et sa banlieue sont snobés par les Français.	☐	☐
3. Les étudiants ont une prédilection pour l'Ouest de la France.	☐	☐
4. La région Auvergne a ouvert de nouvelles écoles pour attirer les familles.	☐	☐
5. La Côte d'Azur connaît moins de succès qu'autrefois auprès des personnes âgées.	☐	☐

SCORE : ....

À RETENIR

Les 10 mots incontournables de la séquence

- déménager
- s'installer
- l'emploi
- les secteurs de pointes
- le cadre de vie
- la pollution
- le chômage
- les zones rurales
- attirer
- le coût de la vie

Pour aller plus loin ou en savoir plus sur ce thème

Et dans votre pays, quelles sont les régions qui ont le vent en poupe ? Quels sont vos critères de choix personnels ? Si vous viviez en France quelle région choisiriez-vous et pourquoi ?

https://www.regions-et-departements.fr/regions-francaises

4 Découvrir la francophonie et la France d'outre-mer

Voir les cartes en annexe

LIRE / ÉCOUTER

DOC 1

PISTE 27

La France d'outre-mer.

Ken est en train de suivre un cours sur la géographie européenne à l'université et là, il est en train d'étudier le chapitre sur la France d'outre-mer. Il pensait que le territoire français aujourd'hui c'était seulement en Europe ; et bien pas du tout ! Il a découvert qu'il existe des territoires français un peu partout sur la planète. On les appelle les DROM-COM (département et régions d'outre-mer et collectivités d'outre-mer) mais en réalité, les Français utilisent plutôt l'ancien acronyme DOM-TOM (départements d'outre-mer et territoires d'outre-mer). Dans son bouquin, il est écrit « Les outre-mer français, ce sont douze territoires : la Guadeloupe, la Guyane, la Martinique, La Réunion, Mayotte, La Nouvelle-Calédonie, La Polynésie française, Saint-Barthélemy, Saint-Martin, Saint-Pierre-et-Miquelon, les Terres Australes et Antarctiques Françaises et les îles de Wallis-et-Futuna, soit près de 2.6 millions d'habitants, dont 1.2 million de jeunes. »

En plus, tous ces territoires n'ont pas le même statut ! Certains font partie intégrante du territoire national et donc de l'Union européenne ; la Réunion, la Martinique, la Guadeloupe, Mayotte et la Guyane. Par exemple, grâce à ce dernier territoire, la France a une frontière commune avec le Brésil !! En effet, la Guyane se trouve en Amérique du sud. Ce territoire accueille les lanceurs de satellites européens depuis les années 1970, dans le cadre du programme Ariane. L'île de Saint-Martin fait également partie de l'Union européenne (région ultrapériphérique).

Les autres territoires sont plus indépendants, il y a plusieurs statuts, c'est un peu compliqué... De toute façon, les Français ne connaissent pas forcément très bien la géographie de tous ces territoires !! En France, on a comme représentation les superbes paysages des îles paradisiaques et lointaines, exotiques et accueillantes. En effet, le tourisme est très développé en Martinique, à la Réunion et en Polynésie par exemple. Le secteur agricole occupe également une place importante dans l'économie de ces territoires.

Enfin, cette France d'outre-mer, parfois très lointaine, appelle la France « la métropole ».

ACTIVITÉS

DOC 1 Activité 1 Vrai ou faux ?

	Vrai	Faux
1. La France d'outre-mer se situe principalement dans l'Océan Indien.	☐	☐
2. Tous les territoires ont le même statut.	☐	☐
3. Les Français utilisent l'acronyme DOM-TOM pour parler de ces territoires.	☐	☐
4. Le lanceur européen de satellites se situe en Martinique.	☐	☐
5. La France a une frontière commune avec le Brésil.	☐	☐

SCORE : ....

DOC 2 Activité 2 Sélectionnez la réponse correcte.

1. Il y a .... territoires français d'outre-mer.

☐ deux ☐ douze ☐ treize

2. La France possède des territoires en ....

☐ Arctique. ☐ Australie. ☐ Antarctique.

3. La population d'outre-mer est plutôt ....

☐ jeune. ☐ âgée.

4. La Guyane se trouve ....

☐ en Afrique du Sud. ☐ en Amérique du Sud. ☐ en Europe du Sud.

5. Les Français connaissent .... la géographie des territoires des outre-mer.

☐ bien ☐ mal

SCORE : ....

LIRE / ÉCOUTER

DOC 2

PISTE 28

La francophonie.

On va commencer par une définition toute simple : la francophonie, c'est l'espace géographique où des personnes, des institutions, des administrations partagent le français comme langue principale dans leur quotidienneté, au travail ou bien à l'école ou à l'université. Le français fait partie des dix premières langues parlées dans le monde ; parfois 5°, parfois 7°, tout dépend des classements internationaux.

En 2018, il est possible d'estimer le nombre de locuteurs francophones à 300 millions d'individus, répartis sur cinq continents. Cet espace francophone est relayé par une institution internationale, l'OIF (Organisation Internationale de la Francophonie) qui regroupe 88 États et gouvernements. Le premier « Sommet de la Francophonie » s'est réuni pour la première fois en 1986. Depuis, 17 sommets ont eu lieu. Depuis 2018 et pour 4 ans, une femme occupe le poste de Secrétaire générale de la Francophonie, Madame Louise Mushikiwabo.

Le français est bien une langue d'avenir, puisque le nombre de francophones devrait tripler d'ici trente ans pour devenir la deuxième ou troisième langue internationale ! Selon l'OIF, on comptera ainsi quelque 715 millions de locuteurs du français en 2050, soit 8 % de la population mondiale, contre 3 % actuellement. L'institution prévoit même 760 millions de francophones en 2060.

DOC 3

PISTE 29

Pendant un cours de français.

Le professeur : Oui Mark ?

Mark : Je trouve que vous les Français vous défendez toujours beaucoup votre langue.

Le professeur : Oui, c'est vrai ! Mais c'est plutôt normal, non ?

Mark : Oui, d'accord, mais une langue qui progresse, qui va de l'avant, n'a pas besoin de se défendre, elle le fait toute seule !

Le professeur : Mais la langue française progresse, tu sais.

Mark : Oui, c'est vrai, en Afrique surtout. J'ai lu que la première ville francophone au monde est Kinshasa, la capitale de la République Démocratique du Congo.

Le professeur : Oui c'est vrai ! Peu de Français le savent. La langue française appartient à tous ceux qui la parlent et pas seulement à l'Hexagone. Grâce à tous ces francophones dans le monde, la langue française est en contact avec énormément de cultures différentes et c'est une vraie richesse.

Mark : Ah oui, c'est vrai... nous en reparlerons !

ACTIVITÉS

DOC 2 **Activité 3** **Répondez aux questions suivantes.**

1. Le français est-il une langue très parlée dans le monde ?

....

2. Le français est-il parlé uniquement en Europe ?

....

3. La francophonie dispose-t-elle d'un relais institutionnel ?

....

4. Est-ce que l'OIF se réunit fréquemment ?

....

5. Le français est-il une langue d'avenir ?

....

SCORE : ....

DOC 3 **Activité 4** **Vrai ou faux ?**

	Vrai	Faux
1. Mark pense que les Français défendent leur langue.	☐	☐
2. La langue française progresse surtout en Europe.	☐	☐
3. La première ville francophone au monde se trouve en Afrique.	☐	☐
4. L'Hexagone signifie la France métropolitaine.	☐	☐

SCORE : ....

À RETENIR

Les 10 mots incontournables de la séquence

- Dom-Tom
- OIF
- francophonie
- territoire
- outre-mer
- métropole
- l'Hexagone
- Secrétaire générale de la Francophonie
- continent
- Sommet de la Francophonie

Pour aller plus loin ou en savoir plus sur ce thème

Nous vous recommandons les sites officiels suivants :

- **Ministère des Outre-mer :** http ://www.outre-mer.gouv.fr/
- **L'OIF :** https ://www.francophonie.org/

5 Vivre en ville ou à la campagne ?

LIRE / ÉCOUTER

DOC 1

PISTE 30

Témoignage d'un citadin.

Je vis en ville depuis mon plus jeune âge, la campagne c'est bien pour aller prendre l'air de temps en temps ou pour quelques jours de vacances mais moi, je suis un citadin endurci. Je ne pourrai jamais vivre ailleurs qu'en ville.

Tout d'abord pour des raisons professionnelles. C'est en ville qu'on trouve du boulot* de nos jours mais aussi et surtout pour des raisons culturelles. Théâtres, cinémas, expos, concerts, sorties dans les restos* et les bistrots branchés, on trouve tout à la ville et on rencontre plein de gens venus d'ailleurs et moi, j'aime les ambiances internationales. Et si on parle des études, c'est évidemment en ville qu'on trouve les meilleures facs*. Ce que j'apprécie aussi, ce sont les efforts des municipalités pour améliorer les réseaux de transports et les services de location de vélo, les pistes cyclables et le covoiturage. On se déplace mieux aujourd'hui, c'est moins stressant.

Il y a bien quelques points noirs comme la pollution et le prix des loyers qui est sans doute trop élevé mais au bout du compte, je ne renoncerai jamais à la vie en métropole, elle est beaucoup plus passionnante.

DOC 2

PISTE 31

Témoignage d'un néo-rural.

Ma famille et moi avons quitté la ville il y a cinq ans. Trop de stress, trop de pollution, un coût de la vie trop élevé, des temps de transports interminables. Nous avons choisi une petite commune rurale de moins de 1 000 habitants. Il y a une école pour les enfants, ma femme et moi nous avons ouvert un commerce de proximité qui rend beaucoup de services aux habitants du village. Tout le monde se déplace à pied. La vie ici est plus sereine, on respire, on peut aller se balader, il y a un marché tous les samedis matin, on y trouve des produits du terroir d'excellente qualité, les rythmes sont plus lents, les gens sont très sympas* et il y a plus de convivialité. Et puis on a Internet et donc nous avons accès aussi à la modernité même si le premier cinéma est à 60 kilomètres d'ici. Mais après toutes ces années, je peux dire que nous avons fait le bon choix et que nous ne reviendrons jamais dans une grande agglomération.

ACTIVITÉS

DOC 1 **Activité 1** **Répondez aux questions suivantes.**

1. Depuis combien de temps le témoin habite-t-il en ville ?

....

2. Est-il prêt à quitter son lieu de vie urbain ? Pourquoi ?

....

3. Quelles sont les deux principales raisons qui lui font penser que la ville est le lieu de vie idéal ?

....

4. Qu'apprécie particulièrement le citadin dans le mélange des gens de la ville ?

....

5. Les transports se sont-ils améliorés dans les villes ? Citez des éléments.

....

6. Quels sont selon lui les deux principaux inconvénients de la vie en ville ?

....

SCORE : ....

DOC 2 **Activité 2** **Associez les expressions de même sens.**

1. quitter la ville •	• a. d'énormes difficultés à se déplacer
2. des temps de transports interminables •	• b. des aliments produits localement
3. aller se balader •	• c. un magasin dans le cœur de ville
4. des produits du terroir •	• d. partir vivre dans un lieu non urbain
5. un commerce de proximité •	• e. les gens sont plus chaleureux
6. il y a plus de convivialité •	• f. faire des promenades

SCORE : ....

DOC 3

PISTE 32

L'installation durable de citadins à la campagne.

L'installation durable de citadins à la campagne est loin d'être un phénomène de mode. De nombreux maires interrogés considèrent en effet qu'il s'agit d'un véritable fait de société ; d'ailleurs, 93 % d'entre eux ont été concrètement approchés par des citadins susceptibles de s'installer sur leur commune au cours des cinq dernières années. L'installation de nouveaux habitants venus des villes représente un enjeu pour les communes rurales : 73 % des maires estiment en effet qu'il s'agit d'un facteur indispensable à la survie de leur commune. Ce n'est pas tant la reprise d'une entreprise ou d'un commerce local qui les intéresse, mais surtout la contribution au dynamisme des services de proximité et l'apport plus général de vie dans la commune et les associations. D'ailleurs, la plupart des élus pensent qu'une intégration réussie des nouveaux habitants passe d'abord par leur volonté personnelle de s'investir dans la vie locale mais aussi d'accepter les contraintes liées aux activités agricoles. Les maires considèrent néanmoins en très grande majorité que la venue de ces nouveaux habitants pourrait générer des problèmes, craignant surtout les demandes excessives en matière d'équipements et de services car les nouveaux résidents sont habitués à disposer de ce genre de facilités en ville. En outre, beaucoup expriment les risques de difficulté d'adaptation aux habitudes du pays, avec les tensions que cela peut entraîner avec la population locale et certains craignent même que les nouveaux arrivants n'exportent à la campagne des problèmes plus typiquement urbains comme le stress et les incivilités. De leur côté les néo-ruraux cherchent avant tout les infrastructures éducatives, les types de commerces existant sur place ou à proximité et bien entendu une vie plus paisible et conviviale.

Enfin, si la majorité des maires considère comme essentielle la venue de nouveaux habitants, il existe un vrai clivage entre ceux qui ont engagé des actions (43 %), ceux qui n'ont pas mené d'actions mais ont engagé une réflexion (12 %) et ceux qui n'ont rien fait dans ce sens (45 %).

ACTIVITÉS

DOC 3 **Activité 3** **Vrai ou faux ?**

	Vrai	Faux
1. L'arrivée de néo-ruraux est une tendance récente.	☐	☐
2. Des maires sont sollicités par des citadins désireux de s'installer dans leur commune.	☐	☐
3. Pour les maires, ces installations sont surtout utiles pour le commerce.	☐	☐
4. Les municipalités ont peur de ne pas être suffisamment équipées.	☐	☐
5. Il existe un risque de voir les problèmes de la ville arriver à la campagne.	☐	☐
6. La majorité des municipalités s'investit dans l'accueil des néo-ruraux.	☐	☐

SCORE : ....

DOC 3 **Activité 4** **Choisissez la réponse correcte.**

1. Les maires pensent que le phénomène des néo-ruraux est :
   ☐ passager. ☐ bien ancré. ☐ une mode.
2. Dans les villages, l'arrivée de nouveaux habitants est une question :
   ☐ statistique. ☐ de continuité. ☐ strictement économique.
3. Les nouveaux arrivants s'intègrent surtout s'ils :
   ☐ participent à la vie locale. ☐ font leurs courses dans les commerces locaux.
   ☐ inscrivent leurs enfants dans les écoles du village.
4. Les maires redoutent :
   ☐ le manque de convivialité. ☐ la méfiance.
   ☐ le manque d'infrastructures de leurs communes.
5. Les habitants des villages ont peur :
   ☐ des possibles violences. ☐ des embouteillages. ☐ de la pollution.

SCORE : ....

À RETENIR

Les 10 mots incontournables de la séquence

- boulot
- restos et bistrots branchés
- réseaux de transports
- covoiturage
- prix des loyers
- commerce de proximité
- produits du terroir
- équipements
- incivilités
- durable

Pour aller plus loin ou en savoir plus sur ce thème

Vous êtes plutôt citadin ou rural ? quels sont selon vous les avantages de la vie en ville et de celle à la campagne. Pour quelles raisons accepteriez-vous de changer de cadre de vie ?

Vidéo :
https ://www.youtube.com/watch ?v=BJag6XYyHuY

Articles :

- https ://www.paruvendu.fr/immobilier/I/vivre-en-ville-ou-a-la-campagne-quels-avantages-i39099
- https ://www.agresidential.be/fr/actualites/habiter-en-ville-ou-a-la-campagne-telle-est-la-question/

PARTIE 3

Sorties entre amis

1 Fixer un rendez-vous

LIRE / ÉCOUTER

DOC 1

PISTE 33

Bon, on fait quoi ce soir ?

Cédric : Alors t'as une idée ?

Benoît : Ben non… j'ai pas d'idées pour ce soir.

Cédric : On pourrait sortir avec Julie et sa cousine ?

Benoît : Tu crois ? La dernière fois elles n'ont pas voulu aller en boîte* avec nous…

Cédric : Cette fois-ci, on va mieux s'organiser !! J'envoie un message à Julie « Komencava ? vs fète koi ssoir ? »

Benoît : Tu n'as pas parlé de sa cousine…

Cédric : J'ai écrit « vous » ah voilà, elle a déjà répondu ! « jnsè pa tro… quest sk tu propoz ? ». On propose un rendez-vous au « Castor » ? À quelle heure ?

Benoît : À partir de 20 h… avec la cousine !

Cédric : Oui ça va on a compris ! Allez j'écris « a 20h o Ktor ? tu pEx invité ta cousine é D pote »

Benoît : Et après, on pourrait faire quoi ? Encore en boîte ?

Cédric : On dit rien, on verra. Voilà, elle a répondu « cé bn, on svoi ssoir, jpropoz a ma cousine, biz ». Et nous, on invite des potes ? J'sais pas, Sophie, Colin, Marco ils sont dans le coin ce week-end.

Benoît : Si tu veux. On sait déjà qu'on se retrouve au « Castor » à 20 h, c'est déjà un bon point de départ. T'invites les autres ?

Cédric : Allez, j'écris à notre groupe « rdv ssoir o Ktor a partir 2 20h ? ». On pourrait peut-être se faire un ciné après.

Benoît : Mouais… pourquoi pas… ça dépend de ce qui est sorti. Colin a répondu : « cool. jvs rejo1 ver 20 h 30 ». Colin, il ne sait pas ce que c'est la ponctualité, toujours en retard.

Cédric : Ah !! Julie m'a envoyé un autre message : « cé bn, jvi1 ac ma cousine. a + ». Voilà, t'es content ?!

Benoît : Oui, plutôt… on est un bon petit groupe, ça va être sympa ! J'espère que personne ne va nous poser un lapin…

Cédric : Ça arrive souvent ! Ah, Marco a répondu « jariv ac D pote ver 21h, cé bn ? ». Je dis Ok.

Benoît : David a répondu aussi, il est pas dispo ce soir, il va à un concert. Il aurait pu nous inviter !

Cédric : Oh tu sais David il a des goûts un peu particuliers en musique… Maylis écrit qu'elle passe au bar, toute seule. Plus on est de fous, plus on rit !

ACTIVITÉS

DOC 1 **Activité 1** **Vrai ou faux ?**

	Vrai	Faux
1. Benoît a plein d'idées pour la soirée.	☐	☐
2. Benoît et Cédric proposent un rendez-vous à 20 h à Julie et sa cousine.	☐	☐
3. Cédric propose d'inviter d'autres potes à la soirée.	☐	☐
4. Colin est très ponctuel.	☐	☐
5. « Poser un lapin » signifie ne pas se présenter à un rendez-vous.	☐	☐
6. « Plus on est de fous, plus on rit » veut dire que plus on est nombreux, plus on s'amuse.	☐	☐

SCORE : ....

DOC 1 **Activité 2** **Associez les messages à leur transcription en français standard.**

1. « Komencava ? vs fète koi ssoir ? »
2. « jnsè pa tro... quest sk tu propoz ? »
3. « a 20h o Ktor ? tu pEx invité ta cousine é D pote »
4. « cé bn, on svoi ssoir, jpropoz a ma cousine, biz »
5. « rdv ssoir o Ktor a partir 2 20h ? »
6. « cé bn, jvi1 ac ma cousine. a + »
7. « jariv ac D pote ver 21h, cé bn ? »

a. « Je ne sais pas trop... qu'est-ce que tu proposes ? »
b. « Rendez-vous ce soir au Castor à partir de 20 h »
c. « J'arrive avec des potes vers 21 h, c'est bon ? »
d. « À 20 h au Castor ? Tu peux inviter ta cousine et des potes »
e. « C'est bon, je viens avec ma cousine, à plus tard »
f. « Comment ça va ? Vous faites quoi ce soir ? »
g. « C'est bon, on se voit ce soir, je propose à ma cousine, bises »

SCORE : ....

LIRE / ÉCOUTER

DOC 2

PISTE 34

Alice est toujours en retard.

Ce n'est pas de sa faute, mais depuis qu'elle est toute petite, Alice n'arrive pas à respecter les horaires ! Ça a commencé à l'école, elle était toujours la dernière à rentrer en classe et la dernière à en sortir. Pendant l'adolescence, elle a dû apprendre à gérer un agenda, et pas seulement au collège ou au lycée !! Elle a beaucoup de mal à respecter ses engagements et à ne pas arriver en retard, c'est plus fort qu'elle !! Secrètement, elle admire ses copains qui ont tout en tête et sont ponctuels. Heureusement, le smartphone est son meilleur allié !! Elle multiplie les mémos pour ses rendez-vous, avec vibreur et notification, et ça marche, heureusement. Comme ses amis la connaissent bien, elle reçoit aussi plein de messages de rappel… Alice stresse beaucoup plus pour les rendez-vous à ne pas rater : examens, dentiste, train, avion, médecin… Elle essaie d'arriver en avance, mais elle trouve le moyen d'arriver légèrement en retard ! Elle n'y peut rien, ça ne s'explique pas… de toute sa vie, elle n'est jamais arrivée en avance à un rendez-vous !

DOC 3

PISTE 35

Frédéric a oublié le rendez-vous.

Au téléphone

Anna : Allô Fred, tu fais quoi ? T'es où ?

Frédéric : Ah salut Anna, ça va ?

Anna : Bien bien, mais on t'attend !

Frédéric : Ah bon ? Où ? Qui ça « on » ?

Anna : Mais enfin, on avait rendez-vous au centre-ville pour faire un tour avec Inès ! À 11 h devant la fontaine on avait dit.

Frédéric : Ooooh pardon, j'ai complètement oublié notre rendez-vous…

Anna : Pfffff, on avait confirmé en plus sur WhatsApp®, franchement tu abuses* ! Ça fait trop plaisir en plus !

Frédéric : Je m'excuse, désolé, pardon, je regrette… j'ai plein de trucs à faire ce week-end et je me suis mal organisé je crois.

Anna : Bon alors tu fais quoi maintenant ? Tu nous rejoins ?

Frédéric : Ben là je sais pas trop… peut-être après le déjeuner alors, pour un café.

Anna : Ok, alors 14 h dans notre bar habituel, et t'oublies pas cette fois !

Frédéric : Oui, oui, promis juré !

Anna : À plus.

ACTIVITÉS

DOC 2 **Activité 3** **Répondez aux questions suivantes.**

1. Pourquoi Alice n'arrive-t-elle pas à respecter les horaires ?

....

2. À quel moment a-t-elle dû apprendre à gérer ses engagements ?

....

3. Grâce à quel outil technologique parvient-elle à s'organiser ?

....

4. Comment ses amis font-ils pour l'aider ?

....

5. Est-elle déjà arrivée en avance à un rendez-vous ?

....

SCORE : ....

DOC 3 **Activité 4** **Sélectionnez la réponse correcte.**

1. Frédéric a .... le rendez-vous avec Anna et Inès.
   - ☐ oublié ☐ déplacé ☐ annulé
2. Frédéric avait rendez-vous avec Anna et Inès à :
   - ☐ 10 h ☐ 11 h ☐ 15 h
3. Anna est plutôt :
   - ☐ énervée ☐ contente ☐ amusée
4. Les copines se retrouvent :
   - ☐ pour le goûter ☐ en soirée ☐ après le déjeuner

SCORE : ....

À RETENIR

Les 10 mots incontournables de la séquence

- rendez-vous
- sortir
- horaires
- agenda
- à l'heure
- en retard
- en avance
- ponctualité
- s'organiser
- potes

Pour aller plus loin ou en savoir plus sur ce thème

Si vous souhaitez vous organiser avec des amis francophones et en français, rien de tel que « Doodle » comme outil en ligne gratuit !

Doodle en français : https ://doodle.com/fr/prise-de-rendez-vous-en-ligne

2 Prendre l'apéro*

LIRE / ÉCOUTER

DOC 1

PISTE 36

Au bar avec les amis.

Au bar, à l'heure de l'apéro :

Client 1 : Eh, le Dubonnet®, vous connaissez ? Vous savez, l'apéritif ?

Cl. 2 : Ouais, de nom.

Cl. 3 : Ça me dit quelque chose, j'ai vu des vieilles pubs…

Cl. 4 : C'est une vieille boisson, un truc amer ! Ma grand-mère en avait dans son placard, ça faisait pas envie !

Cl. 2 : Pourquoi ?

Cl. 1 : Eh ben, Dubonnet®, c'est le nom du gars qui a inventé l'apéritif ! C'est pas dingue*, ça ?

Cl. 3 : C'est un Français qui a inventé l'apéro !

Cl. 4 : Ça m'étonne pas ! C'était qui, ce Dubonnet ?

Cl. 1 : En vrai, c'était un chimiste qui cherchait un médicament contre le paludisme, pour les soldats. Mais c'était super* amer, comme tu dis, alors il a rajouté des plantes et des épices. Et c'est sa femme qui a eu l'idée d'en faire boire avant le repas et voilà, l'apéro était né !

Cl. 2 : Génial ! Mais enfin, tu sais, les Romains aussi, ils buvaient un truc* pour s'ouvrir l'appétit. C'est pour ça que ça s'appelle apéritif, parce « ça ouvre », ça se dit « apéritif » en latin.

Cl. 3 : On en apprend, des trucs, avec toi, Gilbert.

Cl. 2 : Tu as trouvé ça sur Whatsapp®… éro ? (Rires)

Cl. 4 : Non, sur YouTube®… ois un verre !!

Cl. 3 : N'empêche… Ils savaient vivre, ces Romains.

Cl. 2 : Ouais, enfin, c'est à peu près ça… En fait, à l'époque, ils buvaient une espèce de boisson au miel, c'était pas de l'alcool. Au Moyen-Âge, ils ont commencé les boissons à base de plantes avec un peu d'alcool, mais c'était pas comme aujourd'hui.

Cl. 4 : Et les cacahuètes ? Ils avaient des cacahuètes, les Romains ? Ou des biscuits apéro ? Ça m'étonnerait ! Parce que moi, l'apéro sans les cacahuètes, j'appelle pas ça l'apéro, désolé.

Cl. 3 : Ouais, t'as raison ! Allez, patron, remets-nous la petite sœur, ça donne soif, d'apprendre ! Mais j'aime bien débattre, plutôt que boire idiot.

Cl. 4 : Bon il me reste vingt secondes…

Cl. 3 : Un kir ?

Cl. 4 : D'accord.

Cl. 1 : Pas pour moi, merci, on m'attend pour un cocktail à la mairie.

Cl. 4 : Un cocktail ? Ah d'accord, l'apéro avec nous, c'est pas assez chic ! Monsieur préfère les petits fours aux cacahuètes et le Champagne à l'anisette ! Tu sais ce que t'es ? T'es snob !

ACTIVITÉS

DOC 1 **Activité 1** **Vrai ou faux ?**

	Vrai	Faux
1. Selon les personnes qui parlent, l'apéritif est une invention française.	☐	☐
2. M. Dubonnet a inventé une boisson en cherchant à créer un médicament.	☐	☐
3. Au départ, sa boisson était trop douce.	☐	☐
4. Il a d'abord testé cette boisson sur sa femme.	☐	☐
5. L'ajout d'alcool dans les boissons remonte au Moyen-Âge.	☐	☐

SCORE : ....

DOC 1 **Activité 2** **Remettez les lettres dans l'ordre pour former des mots et associez-les les aux définitions.**

1. Indissociables de l'apéritif, selon un des clients. •	• a. PLDSMAUIE → ....
2. Maladie qui touchait particulièrement les soldats. •	• b. CCKTLOAI → ....
3. Un des ingrédients de la boisson inventée par M. Dubonnet. •	• c. CCHTSAAUEE → ....
4. Petit gâteau sec, sucré ou salé. •	• d. BSCTIUI → ....
5. Réception au cours de laquelle des boissons sont servies. •	• e. PCSEIE → ....

SCORE : ....

LIRE / ÉCOUTER

DOC 2

PISTE 37

De quoi parlent les Français à l'apéro ?

L'OFC (l'Observatoire Français de la Consommation) publie cette semaine une grande enquête sur les sujets de conversation préférés des Français. L'OFC a interrogé plus de 1 000 personnes et l'étude a été menée en partie par courriel et via les réseaux sociaux. Les thèmes privilégiés des Français sont donc l'environnement et tout ce qui tourne autour : la pluie et le beau temps, naturellement, mais ce n'est pas nouveau, la météo a toujours fait parler ! Ce qui est récent, en revanche, ce sont les bouleversements climatiques qui nourrissent plus que jamais nos bavardages quotidiens, thème que l'on pourrait résumer par la fameuse formule « Y a plus de saisons ma bonne dame ! ».

La politique, passion française, est également un sujet très en vogue. Les défauts du patron, le bien-être, les vacances et la « bouffe* » s'invitent enfin régulièrement dans la bouche des Français. Mais s'agit-il de la conversation au sens noble du terme ? Pas sûr, selon Emmanuel Godo, auteur du livre « Une Histoire de la conversation » (éd. PUF, 2013).

« Tout échange de paroles n'est pas conversation. Pour qu'il y ait conversation, il faut de la bienveillance et de la hauteur de vue. Je ne suis pas certain que les sujets polémiques comme le réchauffement climatique, qui tombent vite dans le commentaire trop alarmiste de fin du monde, ou la politique soient une bonne matière à conversation. Ils sont davantage une matière à débats avec affrontement de points de vue ». Selon ce professeur de littérature au lycée Henri-IV à Paris, « les individus sont aujourd'hui saturés d'informations en provenance des réseaux sociaux, qui ne sont pas filtrées ». « Cela crée plus de confusion que de conversation qui, elle, implique une distance », analyse-t-il. Pour que la politique par exemple puisse donner lieu à une conversation et échappe ainsi au « jeu de massacre », « il faut élever le débat au niveau des idées, ce qui n'interdit pas les désaccords ». On va alors dépasser l'agressivité de base, les clivages, estime l'expert.

ACTIVITÉS

DOC 2 **Activité 3** **Choisissez la bonne réponse.**

1. L'OFC a enquêté pour :
   ☐ vérifier que les Français respectent l'environnement.
   ☐ savoir ce dont les Français aiment discuter.
   ☐ connaître l'opinion des Français sur les changements climatiques.
2. Parler des changements climatiques :
   ☐ est récent. ☐ a toujours existé. ☐ n'est plus à la mode.
3. Parmi les principaux sujets de conversation des Français, on ne trouve pas
   ☐ la nourriture. ☐ la critique des supérieurs hiérarchiques. ☐ le sport.
4. Selon Emmanuel Godo, une conversation :
   ☐ nécessite du recul et du respect mutuel. ☐ implique des désaccords.
   ☐ peut se faire sur n'importe quel sujet.
5. Selon lui, la mauvaise qualité des conversations provient notamment
   ☐ du manque de connaissance des sujets.
   ☐ de la mauvaise qualité des informations données par la presse.
   ☐ de l'excès d'informations brutes sur tous les sujets.

SCORE : ....

DOC 2 **Activité 4** **Complétez les phrases suivantes avec des mots de la liste. Attention, il y a un intrus.**

alarmiste • bavardage • bienveillance • bouleversement • nuance • polémique

1. Je ne m'énerve pas, j'explique de manière claire et distincte, tu comprends la .... ?
2. Avec toi, tout est grave, tu dis toujours que la fin du monde est arrivée. Ton discours est trop ....
3. De la neige au mois de juillet, 30° en Sibérie, ce ne sont pas des changements, mais de véritables .... !
4. Il critique tout le monde, surtout si on n'est pas d'accord avec lui, il peut même être agressif, il ne fait jamais preuve de ....
5. À ta place, j'éviterais de parler de la politique du gouvernement avec tes beaux-parents, c'est un sujet trop .... !

SCORE : ....

À RETENIR

Les 10 mots incontournables de la séquence

- apéritif / apéro
- boisson
- médicament
- petits fours
- cacahuètes
- boire un verre
- réseaux sociaux
- bavardage
- nuancer
- désaccord

Pour aller plus loin ou en savoir plus sur ce thème

- https ://www.aperichic.com/blog/histoire-aperitif-france/
- http ://www.leparisien.fr/societe/quels-sont-les-sujets-de-conversation-preferes-des-francais-15-04-2019-8053815.php

3 Manger au resto*

LIRE / ÉCOUTER

DOC 1 — PISTE 38

Choisir un restaurant.

– Salut Farid, qu'est-ce que tu fais ce soir ? Tu es libre ?

– Salut Maureen, oui je suis libre, pourquoi ?

– On va fêter l'anniversaire de Jade au resto, ça te dit de venir ?

– Volontiers, c'est une super idée. On va où ?

– En fait, je voulais que tu m'aides à choisir. Je pensais à trois options. Le Grillodin, c'est sympa, on peut manger des grillades de viande et de poisson, le cadre est super et la déco* très moderne mais j'ai peur que ce soit un peu cher. Ensuite il y a le Jardin, où il y a aussi un grand choix de plats végétariens, végans et sans gluten mais aussi des recettes plus traditionnelles comme le cassoulet et le coq au vin, les prix sont acceptables. Enfin j'avais pensé à un resto* fusion où l'on peut manger japonais, mexicain, chinois, y en a un peu pour tous les goûts. T'en penses quoi ?

– Alors, connaissant Jade, je crois que le deuxième lui plaira beaucoup, elle aime bien les plats à base de légumes et je crois savoir qu'elle est pas fan de viande d'ailleurs. Par contre je sais qu'elle apprécie le bon vin, surtout les vins bio, tu crois qu'ils en ont ?

– Attends, je regarde sur le site, s'il y en a je réserve pour ce soir à 20 heures, ça va ?

– Oui c'est parfait !

– Bon, je fais mes vérifs* et je te tiens au courant, à plus !

DOC 2 — PISTE 39

Opinion sur un restaurant.

– Alors Patricia, ce resto hier soir c'était comment ?

– C'était très inégal. J'ai surtout trouvé que c'était un peu cher et pas très copieux, cela dit les ingrédients étaient frais et le service impeccable. J'ai pris une assiette de petits légumes de saison très bien assortis, comme plat principal j'ai choisi une andouille de Vire, j'ai bien aimé. En dessert j'ai pris une crème au cidre et aux pommes.

– Et ton mari il a aimé ?

– Ben lui il a adoré, tu le connais, il adore la cuisine de terroir de sa région d'origine. Il a mangé un feuilleté pomme et camembert qui était délicieux. On n'a pas pris de vin, mais on a bu du cidre. Au final c'était pas si mal, à part l'addition qui était un peu salée*.

– Merci de ces infos, je pense y aller avec ma copine la semaine prochaine, il faut réserver ?

– Ah oui, je te le conseille sans faute, c'était complet hier.

ACTIVITÉS

DOC 1 Activité 1 Vrai ou faux ?

	Vrai	Faux
1. Maureen veut inviter Farid au restaurant pour son anniversaire.	☐	☐
2. C'est Farid qui propose les trois restaurants.	☐	☐
3. Le Grillodin est à déconseiller aux végétariens.	☐	☐
4. Le Grillodin est un restaurant bon marché.	☐	☐
5. Le Jardin propose aussi des recettes françaises classiques.	☐	☐
6. Le restaurant fusion propose une cuisine locale.	☐	☐
7. C'est Farid qui réservera le restaurant.	☐	☐

SCORE : ....

DOC 2 Activité 2 Associez les expressions de même sens.

1. c'était inégal
2. ce n'est pas très copieux
3. très bien assortis
4. la cuisine de terroir
5. l'addition était un peu salée
6. sans faute

a. le prix était cher
b. absolument
c. Il y avait du positif et du négatif
d. les assiettes ne sont pas très garnies
e. les spécialités locales
f. harmonieux

SCORE : ....

J'en ai marre – (I've had enough)

LIRE / ÉCOUTER

DOC 3

PISTE 40

Commander au restaurant.

– Bonsoir Messieurs, vous avez fait votre choix ? Vous prendrez un menu gourmet, une formule ou vous mangerez à la carte ?

– Moi je vais prendre une formule entrée plat dessert à 25 euros, avec une salade de saison, puis je prendrai du poisson : de la lotte à la sétoise. Pour le dessert, j'hésite entre le moelleux au chocolat et la salade de fruits frais... qu'est-ce qu'il y a dans la salade de fruits ?

– Il y a des fraises, des framboises, des myrtilles, des agrumes et du kiwi et un peu de menthe fraîche aussi.

– Très bien, ça a l'air très bon, une salade de fruits frais alors.

– Et vous Monsieur, vous avez choisi ?

– Alors pour moi, ce sera la même formule mais avec des plats différents. Pour commencer je prendrai une soupe au pistou en entrée... mais j'hésite en fait... heu non finalement je préfère une tarte aux poireaux et aux navets, puis je prendrai de la viande : un pavé de bœuf garni et pour finir un flan pâtissier parfumé à la vanille de Tahiti.

– Très bien, la cuisson du pavé de bœuf, saignant, à point, bien cuit ?

– Saignant merci. Heu... il y a des frites avec, c'est ça ?

– Oui Monsieur, des frites maison. Elles sont excellentes. Mais si vous préférez, il y a aussi du riz, des pâtes ou de la salade verte en accompagnement.

– Non, les frites, ça ira très bien, merci.

– Parfait, Vous prendrez un peu de vin pour accompagner les plats ?

– Oui mais au verre parce qu'une bouteille ce serait trop, donc avec le poisson je prendrai un verre de vin blanc, un Chardonnay s'il vous plaît.

– Et moi avec la viande je prendrai un petit verre de vin rouge. Un vin des Pays de Loire, c'est plus léger, merci.

– Très bien Messieurs, c'est noté. Est-ce que vous souhaitez un petit apéritif en attendant les entrées ?

– Non merci, par contre si vous pouviez nous apporter un peu d'eau fraîche, ce serait très gentil.

– Bien sûr Messieurs, je vous apporte tout de suite du pain et une carafe d'eau.

ACTIVITÉS

DOC 3 Activité 3 **Répondez aux questions.**

1. Quel type de menu les clients ont-ils choisi ?
Une formule entrée, plat, dessert pour 25 euros

2. Le premier client hésite entre deux desserts, lesquels ?
le moelleux au chocolat et la salade de fruits

3. Quel type de cuisson le deuxième client choisit-il pour la viande ?
un pavé de bœuf garni

4. Quelles sont les différentes garnitures proposées pour la viande ? Laquelle choisit le client ?
du riz, des pâtes, de la salade verte
il choisit les frites

5. Pourquoi les deux clients prennent-ils seulement un verre de vin ?
une bouteille ce serait trop

6. Que va leur apporter le serveur avant de commencer le repas ?
Il va apporter tout de suite du pain et une carafe d'eau

SCORE : ....

DOC 3 Activité 4 **Reliez les éléments des deux colonnes pour former les phrases.**

1. Les clients choisissent un verre...
2. La formule à 25 euros comprend...
3. La garniture c'est...
4. Saignant, à point ou bien cuit...
5. Le vin blanc...
6. On prend généralement un apéritif...
7. Le pain et l'eau...

a. ...une entrée, un plat et un dessert.
b. ...de blanc et un de rouge.
c. ...doivent être sur la table avant l'arrivée des entrées.
d. ...sont les trois types de cuisson pour la viande.
e. ...va bien avec le poisson.
f. ...ce qui accompagne le plat principal.
g. ...en attendant les entrées.

SCORE : ....

À RETENIR

Les 10 mots incontournables de la séquence

- le resto
- copieux
- la cuisine de terroir
- une addition salée
- les ingrédients
- la formule
- la cuisson (saignant, à point, bien cuit)
- l'accompagnement (la garniture)
- le cadre (le lieu)
- la déco (la décoration)

Pour aller plus loin ou en savoir plus sur ce thème

Et vous, quel type de restaurants appréciez-vous ? Parmi les restaurants suivants, lequel choisiriez-vous ? Pensez à lire les critiques des clients.

Tripadvisor.fr : https ://www.tripadvisor.fr/Restaurants-g187147-Paris_Ile_de_France.html

4 Rire / Se moquer

LIRE / ÉCOUTER

DOC 1

PISTE 41

Peut-on rire de tout ?

« *S'il est vrai que l'humour est la politesse du désespoir, s'il est vrai que le rire [...] peut parfois désacraliser la bêtise, exorciser les chagrins véritables et fustiger les angoisses mortelles, alors oui, on peut rire de tout, et l'on doit rire de tout : de la guerre, de la misère et de la mort*. » Ainsi parlait un célèbre humoriste à la fin du siècle dernier. Régulièrement, cette question « Peut-on rire de tout ? » revient dans les débats et chacun y va de son commentaire : « Oui, mais pas avec tout le monde », « Oui, sans aucune limite », « Non, il y a des valeurs à respecter », etc. Pour le neuropsychiatre Boris Cyrulnik, par exemple, la réponse est non, mais parce qu'il considère qu'il y a des moments pour rire et d'autres où on ne doit pas rire, à un enterrement, par exemple, où quand les conséquences – d'une chute, par exemple – sont graves.

De même, la question se pose régulièrement avec les dessins publiés dans un journal comme Charlie-Hebdo, qui a fait de la satire, de la caricature et de la dérision sa marque de fabrique, en prenant pour cibles toutes les institutions politiques, religieuses ou morales, sans distinction ni tabou. La seule limite à l'humour et à la moquerie est fixée par la loi, qui encadre la liberté d'expression et condamne par exemple les propos racistes, diffamatoires ou faisant l'apologie des crimes.

C'est pourquoi l'humour noir, l'humour vache, l'humour « bête et méchant » comme l'avait proclamé le journal Hara-Kiri, ancêtre de Charlie-Hebdo, même s'il choque, même s'il dérange, est libre de toute censure et peut s'exprimer publiquement. À chaque époque pourtant, des groupes de pression s'insurgent contre certains dessins ou commentaires, intentent des procès et exigent l'interdiction de la une du journal, quand ce n'est pas celle du journal lui-même. Déjà en 1970 le gouvernement avait provoqué la fin du journal Hara-Kiri à la suite d'un titre jugé irrévérencieux à la mort du général de Gaulle. Bien pire encore, plus récemment, des membres de l'équipe de Charlie-Hebdo ont été assassinés au nom d'une idéologie politico-religieuse. Pour leurs assassins, on ne peut pas rire de tout. Aujourd'hui, le journal continue ; partout dans le monde, des dessinateurs, des humoristes, des journalistes refusent toute forme de censure et continuent à rire et à se moquer de tout, « pour ce que rire est le propre de l'homme » (Fr. Rabelais).

ACTIVITÉS

DOC 1 **Activité 1** **Répondez aux questions**

1. À quoi sert le rire, selon un célèbre humoriste du siècle dernier ?

....

2. Quelle est la position de B. Cyrulnik sur la question ?

....

3. Y a-t-il des limites à l'humour ? Si oui, lesquelles ?

....

4. Comment réagissent certains groupes de pression ?

....

5. Qu'est-ce qui montre que le droit de rire de tout existe encore ?

....

SCORE : ....

DOC 1 **Activité 2** **Retrouvez dans le texte les mots correspondant aux définitions.**

1. Retirer le caractère sacré de quelque chose :

....

2. Délivrer d'un mal, d'une chose funeste :

....

3. Écrit, propos comprenant une moquerie, une critique virulente :

....

4. Qui manque de respect :

....

5. Limitation arbitraire de la liberté d'expression :

....

SCORE : ....

DOC 2

PISTE 42

Humour au bureau.

– Il est pas drôle, le nouveau boss ! Je viens de passer un quart d'heure avec lui à la machine à café et ben… c'est pas un marrant.

– Pourquoi ? Il a pas ri à tes blagues, c'est ça ? Tu sais, Cathy, elles sont pas toujours géniales, surtout si tu t'es moqué de lui !

– Moqué, moqué… Pas vraiment, enfin gentiment, tu me connais ! Déjà, la première chose qu'il me demande, c'est : « Vous travaillez ici ? » Alors, j'avais envie de lui dire : « Non, je suis en vacances, y avait plus de place à Saint-Tropez », mais je me suis retenue et j'ai juste dit : « Oui, la plupart des gens qui sont ici, c'est pour travailler ! », mais avec un grand sourire, tu vois ?

– Oui, je vois très bien, tu t'es fichu* de lui ouvertement et forcément, tu trouves qu'il n'a pas d'humour ! C'est typique des gens qui se veulent sarcastiques mais qui ne comprennent pas que leurs plaisanteries peuvent être désagréables.

– En même temps, sa question était un peu bête, non ? « Vous travaillez ici ? » Il croit quoi ? Qu'il y a des gens qui viennent dans nos bureaux pour le plaisir ? Pour prendre un café ? Surtout que le café de la machine, il est toujours aussi mauvais.

– Tu sais qu'il y a aussi des clients, des fournisseurs qui passent. Le nouveau boss, il est là depuis une semaine, il a vu tout le monde en assemblée une demi-heure lundi dernier, c'est normal qu'il ait pas encore tous les visages dans la tête, je comprends. À moins que tu penses être inoubliable ?

– Tu vois, Safia, tu te moques, toi aussi ! Ben en tout cas, là, je crois qu'il m'oubliera plus parce qu'il m'a regardé de travers et il m'a répondu « Très bien, alors, ne perdez pas de temps ! » Et il est parti. Tu crois que j'ai gaffé* ?

– Non, penses-tu !

– Et voilà, tu te moques encore de moi !

ACTIVITÉS

DOC 2 **Activité 3** **Vrai ou faux ?**

	Vrai	Faux
1. Il y a un nouveau directeur dans l'entreprise.	☐	☐
2. Cathy l'a rencontré dans son bureau.	☐	☐
3. Elle s'est moquée de lui.	☐	☐
4. Elle pense qu'il n'a pas d'humour.	☐	☐
5. Safia pense que les blagues de Cathy sont très drôles.	☐	☐

SCORE : ....

DOC 2 **Activité 4** **Choisissez la bonne réponse.**

1. Selon Cathy, les gens sarcastiques :
   ☐ sont très attentifs aux autres. ☐ sont un peu naïfs.
   ☐ ne mesurent pas la portée de leurs paroles.
2. Safia trouve que :
   ☐ la question du directeur était stupide. ☐ le directeur aurait pu lui offrir un café.
   ☐ le café est moins bon qu'avant.
3. Cathy lui explique :
   ☐ qu'il n'y a pas que les employés dans l'entreprise.
   ☐ que les clients ne viennent pas dans les bureaux.
   ☐ que le directeur connaît mieux les fournisseurs.
4. Le nouveau directeur :
   ☐ a reçu tous les employés dans son bureau. ☐ n'a pas encore vu les employés.
   ☐ a vu rapidement les employés tous ensemble.
5. À propos de Safia, la première impression du directeur :
   ☐ est bonne. ☐ est mauvaise. ☐ est neutre.

SCORE : ....

À RETENIR

Les 10 mots incontournables de la séquence

- se ficher de*
- sarcastique
- gaffer*
- satire
- humour
- exorciser
- blague
- plaisanter
- caricature
- dérision

Pour aller plus loin ou en savoir plus sur ce thème

À votre avis, peut-on rire de tout ? Quelles sont vos limites ?

- https ://www.liberation.fr/debats/2016/02/24/on-peut-rire-de-tout-mais-on-peut-aussi-arreter-de-citer-desproges-n-importe-comment_1435056
- https ://charliehebdo.fr/

5 Fêter un événement

LIRE / ÉCOUTER

DOC 1

PISTE 43

La coupe du monde 2018.

Gagner la Coupe du Monde de football, ça n'arrive pas tous les jours. Pour les Français, ça n'est même arrivé que deux fois : la première en 1998, la compétition avait d'ailleurs lieu en France, et la finale opposait les Bleus au Brésil ; la deuxième 20 ans après, c'était la semaine dernière en Russie, on s'en souvient, victoire finale contre les Croates. Tout le monde, supporter ou non, garde en mémoire ces soirées mémorables, de communion païenne autour de 23 hommes en maillot bleu devenus pour un temps les idoles de tout un peuple. Nous en avons rencontré quelques-uns, ils nous ont livré leur témoignage ému.

Femme n° 1 : Moi, j'avais 10 ans en 1998, et je me souviens d'une agitation incroyable, de gens qui dansaient dans la rue, et cette année, c'est ma fille qui a dix ans et qui connaît la même chose. C'est génial !

Homme n° 1 : En 1998, on était tous des frères ! Il y avait le slogan Black-Blanc-Beur, plus de différences, tous unis, tous égaux dans la victoire ! C'était un grand moment. Bon, évidemment, ça n'a pas duré et l'ambiance a changé peu à peu, on est retombé dans le quotidien pas drôle et la fraternité n'a pas vraiment résisté. Mais pendant quelque temps, on a vraiment été heureux ! C'est bien que ça recommence, j'espère que ça durera un peu plus, cette fois !

Homme n° 2 : J'étais pas né en 1998, mais j'en ai entendu parler toute mon enfance. Ça faisait vraiment envie, alors quand on a gagné, j'étais trop content ! J'ai fait la fête pendant trois jours ! Après le match, j'ai couru chez ma copine, elle habite à 5 kilomètres, et je l'ai obligée à descendre dans la rue - elle aime pas le foot, mais là, c'était obligé qu'elle vienne ! On a chanté toute la nuit, on a pas dormi, on a continué le lendemain comme des fous. Bon, elle, je crois qu'elle est rentrée chez elle, mais avec les autres, on a continué la grosse teuf !

Femme n° 2 : Même si je ne suis pas fan de football, je n'aurais manqué ça pour rien au monde ! J'étais sur les Champs-Élysées les deux fois ! Des grands moments de rassemblements populaires comme ça, il faut en profiter. En 1998, j'ai rencontré mon premier mari le soir de la victoire… Je crois que cette année, j'espérais trouver le troisième, mais ça n'a pas marché, alors il faut vite qu'on regagne la Coupe ! Allez les Bleus !!!

ACTIVITÉS

DOC 1 **Activité 1** **Choisissez la bonne réponse.**

1. L'équipe de France de football a remporté :
   - ☐ une Coupe du monde. ☐ deux Coupes du monde. ☐ trois Coupes du monde.
2. Le reportage a lieu à l'occasion :
   - ☐ de la première victoire française en Coupe du monde.
   - ☐ de la deuxième victoire française en Coupe du monde.
   - ☐ de l'anniversaire de la première victoire française en Coupe du monde.
3. En 2018, la Coupe du Monde a eu lieu :
   - ☐ en France.
   - ☐ en Croatie.
   - ☐ au Brésil
   - ☐ en Russie.
4. Les personnes interviewées :
   - ☐ ont assisté aux deux Coupes du monde.
   - ☐ sont des amoureux du football.
   - ☐ gardent un bon souvenir de ces soirées.
5. Le sentiment général exprimé est :
   - ☐ une grande émotion. ☐ une grande fierté. ☐ un grand soulagement.

SCORE : ....

DOC 1 **Activité 2** **Associez les affirmations aux différents intervenants. Attention, il y a un intrus.**

	F. n° 1	H. n° 1	F. n° 2	H. n° 2	Intrus
1. C'était génial, la fête a duré plusieurs jours sans interruption !	☐	☐	☐	☐	☐
2. Pendant un moment, les gens se sont sentis très proches les uns des autres. Mais malheureusement, ça n'a pas duré.	☐	☐	☐	☐	☐
3. J'adore quand tout le monde se retrouve dans la rue, comme ça, on peut faire de belles rencontres !	☐	☐	☐	☐	☐
4. J'ai assisté aux deux finales dans le stade, en direct ! C'est super et j'espère vivre encore un moment comme ça.	☐	☐	☐	☐	☐
5. Je suis contente que ma fille connaisse ce moment, comme moi la première fois, au même âge qu'elle !	☐	☐	☐	☐	☐

SCORE : ....

LIRE / ÉCOUTER

DOC 2

PISTE 44

Fête d'anniversaire.

– Eh Marcel, tu fais quoi, cette année, pour ton anniversaire ?

– Je ne sais pas, j'aimerais faire un truc original, pas la traditionnelle fête avec les copains, le gâteau, les bougies, c'est ringard*... Pas de fête surprise non plus, à chaque fois, la surprise est éventée une semaine avant et tu te retrouves obligé de faire semblant de t'extasier, c'est gênant pour tout le monde.

– Ah oui, tu te souviens, il y a deux ou trois ans, pour l'anniversaire d'Arsène ? On avait privatisé le bar chez Marie-Jo, on avait invité tous les potes*, sauf qu'on s'était trompé de date dans le message !

– Oui, on a dû rappeler tout le monde deux jours avant et du coup, y en a qui n'ont pas pu venir.

– Et puis Arsène, quand il a vu arriver Jean-Baptiste et Monique, il était pas ravi de la surprise ! On avait oublié qu'il n'était pas encore remis de leur rupture...

– Tu vois, c'est pas une bonne idée, c'est trop risqué. Non, cette année, c'est moi qui l'organise, mon anniversaire !

– Et tu as pensé à quoi ? Un bal costumé ? Une soirée à thème ? Un barbecue à la plage ?

– Non, déjà fait, tout ça ! Je veux de l'original ! Du jamais vu ! De l'i-né-dit, tu comprends, Jules ?

– Heu... Je ne suis pas sûr. Moi, j'aime bien me retrouver avec mes copains, on se fait une soirée marrante, on se déguise ou on fait un karaoké années 80, on passe une soirée sympa, quoi ! J'adore chanter des vieux tubes à tue-tête !

– Moi aussi, mais tous les ans karaoké, c'est barbant, on peut changer un peu, non ? Je vois bien un tour en hélico, ou un saut à l'élastique, un truc rare, tu vois ? Tiens, j'ai une idée : on loue un petit avion, on fait un tour, on boit un coup à bord et hop, tout le monde saute en parachute et on se retrouve en bas pour manger ensemble ! Pas mal, hein ?

– Ouais... Enfin, ceux qui arrivent entier en bas... Moi, en tout cas, je crois que je ne suis pas libre... C'est le 12 juin, c'est ça ?

– Oui, comme tous les ans. Allez, un petit saut en parachute, le frisson du danger, ça fait du bien ! Tu verras, tu t'en souviendras toute ta vie, de mes 83 ans !

ACTIVITÉS

DOC 2 **Activité 3** **Vrai ou faux ?**

	Vrai	Faux
1. Marcel, l'homme dont c'est l'anniversaire, veut faire une soirée traditionnelle.	☐	☐
2. Il adore les fêtes surprises.	☐	☐
3. L'anniversaire d'Arsène a été une grande réussite.	☐	☐
4. Les suggestions de son ami ne lui conviennent pas.	☐	☐
5. Il propose une sortie en avion et un saut en parachute.	☐	☐
6. Son ami Jules est impatient de participer.	☐	☐

SCORE : ....

DOC 2 **Activité 4** **Associez les adjectifs qualificatifs aux événements. Attention, il y a un intrus.**

	prochain anniversaire de Marcel	fête surprise	bal costumé	fête avec gâteau et bougies	soirée karaoké	saut à l'élastique	intrus
original	☐	☐	☐	☐	☐	☐	☐
démodé	☐	☐	☐	☐	☐	☐	☐
ennuyeux	☐	☐	☐	☐	☐	☐	☐
banal	☐	☐	☐	☐	☐	☐	☐
trop cher	☐	☐	☐	☐	☐	☐	☐
inoubliable	☐	☐	☐	☐	☐	☐	☐
risqué	☐	☐	☐	☐	☐	☐	☐
embarrassant	☐	☐	☐	☐	☐	☐	☐

SCORE : ....

À RETENIR

Les 10 mots incontournables de la séquence

- mémorable
- rassemblement
- communion
- fraternité
- faire la fête / teuf
- éventé
- s'extasier
- inédit
- se déguiser
- boire un coup

Pour aller plus loin ou en savoir plus sur ce thème

Comment imaginez-vous l'anniversaire parfait ? Avez-vous déjà participé à un moment de liesse collective ? À quelle occasion ? Si non, quel événement pourrait selon vous donner lieu à ce genre de festivités ?

PARTIE 4

Sport

1 Aller au stade

LIRE / ÉCOUTER

DOC 1

PISTE 45

On va au stade ?

– Alors Lucas, tu as trouvé des billets pour le match de la semaine prochaine ?

– Non pas encore, et toi ?

– Moi oui, je les ai achetés hier sur le site du club, j'ai choisi des billets en tribune parce que les virages étaient complets. Mais l'important c'est d'y être, tu ne crois pas ?

– Oui mais en fait j'hésite un peu, je n'aime pas trop les matches qui se jouent le dimanche soir, je trouve que ça finit trop tard et en puis en tribune, c'est trop cher !

– Mais c'est le derby la semaine prochaine, c'est un événement unique, tu peux pas rater ça ! Il va y avoir une ambiance de feu, le stade sera plein à craquer, et les deux équipes luttent pour le titre !

– Et tu y vas comment toi, en voiture ?

– Non, on ira en métro, en voiture c'est impossible de se garer, il y aura trop de monde.

– Bon, je vais regarder sur le site du club s'il reste des places et je te tiens au courant et si je trouve des billets, on y va ensemble d'accord ?

– Ok ! Tu verras ce sera un super moment ! Et n'oublie pas ton écharpe !

DOC 2

PISTE 46

Un grand événement sportif.

La finale de la coupe de France aura lieu demain au stade de France de Saint-Denis. Nantes et Montpellier s'affronteront pour conquérir le titre tant convoité. On attend plus de 80 000 spectateurs pour encourager les 22 acteurs de ce match de gala, toutes les places ont été vendues. C'est la première fois que ces deux équipes se rencontrent à ce niveau de la compétition, l'enjeu est donc énorme car le vainqueur sera qualifié pour la coupe d'Europe. Des animations sont prévues dans les tribunes, des tifos à base de drapeaux et de banderoles aux couleurs de deux équipes ont été autorisés par les autorités, en revanche l'usage de fumigènes a été interdit et sera sévèrement sanctionné. L'ambiance sera incroyable, les chants à la gloire des clubs résonneront dans les virages et espérons que les joueurs seront à la hauteur de cette grande fête. Un important service de sécurité sera mis en place afin d'éviter des affrontements, mais comptons sur le bon état d'esprit qui caractérise un événement sportif de cette importance. Il est cependant recommandé d'arriver en avance afin de passer les fouilles et les contrôles d'avant match.

ACTIVITÉS

DOC 1 Activité 1 Choisissez la réponse correcte.

1. Lucas :
   - ☐ a déjà ses billets.
   - ☐ va les acheter au stade.
   - ☐ n'est pas certain de prendre des places.
2. Le match :
   - ☐ a lieu l'après-midi.
   - ☐ se jouera en soirée.
   - ☐ se disputera en milieu de semaine.
3. D'après Lucas :
   - ☐ les prix sont excessifs.
   - ☐ les places en virage sont les meilleures.
   - ☐ on ne voit pas bien au stade.
4. Le match :
   - ☐ opposera deux équipes de la même ville.
   - ☐ le premier contre le dernier du classement.
   - ☐ est une rencontre amicale.
5. Pour se rendre au stade :
   - ☐ il vaut mieux prendre son véhicule.
   - ☐ il est conseillé de prendre les transports en commun.
   - ☐ il faut marcher à pied longtemps.

SCORE : ....

DOC 2 Activité 2 Vrai ou faux ?

	Vrai	Faux
1. Le match se jouera à Nantes.	☐	☐
2. Le stade sera à guichets fermés.	☐	☐
3. Les deux équipes ont déjà joué une finale l'une contre l'autre.	☐	☐
4. Les tribunes seront pleines d'accessoires colorés.	☐	☐
5. Les fumigènes seront exceptionnellement autorisés.	☐	☐
6. On prévoit une importante présence de la police.	☐	☐
7. Il vaut mieux arriver juste avant le coup d'envoi du match pour entrer au dernier moment.	☐	☐

SCORE : ....

DOC 3

PISTE 47

Raconter une expérience au stade.

– Alors Julien, ce match de rugby, c'était comment ? Tu t'es régalé ?

– Ah oui Sophie ! C'était génial, c'était la première fois que j'assistais à un match du tournoi des six Nations au stade. Quelle ambiance ! Pendant tout le match, les supporters des deux équipes n'ont pas arrêté de chanter et d'encourager leurs joueurs. Mais le moment le plus impressionnant, ça a été les hymnes avant le match, on sentait une émotion incroyable sur le terrain et dans les tribunes. Ce que j'ai adoré aussi, c'est que les supporters des deux équipes sont mélangés dans le stade, on rigole beaucoup, on se moque un peu mais rien de bien méchant, c'est un état d'esprit très positif.

– Mais le stade était rempli à ras bord, comment tu as fait pour trouver les billets ?

– J'avais réservé il y a quelques mois sur le site de la fédération de rugby. C'est très facile mais il faut s'y prendre bien à l'avance car il y a beaucoup de demandes. Ça te dirait de venir l'année prochaine ?

– Ah oui, ça a l'air génial, j'ai déjà assisté à des matches de foot, de handball et même de basket mais jamais de rugby. Tout ce que tu racontes me donne envie de découvrir cette passion et cet engagement. Et le résultat, tu es hyper content de la victoire, j'imagine ?

– Oui, le match était très serré mais les Français ont bien poussé dans les dernières minutes, le public était déchaîné, et à la fin on a réussi à marquer l'essai de la victoire, je te dis pas l'explosion de joie. Après toutes ces émotions on est allés fêter ça dans un bistrot à côté du stade et il y avait aussi des supporters irlandais super sympas, sportifs, et joyeux, c'est ce qu'on appelle la troisième mi-temps, une fois le match fini, tout le monde fait la fête un verre à la main, on chante, on saute, on s'amuse. C'est super !

ACTIVITÉS

DOC 3 **Activité 3** **Associez les expressions de même sens.**

1. tu t'es régalé ? •
2. quelle ambiance ! •
3. on se moque un peu •
4. le stade était rempli à ras bord •
5. ça te dirait de venir ? •
6. le match était très serré •
7. le public était déchaîné •
8. la troisième mi-temps •

- • a. tu voudrais m'accompagner ?
- • b. la foule hurlait
- • c. le résultat était incertain
- • d. tu as adoré ?
- • e. l'apéritif entre supporters après le match
- • f. les tribunes étaient combles
- • g. On chambre un peu les adversaires
- • h. C'était chaud* !

SCORE : ....

DOC 3 **Activité 4** **Reliez les éléments des deux colonnes pour former des phrases.**

1. Les supporters •
2. le moment des hymnes •
3. pour réserver les places •
4. l'état d'esprit des fans •
5. Les Français ont poussé •
6. Une fois le match fini •

- • a. il faut s'y prendre à l'avance.
- • b. ont chanté sans cesse.
- • c. était très sportif et fair play.
- • d. et ils ont marqué l'essai victorieux.
- • e. a été très émouvant.
- • f. on a fait la fête tous ensemble.

SCORE : ....

À RETENIR

Les 11 mots incontournables de la séquence

- places
- virage
- tribune
- ambiance
- drapeaux
- banderoles
- fumigènes
- fouilles
- l'état d'esprit
- le public était déchaîné
- la troisième mi-temps

Pour aller plus loin ou en savoir plus sur ce thème

Et vous, êtes-vous déjà allé au stade ? Pour quel type d'événement ? Un match ou un concert ? Racontez votre expérience.

- **Wikipedia :** https ://fr.wikipedia.org/wiki/Liste_des_plus_grands_stades_en_France
- **Vidéo :** https ://www.youtube.com/watch ?v=gd_Zzm7TZno

2 Soutenir une équipe

LIRE / ÉCOUTER

DOC 1

PISTE 48

Fan de rugby.

Je m'appelle Chris et je suis passionné de rugby depuis que je suis tout petit. J'ai joué quelques années mais je n'étais pas assez fort. Aujourd'hui je vis ma passion en soutenant l'équipe de ma ville : le Stade Toulousain. C'est le plus grand club de rugby français, le plus glorieux, le plus titré. Le maillot est rouge et noir.

Je suis abonné au stade et je participe quelquefois à des déplacements. J'aime l'ambiance du rugby, c'est festif, sympa. On rigole beaucoup avec les copains. Le résultat est important mais c'est surtout l'état d'esprit que j'apprécie. Le jour du match, on se retrouve pour boire l'apéro* ou pour manger, on discute, on fait des pronostics, ensuite direction le stade et dans les tribunes, on chante et on encourage nos joueurs, mais toujours dans le respect des valeurs qui caractérisent notre sport. Ici on applaudit tous les beaux gestes, même ceux des adversaires. On a le droit d'être derrière son club et ses couleurs mais il faut rester fair play et avoir l'esprit sportif. C'est la caractéristique du rugby !

DOC 2

PISTE 49

De plus en plus de supportrices.

Le sport professionnel est désormais un véritable phénomène de société. S'il y a quelques années, c'était surtout les garçons qui supportaient les équipes des différents sports, les temps ont changé et la situation a bien évolué. Désormais on constate que de plus en plus de femmes de tous les âges pratiquent ces mêmes sports et n'hésitent plus à manifester leur passion pour le club de leur cœur. Que ce soit pour des équipes masculines ou féminines elles sont présentes dans les tribunes et même dans les virages, là où l'ambiance est la plus chaude, encourageant leur équipe de la voix et du geste.

C'est évidemment le football qui compte le plus de supportrices. Les clubs de Paris et de Marseille étant les plus populaires, ce sont eux qui comptent le plus de fans femmes, mais si on observe bien les différents sondages, d'autres sports trouvent grâce aux yeux des filles, notamment le handball et le basket. Plus surprenant encore, le rugby attire de plus en plus de supportrices.

Les femmes sont-elles de meilleures supportrices que les garçons ? Les chiffres montrent que l'important pour elles, c'est d'abord l'ambiance et l'état d'esprit qui passent bien avant les résultats du club. Un exemple de fair play à suivre.

ACTIVITÉS

DOC 1 **Activité 1** **Répondez aux questions.**

1. Quel est le sport préféré de Chris ?

....

2. Pourquoi n'est-il pas devenu joueur ?

....

3. Quelles sont les couleurs de son club préféré ?

....

4. Qu'est-ce qu'apprécie surtout Chris ?

....

5. Que fait Chris avant les matches ? Avec qui ?

....

6. Quelle est la spécificité du rugby selon Chris ?

....

7. Le club préféré de Chris a-t-il de bons résultats ?

....

SCORE : ....

DOC 2 **Activité 2** **Vrai ou faux ?**

	Vrai	Faux
1. Aujourd'hui il y a plus de femmes supportrices qu'autrefois.	☐	☐
2. Des femmes sont à la fois pratiquantes et supportrices de leur sport préféré.	☐	☐
3. Les femmes s'installent uniquement dans les tribunes latérales.	☐	☐
4. Le football compte moins de supportrices que le rugby.	☐	☐
5. Ce qui compte pour les femmes, c'est que leur équipe gagne.	☐	☐

SCORE : ....

DOC 3

PISTE 50

Supporter à plein temps.

– Bonjour Florian, tu es ce qu'on appelle un supporter à plein temps de ton équipe de football, est-ce que tu peux nous raconter comment cette passion est née ?

– Bonjour tout le monde, alors oui je suis supporter du club de football de ma ville, le FC Metz, c'est un club que je suis depuis tout petit quand mon père m'a amené pour la première fois au stade à l'âge de cinq ans. En grandissant, je suis allé au stade avec des copains et il y a quelques années, nous avons décidé de créer un groupe de supporters pour soutenir notre équipe depuis le virage où nous sommes placés, toujours debout. Encourager nos joueurs, ça signifie pour nous chanter tout le match et faire des animations dans les tribunes. Pendant la semaine, nous préparons donc ce qu'on appelle des tifos pour colorer les gradins à l'entrée des joueurs et même pendant le match. Cela veut dire qu'on bosse* toute la semaine pour préparer nos animations. On est très créatifs !

– Est-ce que tu suis ton équipe en déplacement ?

– Ah oui, et j'y tiens beaucoup. Pour moi c'est hyper important d'accompagner mon équipe aux quatre coins de la France. Il faut faire sentir aux joueurs qu'ils ne sont pas seuls. Bien sûr, ça demande des efforts financiers et ça veut aussi dire que je sacrifie une partie de ma vie privée pour suivre le FC Metz, mais je n'ai aucun regret parce que je vois du pays et je passe du temps avec mes potes* qui partagent la même passion que moi. Dans la vie d'un vrai supporter, peu importe le résultat, ce qui compte c'est la ferveur et la fidélité à nos couleurs. Mon équipe ne gagne pas de grands trophées mais c'est pas grave, même si un jour j'aimerais que ça arrive.

– On dit que le monde des supporters est parfois violent.

– Beaucoup de gens le pensent oui mais ils ne connaissent pas la réalité des tribunes et la passion qui nous anime. C'est vrai que parfois il y a des débordements mais c'est très rare et c'est à cause de personnes qui viennent au stade uniquement pour provoquer, pas pour encourager, c'est une toute petite minorité.

ACTIVITÉS

DOC 3 **Activité 3** **Associez les éléments des deux colonnes pour former des phrases.**

1. Florian suit…	a. des animations pendant la semaine.
2. Avec ses potes, …	b. sont la faute d'une minorité de personnes.
3. Il prépare…	c. c'est d'être présent et d'encourager son équipe partout.
4. Suivre son équipe en déplacement…	d. Il participe à des déplacements.
5. Quand on est supporter, ce qui compte…	e. implique des sacrifices économiques.
6. Les débordements dans les stades…	f. son équipe depuis toujours.

SCORE : ....

DOC 3 **Activité 4** **Choisissez le bon élément pour compléter la phrase.**

1. Florian est allé au stade pour la première fois :
   - ☐ seul.
   - ☐ avec ses potes.
   - ☐ avec son papa.
2. Pendant le match :
   - ☐ il participe à l'animation du virage.
   - ☐ il encourage les adversaires.
   - ☐ il se moque de son équipe.
3. Florian :
   - ☐ se déplace souvent.
   - ☐ ne voit que les matches à domicile.
   - ☐ va au stade une fois sur deux.
4. Il est heureux :
   - ☐ de vivre sa passion avec ses amis.
   - ☐ de provoquer des incidents.
   - ☐ de regarder les matches assis en tribune.
5. Le club de Florian :
   - ☐ est très titré.
   - ☐ ne gagne pas souvent le championnat.
   - ☐ a remporté un trophée l'an dernier.
6. La violence :
   - ☐ est très présente dans les stades.
   - ☐ est causée par quelques individus.
   - ☐ est très importante pour Florian.

SCORE : ....

À RETENIR

Les 10 mots incontournables de la séquence

- soutenir (le soutien)
- un club titré
- le club de cœur (préféré)
- encourager
- être fair play
- un groupe de supporters
- debout (contraire : assis)
- le déplacement
- la ferveur
- les affrontements

Pour aller plus loin ou en savoir plus sur ce thème

Un petit article pour en savoir plus sur les supporters de l'équipe de France de football :

https://irresistiblesfrancais.fr/du-footix-a-lultra-qui-sont-les-supporters-de-lequipe-de-france-de-football/

3 Fréquenter une salle de sport

LIRE / ÉCOUTER

DOC 1

PISTE 51

Louna la sportive.

Louna a toujours fait beaucoup de sport, depuis toute petite. Aujourd'hui, elle doit concilier son besoin de se dépenser avec son boulot, et ce n'est pas facile. Alors, Louna s'est inscrite dans une salle de sport à côté de chez elle. Elle y va le plus régulièrement possible pendant la semaine et au moins une fois pendant le week-end, l'objectif étant de se bouger au moins deux fois par semaine et au mieux quatre fois. La salle de sport qu'elle fréquente est vraiment top, elle est haut de gamme. Grâce à des espaces adaptés, elle organise ses entraînements à la perfection. Elle peut y améliorer sa condition physique, tonifier son corps et développer sa masse musculaire. Il y a aussi un espace musculation, avec un large choix de machines et d'haltères, lieu idéal pour le renforcement musculaire et la prise de muscle. L'espace cardio training, avec des appareils connectés dernière génération (tapis de course, rameur, vélos elliptiques, etc.) est parfait pour se remettre en forme, perdre du poids rapidement et tonifier ses abdos. L'espace cross-training est utile pour les entraînements les plus intensifs afin de brûler des calories en un temps record ou pour une préparation physique complète. C'est trop bien, Louna adore cette variété !

DOC 2

PISTE 52

Léo doit se remettre en forme.

Cette fois-ci, Léo a pris sa décision ! Il va se remettre en forme, c'est la crise de la trentaine qui commence. Il a du mal à perdre du ventre, il a du bide* et ça l'énerve. Normal, il doit faire moins d'apéros... Léo n'a jamais fréquenté de salle de sport. Il profite d'une promotion avec un essai gratuit pendant un mois, le tout accompagné d'un programme individuel suivi par un coach. Tout seul, Léo ne se sent pas le courage... Le programme prévoit deux séances par semaine. Son coach est super sympa, la première séance s'est très bien passée mais c'était très dur ! Jamais il n'avait transpiré autant. Le lendemain il avait plein de courbatures, il avait mal de partout ; aux épaules, aux bras, aux jambes, c'était horrible. Son coach l'avait averti, il faut travailler aussi la récup en faisant du stretching. Oh là là, Léo appréhende la prochaine séance... mais il s'est promis de tenir au moins le premier mois ! Et quand on veut, on peut !

ACTIVITÉS

DOCS 1-2 **Activité 1** **Vrai ou faux ?**

	Vrai	Faux
1. Louna veut faire du sport au moins une fois par semaine.	☐	☐
2. La salle de sport que fréquente Louna est très bien équipée.	☐	☐
3. L'espace musculation est minimaliste.	☐	☐
4. Léo a déjà fréquenté une salle de sport.	☐	☐
5. Léo ne veut pas s'entraîner tout seul.	☐	☐
6. La première séance de Léo a été très facile.	☐	☐

SCORE : ....

DOCS 1-2 **Activité 2** **Associez les mots à leur définition.**

1. « entraînement » •
2. « haltères » •
3. « musculation » •
4. « abdos » •
5. « avoir du bide » •
6. « courbatures » •

• a. Ensemble d'exercices physiques visant le développement des muscles afin d'acquérir plus de force, d'endurance, de puissance, d'explosivité ou de volume musculaire.
• b. Muscles abdominaux
• c. Instrument de gymnastique fait de deux boules ou disques de métal réunis par une tige.
• d. Avoir du ventre, plutôt pour les hommes.
• e. Ensemble d'exercices physiques variés destinés à préparer méthodiquement quelqu'un à une compétition ou pour se maintenir en forme.
• f. Sensation de fatigue douloureuse due à un effort prolongé.

SCORE : ....

DOC 3

PISTE 53

Rencontre à la salle de Gym.

Léo : J'en peux plus... c'est trop dur...

Louna : ça va ? Vous êtes tout rouge !

Léo : C'est seulement ma deuxième séance, j'ai atteint ma limite.

Louna : Mais pas du tout ! Il faut insister, ne pas laisser tomber et ça ira de mieux en mieux.

Léo : Je sais que vous avez raison, le sport c'est important. Vous venez souvent ici ?

Louna : Oui, entre deux ou quatre fois par semaine, je ne peux pas vivre sans faire de l'activité physique, c'est plus fort que moi !!

Léo : Oh là là, mais vous êtes super entraînée ! Mais ce n'est pas un peu répétitif de venir plusieurs fois par semaine ?

Louna : Non, non, je varie les activités, les exercices. Aujourd'hui par exemple, je fais une séance fitness-cardio et puis un petit quart d'heure en espace musculation. Je reste un peu plus d'une heure, c'est tout, ça me suffit pour me défouler.

Léo : Je suis très impressionné... vous avez un coach ?

Louna : Plus aujourd'hui, j'ai été suivie pendant quelques mois au début et maintenant je m'organise comme je veux, je connais mes limites.

Léo : Moi aussi... et la prochaine fois, vous faites quoi ?

Louna : Samedi, je vais me faire une grosse séance de cross-training pour brûler des calories et me dépenser à fond. Je pense m'entraîner pendant une heure et demie. Et dimanche matin, je fais une grasse matinée pour récupérer.

Léo : Vous êtes presque professionnelle en fait. Vous pourriez me coacher. Vous suivez un régime alimentaire spécial pour être aussi en forme ?

Louna : Je n'aime pas trop les boissons énergétiques, les produits protéinés ou les compléments alimentaires. Je mange normalement, sans excès. Mon seul objectif c'est d'être en forme et en bonne santé. Et vous, pourquoi vous venez ici ?

Léo : Pour souffrir ! Non, pour reprendre le sport, je ne fais rien depuis trop longtemps, ce n'est pas bon pour la santé. Je n'ai plus envie de faire des sports collectifs et j'ai besoin de flexibilité dans mon emploi du temps, la salle de sport c'est parfait pour moi. Je dois aussi améliorer mon hygiène de vie...

Louna : Bien sûr ! Il faudrait peut-être demander à votre coach de ralentir l'entraînement, sinon vous risquez de perdre la motivation ou carrément d'abandonner, ce serait dommage !

Léo : Au fait, Léo, enchanté.

Louna : Louna, enchantée.

ACTIVITÉS

DOC 3 **Activité 3** **Répondez aux questions suivantes.**

1. Pourquoi Louna interpelle-t-elle Léo ?

....

2. D'après Louna, est-ce répétitif de fréquenter une salle de sport ? Pourquoi ?

....

3. Louna est-elle suivie par un coach ? Pourquoi ?

....

4. Louna suit-elle un régime alimentaire spécial ?

....

5. Pourquoi Léo a-t-il décidé de fréquenter une salle de sport ?

....

6. D'après Louna, pourquoi Léo doit-il demander à son coach de ralentir l'entraînement ?

....

SCORE : ....

DOC 3 **Activité 4** **Sélectionnez la réponse correcte.**

1. « J'en peux plus » signifie :
   - ☐ encore !
   - ☐ je dois arrêter !
   - ☐ encore un exercice !
2. « Se défouler » signifie :
   - ☐ se dépenser
   - ☐ s'arrêter
   - ☐ se moucher
3. « Faire une grasse matinée » signifie :
   - ☐ se lever tôt
   - ☐ manger beaucoup
   - ☐ se lever tard
4. Un sport collectif, c'est par exemple :
   - ☐ le volley-ball
   - ☐ le tennis
   - ☐ le golf
5. Quelle activité ne correspond pas à « une bonne hygiène de vie » ?
   - ☐ faire des randonnées
   - ☐ fumer
   - ☐ se déplacer en vélo

SCORE : ....

À RETENIR

Les 10 mots incontournables de la séquence

- entraînement
- musculation
- haltères
- abdos
- programme
- coach
- courbature
- se défouler
- récupération
- calories

Pour aller plus loin ou en savoir plus sur ce thème

Un site Internet très utile où vous pourrez trouver toutes les infos pour se remettre en forme, faire du sport à haute intensité, reprendre le sport. Tout le lexique est présenté, pour tous les niveaux !

https://conseilsport.decathlon.fr/

4 Faire du sport dans une asso*

LIRE / ÉCOUTER

DOC 1

PISTE 54

La vie d'une asso*.

Je m'appelle Ali et je pratique l'athlétisme dans une association depuis une dizaine d'années. La course à pied, c'est une grande passion depuis toujours mais avant, j'allais courir tout seul et il me manquait ce contact avec les autres et aussi les petits conseils utiles de préparateurs physiques pour améliorer mes performances.
Un jour, un ami m'a conseillé de courir avec d'autres runners au parc le dimanche matin, ce que j'ai fait pendant quelques mois et puis il y a dix ans, j'ai voulu essayer quelque chose d'autre et je me suis inscrit dans cette asso de quartier, juste à côté de chez moi, et aujourd'hui je suis heureux de trouver une structure bien équipée, fiable et des gens sérieux, sympathiques et motivés, animés par les mêmes intentions que moi.

Le club est ouvert tous les jours de la semaine, surtout en soirée et le week-end pour permettre aux gens qui travaillent comme moi de pratiquer leur activité dans les moments libres. En plus, l'inscription n'est pas très chère et surtout elle permet à l'asso d'acheter du matériel et d'entretenir les installations sportives nécessaires à la pratique des activités.

Nous avons donc une belle piste d'athlétisme, toute neuve, mais aussi tous les équipements pour pratiquer le saut en hauteur, le saut en longueur et les différents types de lancers. Les entraîneurs sont très disponibles, ils sont également très compétents et personnellement j'ai beaucoup progressé ces derniers temps. J'ai acquis de la technique et de la confiance en moi.

Au niveau social j'ai rencontré un tas de gens hyper cool et parfois, on participe à des compétitions ensemble... mais juste pour le plaisir hein ?! On a passé l'âge de gagner des médailles !

Sinon dans le club Il y a aussi une salle de massage, des vestiaires très confortables et quand on a fini l'entraînement on se retrouve au bar pour prendre un verre, discuter et échanger. Après toutes ces années, je peux dire que l'aspect social est devenu aussi important que l'aspect sportif. Je conseille à tout le monde de s'inscrire dans une asso, peu importe le sport que vous choisissez.

ACTIVITÉS

DOC 1 **Activité 1** **Vrai ou faux ?**

	Vrai	Faux
1. Ali a découvert la course à pied après s'être inscrit dans l'association.	☐	☐
2. Avant Ali courait en solitaire au parc le dimanche.	☐	☐
3. L'asso dans laquelle il s'est inscrit est proche de son domicile.	☐	☐
4. Le club est ouvert le week-end seulement.	☐	☐
5. L'inscription est bon marché.	☐	☐
6. La piste d'athlétisme sera bientôt refaite.	☐	☐
7. Pour Ali le côté convivial de l'asso est aussi important que le côté sportif.	☐	☐

SCORE : ....

DOC 1 **Activité 2** **Associez les éléments des deux colonnes pour former une phrase.**

1. Ça fait une dizaine d'années... •	• a. ...qui compte de nombreux équipements.
2. L'asso est une structure... •	• b. ...de la maîtrise et de la méthode.
3. L'inscription permet... •	• c. ...qu'Ali pratique l'athlétisme dans une asso.
4. Les entraîneurs sont... •	• d. ...de personnes sympa.
5. Ali a acquis... •	• e. ...les gens se retrouvent pour boire un coup.
6. Il a rencontré beaucoup... •	• f. ...d'entretenir les structures de l'asso.
7. Quand l'entraînement est terminé... •	• g. ...expérimentés et sérieux.

SCORE : ....

LIRE / ÉCOUTER

DOC 2

PISTE 55

Témoignage d'un bénévole.

Je m'appelle Johan et je suis bénévole dans une association sportive depuis cinq ans. Je m'occupe du secrétariat, des inscriptions, de l'achat du matériel et de l'organisation des événements. C'est une activité passionnante qui m'occupe une bonne partie de la semaine et aussi les week-ends. Ici, je me sens utile et je vois des gens heureux de pouvoir pratiquer leur activité favorite dans une structure moderne et bien équipée. Le plus beau, c'est le sourire des gamins quand ils arrivent après l'école pour l'entraînement, on sent qu'ils ont envie de se défouler. Nous, on est là aussi pour transmettre des valeurs de respect envers les autres et aussi envers les structures. Notre asso* est très grande, on a environ 1 600 adhérents et beaucoup d'éducateurs et d'éducatrices pour animer les activités, mais en réalité, on n'a pas énormément de moyens économiques, on n'est pas là pour gagner de l'argent mais on se débrouille, des fois on organise des repas ou des soirées et même des tournois inter-associations pour collecter un peu d'argent pour réparer les installations qui vieillissent ou pour acheter du nouveau matériel.

Ici on peut pratiquer tous les sports collectifs mais aussi le tennis, la gymnastique et l'athlétisme. Nous avons des terrains en herbe synthétique pour le foot, un autre pour le rugby et un grand gymnase pour jouer au basket, au handball et au volley. Il ne manque plus qu'une piscine pour les fans de natation, ça viendra peut-être un jour !

Pour faire fonctionner l'association, je ne suis pas le seul bénévole, nous sommes nombreux. Il y a des jeunes mais aussi des retraités qui donnent un coup de main et apportent leur expérience. Pendant les vacances scolaires, l'asso reste ouverte pour permettre aux plus jeunes de faire du sport plutôt que de rester devant leur smartphone toute la journée ou de traîner dans les rues. Une asso comme la nôtre, c'est un lieu qui apporte beaucoup aux gens du quartier et je suis fier d'en faire partie.

ACTIVITÉS

DOC 2 **Activité 3** **Choisissez la bonne réponse pour compléter la phrase.**

1. Johan est :
   ☐ directeur ☐ salarié ☐ bénévole dans l'association.
2. L'association est une structure :
   ☐ bien entretenue. ☐ en mauvais état. ☐ en travaux.
3. Johan aime voir le sourire des :
   ☐ retraités ☐ adultes ☐ enfants quand ils arrivent au club.
4. L'association a :
   ☐ des moyens économiques importants. ☐ peu d'argent. ☐ peu d'inscrits.
5. Pour gagner de l'argent il faut :
   ☐ demander à la mairie. ☐ organiser des événements. ☐ faire payer plus cher.
6. La piscine :
   ☐ sera peut-être construite un jour. ☐ sera terminée l'an prochain.
   ☐ est en travaux pour le moment.
7. Dans l'asso :
   ☐ il n'y a que des jeunes. ☐ il y a aussi des personnes âgées.
   ☐ on recrute du personnel.
8. En période de vacances, l'asso :
   ☐ accueille ses adhérents. ☐ ferme ses portes. ☐ fait des travaux.

SCORE : ....

DOC 2 **Activité 4** **Associez les expressions de même sens.**

1. bénévole •	• a. trouver des solutions
2. équipements sportifs •	• b. personne travaillant gratuitement
3. se défouler •	• c. une structure couverte pour faire du sport
4. se débrouiller •	• d. se dépenser énergiquement
5. Un gymnase •	• e. structures permettant de pratiquer une activité
6. donner un coup de main •	• f. aider

SCORE : ....

À RETENIR

Les 11 mots incontournables de la séquence

- asso
- bénévole
- équipements
- entraîneur
- inscription
- vestiaires
- adhérents
- se défouler
- compétition
- le gymnase
- éducateur / éducatrice

Pour aller plus loin ou en savoir plus sur ce thème

Avez-vous déjà été inscrit dans une association sportive ? Racontez votre expérience. Regardez cette petite vidéo :

https ://www.sportdanslaville.com/a-propos/

5 Organiser un séjour à Paris pour les JO

LIRE / ÉCOUTER

DOC 1

PISTE 56

On va à Paris ?

– Ça te dirait d'aller à Paris pour les JO ?

– Oui, pourquoi pas ? Tu crois qu'on peut déjà trouver des places ? Et ça va pas être trop cher ?

– Ben je sais pas, on va regarder. C'est quand, déjà ? Du 26 juillet au 11 août. On est un peu en avance, je crois.

– Regarde, dans les partenaires, il y a Airbnb®. Ça serait un bon plan*, ça. On trouve un petit appart* à Paris, ça sera moins cher qu'un hôtel.

– Oui, tu as raison. Mais je pense qu'il faudra quand même s'y prendre à l'avance parce que tout le monde va vouloir faire la même chose.

– Sans doute, oui. Bon, qu'est-ce qu'on ira voir comme sport ? Je te préviens, le foot, le rugby ou le basket, c'est sans moi ! On en voit toute l'année à la télé, moi, je veux voir des trucs qu'on ne voit jamais, genre beach volley ou tae kwon do.

– Oui, c'est ça, l'intérêt d'avoir les JO en France. De toute façon, le foot aux JO, ça n'intéresse personne. Non, on ira voir les nouvelles disciplines. Tu devineras jamais ce qu'il va y avoir comme nouveau sport. Enfin, sport, si on peut dire !

– Quoi ? Les échecs ? Les fléchettes ? Le billard ?

– Non, plus fun* et plus urbain.

– Du skate ?

– Oui, du skate-board, et aussi de la break dance !

– Hein ? Tu es sûr ? C'est du sport, ça ?

– Ben faut croire. Il y a aussi de l'escalade dans les nouveautés, et puis du surf.

– Du surf ? Sur la Seine ? Ça va pas être un peu monotone ?

– Non, pas sur la Seine, à Tahiti !

– Ah ! Finalement, on pourrait peut-être voir seulement le surf, qu'est-ce que tu en penses ?

– Mouais… Moi, je te propose des vacances dynamiques, sous le signe du sport, et toi, tu me réponds vacances sous les tropiques, farniente et cocotiers !

– Ben quoi ? C'est pas dynamique, le surf ?

ACTIVITÉS

DOC 1 **Activité 1** **Choisissez la bonne réponse.**

1. Le jeune homme propose :
   - ☐ de regarder un reportage sur la ville de Paris.
   - ☐ d'aller à Paris pour les Jeux Olympiques.
   - ☐ de s'entraîner pour participer aux Jeux Olympiques.
2. Selon la jeune femme :
   - ☐ un séjour à Paris risque de coûter très cher.
   - ☐ il n'y a plus de places disponibles.
   - ☐ ce n'est pas une destination intéressante.
3. Les dates des JO :
   - ☐ ne sont pas encore connues.
   - ☐ sont déjà fixées.
   - ☐ peuvent encore changer.
4. Les deux personnes :
   - ☐ veulent trouver rapidement un hôtel.
   - ☐ cherchent un petit appartement sur un site de location.
   - ☐ connaissent quelqu'un à Paris qui pourrait les loger.
5. La jeune femme estime que les autres touristes :
   - ☐ vont vouloir faire comme eux.
   - ☐ ne seront pas très nombreux.
   - ☐ vont préférer une autre solution.

SCORE : ....

DOC 1 **Activité 2** **Indiquez à quelle(s) catégorie(s) appartiennent les sports olympiques suivants. Attention, il y a un intrus.**

	n'intéresse personne	n'intéresse pas la jeune femme	intéresse la jeune femme	nouvelle discipline	se voit toute l'année à la télé	organisé hors de Paris	intrus
surf	☐	☐	☐	☐	☐	☐	☐
skate board	☐	☐	☐	☐	☐	☐	☐
rugby	☐	☐	☐	☐	☐	☐	☐
football	☐	☐	☐	☐	☐	☐	☐
beach volley	☐	☐	☐	☐	☐	☐	☐
basket	☐	☐	☐	☐	☐	☐	☐
break dance	☐	☐	☐	☐	☐	☐	☐
billard	☐	☐	☐	☐	☐	☐	☐
tae kwon do	☐	☐	☐	☐	☐	☐	☐
escalade	☐	☐	☐	☐	☐	☐	☐

SCORE : ....

DOC 2

PISTE 57

Destination Paris 2024 !

Cent ans après les derniers Jeux à Paris, la capitale se lance à nouveau dans l'aventure olympique et Paris se prépare d'ores et déjà à accueillir le plus grand rendez-vous sportif au monde. Durant 45 jours, 15 000 athlètes venus de plus de 200 pays viendront participer à la plus importante compétition internationale multisports. 13,5 millions de spectateurs sont attendus pour la XXXIIIe Olympiade du 26 juillet au 11 août et la XVIIe Paralympiade du 28 août au 8 septembre.

Le village olympique et paralympique, dont le chantier vient d'être officiellement lancé, sera situé à seulement 7 km au nord du centre de Paris, et à moins de 2 km du Stade Olympique. Facilement accessibles à pied ou en transport en commun, 80 % des sites de compétition se trouveront dans un rayon de 10 km autour du futur village.

Selon le concept encore en phase d'élaboration, les sites susceptibles d'accueillir les Jeux se situent dans deux zones principales dans lesquelles nombre de lieux parisiens pourront accueillir les visiteurs venus des quatre coins du monde pour célébrer le sport et ses valeurs.

La première zone se situe en plein cœur de Paris, où les lieux emblématiques de la capitale seront au service des Jeux. Au programme provisoire, tir à l'arc sur l'esplanade des Invalides, beach volley sur le Champs de Mars, et cyclisme sur les Champs-Élysées. Alors que la tour Eiffel devrait servir de point de départ pour les épreuves routières et la natation en eau libre, le Grand Palais éphémère, installé dès 2021 au pied de la Dame de fer, devrait accueillir les épreuves d'escrime et de taekwondo, et la place de la Concorde pourrait bien se transformer en arène dédiée aux nouvelles disciplines urbaines.

Une seconde zone se situe dans le Nord-Est Parisien, où se trouveront de nombreux sites de compétition ainsi que le village olympique et paralympique aménagé autour de la Cité du Cinéma. Les cérémonies d'ouverture et de clôture, mais aussi les épreuves d'athlétisme auront lieu au Stade de France, alors que la Grande Halle de la Villette devrait accueillir les épreuves d'haltérophilie des Jeux paralympiques.

D'autres compétitions auraient lieu en dehors de ces deux zones principales, et notamment dans l'Ouest Parisien. Ce serait le cas entre autres pour les sports équestres et le pentathlon moderne au Château de Versailles, le judo et le basketball à l'AccorHotels® Arena, la gymnastique à La Défense Arena, le tennis et la boxe au Stade Roland-Garros, le handball et le tennis de table à Paris expo Porte de Versailles, et enfin le football dans le célèbre Parc des Princes.

D'après https://convention.parisinfo.com/

ACTIVITÉS

DOC 2 **Activité 3** **Vrai ou faux ?**

	Vrai	Faux
1. C'est la première fois que Paris organise les JO d'été.	☐	☐
2. On attend plus de 10 millions de spectateurs.	☐	☐
3. La Paralympiade (ou les Jeux Paralympiques) sera organisée en même temps.	☐	☐
4. Le village olympique est déjà construit.	☐	☐
5. La plupart des sites de compétition seront à moins de 10 kms de ce village.	☐	☐

SCORE : ....

DOC 2 **Activité 4** **Où (X) devrez-vous aller si vous voulez assister...**

	Château de Versailles	Grand Palais éphémère	Champ de Mars	Place de la Concorde	Tour Eiffel
au départ d'une course cycliste ?	☐	☐	☐	☐	☐
à une compétition de skateboard ?	☐	☐	☐	☐	☐
à un match de beach volley ?	☐	☐	☐	☐	☐
à un concours d'équitation ?	☐	☐	☐	☐	☐
à un combat d'escrime ?	☐	☐	☐	☐	☐

SCORE : ....

À RETENIR

Les 10 mots incontournables de la séquence

- Jeux Olympiques / Paralympiques
- Olympiade
- appart
- discipline
- s'y prendre à l'avance
- chantier
- site
- accueillir
- épreuve
- discipline

Pour aller plus loin ou en savoir plus sur ce thème

Que pensez-vous du choix des nouvelles disciplines de Paris 2024 ? Votre pays a-t-il déjà organisé les Jeux Olympiques ? Comment cela s'est-il passé ? Si non, aimeriez-vous qu'il le fasse ?

Plus d'infos sur : https ://www.paris2024.org/fr/

PARTIE 5

Services publics, administration…

1 S'adresser à l'administration

LIRE / ÉCOUTER

DOC 1 — PISTE 58

Se créer un compte sur service-public.fr.

Maintenant qu'elle a 18 ans, Émilie a décidé de faire tous ses papiers toute seule et de profiter de la numérisation de l'administration publique. Bon, en fait, ce sont ses parents qui lui ont demandé de commencer à se débrouiller toute seule ! Elle veut donc se créer son propre compte sur le site https ://www.service-public.fr/. Ça a l'air simple, elle commence : « Créer votre compte personnel » en haut à droite, « Vos identifiants » avec l'adresse électronique et le mot de passe, puis « Je ne suis pas un robot », procédure classique quand on se crée un compte, rien de difficile pour l'instant ! Ouh là là, le mot de passe doit être plus complexe que ceux habituels : un minimum de huit caractères avec au moins une lettre en majuscule, au moins une lettre en minuscule et au moins un chiffre. Voilà, une confirmation via courrier électronique et c'est fait !

Bon maintenant pas de panique… il suffit juste d'être patiente, mais les rubriques sont très très nombreuses. Émilie va commencer avec la partie « Papiers-citoyenneté » pour l'état-civil, le passeport, la carte d'identité, etc. Ça tombe bien, cette dernière expire très bientôt. Et puis il y a les élections ; apparemment, à 18 ans, elle est inscrite automatiquement sur les listes électorales, à condition d'avoir effectué les démarches de recensement citoyen au moment de ses 16 ans. Elle va devoir demander à ses parents, ça se complique…

DOC 2 — PISTE 59

Une démarche facile.

Employé de mairie : Bonjour

Alban : Bonjour Monsieur. Ce serait pour le recensement citoyen.

Employé : Vous avez seize ans, c'est bien ça ?

Alban : Oui, le mois dernier.

Employé : Vous devez me fournir votre carte nationale d'identité, ou votre passeport valide, et votre livret de famille à jour.

Alban : Les voici.

Employé : Très bien, merci. Votre domicile dans la commune n'a pas changé ? Le numéro de téléphone non plus ?

Alban : Non, c'est bien ça.

Employé : Un instant… voilà votre attestation de recensement est prête.

Alban : Déjà !!

Employé : Oui, il s'agit d'une démarche très simple, mais très utile !

ACTIVITÉS

DOC 1 Activité 1 **Associez les mots à leur définition.**

1. « numérisation / digitalisation »	a. Espace regroupant les données personnelles de l'utilisateur d'un site Web interactif ou d'un système informatique.
2. « un compte »	b. Codes personnels permettant d'accéder à un service informatique.
3. « les identifiants »	c. Arrive à son terme
4. « expire »	d. Consiste en la conversion de documents afin de les sauvegarder sur un support informatique.
5. « démarche »	e. Demande, tentative pour obtenir quelque chose.

SCORE : ....

DOC 2 Activité 2 **Vrai ou faux ?**

	Vrai	Faux
1. Alban a seize ans.	☐	☐
2. L'employé demande des papiers à Alban.	☐	☐
3. Le domicile d'Alban a changé récemment.	☐	☐
4. Alban est surpris par la rapidité de la démarche.	☐	☐
5. L'employé pense qu'il s'agit d'une démarche inutile.	☐	☐

SCORE : ....

DOC 3

PISTE 60

Renouvellement de passeport.

Employé de mairie : Bonjour.

Philippe : Bonjour Monsieur. J'ai rendez-vous à 14 heures pour renouveler mon passeport.

Employé : Vous êtes bien Monsieur Philippe Gerbert ?

Philippe : Oui, c'est bien ça.

Employé : J'aurais besoin de votre carte d'identité, de votre justificatif de paiement du timbre fiscal, de votre justificatif de domicile et du numéro de votre pré-demande en ligne.

Philippe : Voilà... voilà...

Employé : Bien... le dossier semble complet. La demande va partir dès aujourd'hui, vous recevrez un SMS quand le passeport sera disponible ici.

Philippe : Vous avez une idée du délai nécessaire ?

Employé : Au grand maximum trois mois, mais je pense plutôt un mois, c'est possible, mais en mairie nous ne maîtrisons pas les délais de délivrance.

Philippe : Oui, je comprends. Je crois qu'il existe un numéro pour suivre ce délai, le 34 00.

Employé : Oui, c'est bien ça.

Philippe : Non, je ne suis pas si pressé de toute façon. Merci et bonne journée.

Employé : Au revoir Monsieur.

DOC 4

PISTE 61

J'y ai droit.

Rémi a pris un rendez-vous à la CAF, la Caisse d'Allocations Familiales. Il est étudiant et il loue un petit appartement, il a donc droit à l'APL, l'Aide Personnalisée au Logement. Il a préparé son dossier très consciencieusement, il a toujours peur d'oublier un papier, il souffre légèrement de phobie administrative. Il a donc tout prévu : la copie recto-verso de sa carte nationale d'identité, son relevé d'identité bancaire (RIB) à son nom et surtout l'attestation de loyer complétée, datée et signée par son propriétaire. Avec tous ses papiers, il ne peut rien lui arriver ! Rémi commence à être fatigué de toutes ces démarches, de toute cette paperasse : le dossier d'inscription à la fac était très épais et donc très long à compléter, même si c'était en ligne. Après, l'agence immobilière a demandé plein de justificatifs à ses parents, mais c'est lui qui s'en est occupé, normal. Enfin, son inscription récente au permis de conduire ! Heureusement, Rémi a pris l'habitude de scanner et d'archiver tous ses papiers sur son ordi, ça va plus vite et il a les photos sur son smartphone au cas où. Vivement les études qu'il puisse enfin se reposer un peu...

ACTIVITÉS

DOC 3 **Activité 3** **Sélectionnez la réponse correcte.**

1. Pour renouveler son passeport, Philippe a besoin de présenter ...... documents
   - ☐ trois ☐ quatre ☐ cinq
2. Philippe sera informé de la disponibilité de son passeport via :
   - ☐ courrier ☐ courriel ☐ SMS
3. Le délai de délivrance du passeport est généralement :
   - ☐ d'un mois ☐ 6 mois ☐ plus de de trois mois
4. « Délai » est synonyme de :
   - ☐ retard ☐ temps ☐ ponctualité

SCORE : ....

DOC 4 **Activité 4** **Répondez aux questions suivantes**

1. Pourquoi Rémi a-t-il droit à l'APL ?

   ....

2. De quelle pathologie souffre-t-il ?

   ....

3. Combien de justificatifs/papiers doit-il fournir pour demander l'APL ?

   ....

4. Que signifie « paperasse » ?

   ....

5. Quelle est la stratégie de Rémi pour aller plus vite ?

   ....

SCORE : ....

À RETENIR

Les 10 mots incontournables de la séquence
- numérisation
- compte
- identifiants
- démarche
- attestation
- justificatif
- délai
- dossier
- paperasse
- RIB

Pour aller plus loin ou en savoir plus sur ce thème

LE site incontournable pour se préparer à affronter l'administration française !

https ://www.service-public.fr/

2 Interagir avec sa banque

LIRE / ÉCOUTER

DOC 1

PISTE 62

Ouvrir un compte bancaire.

Kristina vient de s'installer en France pour y travailler et il faut absolument qu'elle ouvre un compte bancaire, tout sera beaucoup plus simple pour toutes les opérations. Elle ne souhaite pas ouvrir un compte 100 % en ligne, elle préfère en ouvrir un auprès d'une banque traditionnelle qui propose aussi ses services en ligne. On ne sait jamais ! Elle pourrait avoir besoin de faire quelques opérations au guichet directement en agence.

Elle se rend tout d'abord sur le site d'une des plus grandes banques françaises. Elle a le choix : prendre un rendez-vous en agence ou le créer directement en ligne. Allez, elle essaie en ligne. Première option : choisir une relation plutôt à distance ou en agence, un compte individuel. Ensuite, la date de naissance et l'adresse fiscale... sur ce point-là, Kristina n'a pas encore les idées très claires, elle va cocher en France, quitte à changer par la suite. Après, ils demandent les coordonnées personnelles ; nom, prénom, courriel, numéro de téléphone mobile. Et voilà, elle a créé son profil ! Maintenant il faut télécharger des justificatifs d'identité scannés en cours de validité. Il faut deux justificatifs parmi ceux-ci : carte nationale d'identité émise par un état membre de l'Union Européenne, passeport, titre de séjour européen délivré par un État membre de l'Union Européenne ou permis de conduire.

Bon, ça va, ici Kristina a déjà tous ses éléments scannés sur son ordi, elle a l'embarras du choix. Enfin, il faut présenter un justificatif de domicile parmi ceux-ci : dernier avis d'imposition, facture de consommation ou attestation de titulaire de contrat de fournisseur d'énergie (électricité, gaz, eau), facture de téléphone fixe, attestation d'assurance habitation... Ça se complique, mais c'est bon, elle a la dernière facture d'électricité.

Voilà !! Elle a téléchargé tous les documents, c'est parti ! Elle aura la réponse sous 24 heures, disent-ils. Quand son compte sera confirmé, elle aura accès à une appli qui a l'air plutôt sympa et fonctionnelle, c'est exactement ce dont elle avait besoin. Elle va aussi demander un rendez-vous avec son conseiller pour bien comprendre comment ça se passe en France.

ACTIVITÉS

DOC 1 **Activité 1** **Vrai ou faux ?**

	Vrai	Faux
1. Kristina ne travaille pas en France.	☐	☐
2. Kristina préfère une banque 100 % en ligne.	☐	☐
3. Kristina dispose de tous les justificatifs demandés.	☐	☐
4. La réponse pour confirmer l'ouverture du compte est rapide.	☐	☐
5. Kristina ne veut pas prendre rendez-vous.	☐	☐

SCORE : ....

DOC 1 **Activité 2** **Associez l'extrait avec sa définition.**

1. « guichet » •
2. « agence » •
3. « coordonnées personnelles » •
4. « appli » •
5. « conseiller » •

• a. Filiale d'une banque ou d'une entreprise commerciale
• b. Petite ouverture par laquelle le public communique avec les employés d'une administration, d'un bureau.
• c. Application informatique
• d. Les informations qui permettent de contacter une personne.
• e. Personne qui s'occupe des clients.

SCORE : ....

LIRE / ÉCOUTER

DOC 2

PISTE 63

Faire des opérations en ligne.

Voilà, Kristina a ouvert son compte bancaire facilement, elle est très satisfaite ! Il est accessible aussi bien depuis son ordinateur que depuis son mobile, tout fonctionne plutôt simplement. Sur son compte principal, elle peut voir toutes les opérations : retraits, virements, versements… Son salaire y est domicilié. Elle a aussi la possibilité d'ouvrir un Livret A pour épargner ; cette solution garantie par l'état est très populaire en France. Il faudrait aussi demander une carte bancaire et un chéquier comme moyens de paiement. Kristina est très surprise de constater qu'en France on utilise encore beaucoup les chèques, mais de moins en moins apparemment. Elle préfère une carte bancaire internationale, et en plus il y a beaucoup de choix et de paramètres : payer, retirer de l'argent, débit immédiat, débit différé, moduler le plafond. Le site propose beaucoup d'autres options que Kristina ne maîtrise pas très bien, elle va demander un rendez-vous avec son conseiller dans l'agence la plus proche de chez elle. Elle peut le contacter par mail ou par téléphone. Samedi matin elle est libre, elle va essayer.

DOC 3

PISTE 64

Le rendez-vous avec le conseiller.

Le conseiller : Bonjour Madame, enchanté !

Kristina : Bonjour Monsieur, enchantée.

Le conseiller : Je vois que vous venez juste d'ouvrir un compte dans notre banque, je vous remercie de votre confiance.

Kristina : Oui, pour l'instant, je suis satisfaite de vos services en ligne.

Le conseiller : Oui, ça marche très bien !! Mais vous avez bien fait de venir ici en agence, nous pouvons vous proposer beaucoup d'autres services.

Kristina : J'aurais besoin d'une carte bancaire.

Le conseiller : Bien entendu ! Je vois que vous avez domicilié votre salaire. Je pense que vous pourriez ouvrir un livret A chez nous pour épargner en fonction de vos possibilités.

Kristina : Oui, certainement. Ce n'est pas trop compliqué ?

Le conseiller : Non ! Nous allons le faire immédiatement si vous le souhaitez. En plus, nous pouvons vous proposer une assurance-vie par exemple, vous connaissez le principe ?

Kristina : Oui… mais…

Le conseiller : Vous savez, ce mois-ci nous pouvons vous faire une offre absolument inratable, avec des conditions extrêmement avantageuses. Regardez sur l'écran s'il vous plaît.

Kristina : Attendez ! Je veux avant tout la carte et le livret A, pour le reste on verra plus tard !

Le conseiller : Mais bien sûr Madame, on va commencer par le livret A…

ACTIVITÉS

DOC 2 Activité 3 **Associez l'extrait avec sa définition.**

1. « retrait » •
2. « virement » •
3. « épargner » •
4. « chèque » •
5. « plafond » •

- • a. Mettre de l'argent de côté.
- • b. Écrit par lequel une personne donne l'ordre de remettre une somme à prélever sur le crédit.
- • c. Action de retirer de l'argent.
- • d. Limite supérieure de dépense.
- • e. Transfert de fonds d'un compte à un autre.

SCORE : ....

DOC 3 Activité 4 **Sélectionnez la réponse correcte.**

1. Le conseiller est plutôt :
   ☐ agressif. ☐ poli. ☐ indifférent.
2. Kristina voudrait avant tout :
   ☐ une carte bancaire. ☐ un crédit à la consommation. ☐ un chéquier.
3. Quel type d'épargne le conseiller évoque-t-il tout d'abord ?
   ☐ des produits financiers. ☐ des produits d'épargne. ☐ un livret A.
4. Le salaire de Kristina est viré chaque mois sur son compte, il est .... sur son compte.
   ☐ régulier ☐ domicilié ☐ dépensé
5. Le conseiller essaie de vendre à Kristina :
   ☐ un livret. ☐ un PEL. ☐ une assurance-vie.

SCORE : ....

À RETENIR

Les 10 mots incontournables de la séquence

- compte (bancaire)
- guichet
- agence
- conseiller
- retrait
- virement
- carte (bancaire)
- épargner
- chèque
- livret

Pour aller plus loin ou en savoir plus sur ce thème

Rien de tel qu'un comparateur en ligne pour se familiariser avec le vocabulaire de la banque !

Les furets : https ://www.lesfurets.com/banque

3 Se soigner

LIRE / ÉCOUTER

DOC 1

PISTE 65

Prendre rendez-vous chez un spécialiste.

– Bonjour, je voudrais prendre un rendez-vous avec le Dr Moreau, s'il vous plaît.

– Oui, c'est pour quoi ?

– Mon fils s'est fait une rupture des ligaments en jouant au rugby et le médecin du sport nous a prescrit une IRM et une visite avec un orthopédiste pour voir ce qu'il faut faire.

– Quand est-ce arrivé ?

– Il y a 10 jours.

– Il suit un traitement ? Il prend des médicaments ?

– Non, pas encore, nous attendions la visite avec le spécialiste. Le médecin nous a dit de mettre de la glace sur le genou au début, le temps que la blessure dégonfle, et de rester au repos.

– Vous avez déjà fait l'IRM ?

– Oui, tenez, je vous ai apporté les résultats.

– Non, ce n'est pas nécessaire aujourd'hui, rapportez-la le jour du rendez-vous. Alors, le Dr Moreau est absent jusqu'au 15 mars. Les deux semaines suivantes sont pleines. Je peux vous proposer un rendez-vous début avril.

– Oui, ça ira.

– Le 3, ça vous va ? Ah non, excusez-moi, il a un tournoi de golf jusqu'au 5. Le lundi 6 avril, à 9 heures ?

– D'accord, ça ira. C'est le début des vacances de Pâques, il aura le temps.

– C'est à quel nom ?

– Julien Le Goff.

– Très bien, c'est noté. Rendez-vous le 6 avril, n'oubliez pas son carnet de santé et sa carte Vitale.

– Non, non. Merci, au revoir. Ah non, j'oubliais ! En attendant, il a besoin de se déplacer, pour aller à l'école par exemple. Il aurait besoin de béquilles. Vous pouvez me dire où je peux en trouver ?

– En pharmacie, ou même sur Internet. Faites-vous faire une ordonnance par votre médecin traitant, vous serez partiellement remboursée.

– Merci beaucoup !

ACTIVITÉS

DOC 1 **Activité 1** **Choisissez la bonne réponse.**

1. Le fils de la dame
   - ☐ s'est blessé en faisant du sport.
   - ☐ a besoin d'un certificat médical pour pratiquer le sport.
   - ☐ veut faire un stage dans un cabinet médical.
2. Le docteur Moreau est
   - ☐ médecin du sport.
   - ☐ médecin généraliste.
   - ☐ orthopédiste.
3. À la fin du mois de mars, le Dr Moreau
   - ☐ est absent.
   - ☐ joue au golf.
   - ☐ a beaucoup de travail.
4. Le rendez-vous est fixé
   - ☐ avant les vacances.
   - ☐ pendant les vacances.
   - ☐ après les vacances.
5. Le jour du rendez-vous, Mme Moreau doit apporter
   - ☐ des documents administratifs.
   - ☐ les résultats des examens médicaux.
   - ☐ de l'argent.

SCORE : ....

DOC 1 **Activité 2** **Associez chaque définition à un mot de la liste.**

a. Béquilles • **b.** Ordonnance • **c.** IRM • **d.** Orthopédiste • **e.** Ligament

1. On en a besoin pour se faire rembourser des dépenses médicales : ....
2. C'est un dispositif d'aide à la marche : ....
3. Examen médical permettant une vue en deux ou trois dimensions de l'intérieur du corps : ......
4. Tissu fibreux qui relie un os à un autre dans une articulation : ....
5. Médecin spécialiste des problèmes de locomotion, notamment liés aux articulations : ......

SCORE : ....

DOC 2

PISTE 66

Chez l'orthopédiste.

– Alors Docteur, qu'en pensez-vous ?

– Écoutez Madame, au vu des différents examens tels que l'IRM et l'échographie, et compte tenu de l'âge de votre fils, il faudrait envisager une intervention dès que possible.

– Vraiment ? Il n'y a pas d'autre solution ? Je ne sais pas, rééducation, infiltration...

– S'il veut refaire du sport un jour, il faut opérer. Votre fils est jeune et se remettra très bien d'une intervention chirurgicale de ce type qui lui permettra de récupérer tout son potentiel. Si on ne fait rien, il pourra remarcher, bien sûr, mais il ne pourra plus faire de rugby.

– Mais une opération, c'est toujours risqué. Vous êtes sûr qu'il faut en passer par là ?

– Dans le cas d'une lésion comme celle de votre fils, je vous assure que l'opération est la meilleure solution. C'est un acte que nous maîtrisons très bien, nous opérons énormément de jeunes et de sportifs de haut niveau qui peuvent reprendre leurs activités quelques mois plus tard.

– Bon, si vous le dites... Quand l'opération pourrait-elle avoir lieu ?

– Nous allons voir ça avec ma secrétaire...

DOC 3

PISTE 67

Tout savoir sur votre carte Vitale.

La carte Vitale est une carte personnelle, strictement confidentielle et sécurisée. Elle est gratuite et valable partout en France.

Elle permet de vous identifier auprès de l'Assurance Maladie, de vous faire rembourser vos frais de santé et de bénéficier du tiers payant **(1)** chez votre médecin et votre pharmacien. Grâce à votre carte Vitale, vous êtes remboursé plus rapidement et vous n'avez plus besoin d'envoyer votre feuille de soins **(2)** par courrier.

Elle est délivrée automatiquement à partir de 16 ans et vous pouvez l'obtenir si vous venez d'arriver en France dès réception de votre numéro de sécurité sociale.

La carte Vitale est délivrée à tout bénéficiaire de l'Assurance Maladie, à partir de l'âge de 16 ans, ou dès 12 ans sur demande par le parent auquel l'enfant est rattaché.

Elle est valable partout en France, France métropolitaine et Drom-Com **(3)**. Votre carte Vitale contient tous les renseignements nécessaires au remboursement de vos frais de santé et à votre prise en charge en cas d'hospitalisation. Grâce à votre carte Vitale, votre médecin aura accès aux informations relatives à votre santé et à votre situation familiale.

---

(1) système qui permet de ne pas avancer l'intégralité de la somme à payer.

(2) équivalent d'une facture délivrée par le professionnel de santé où figurent les actes médicaux effectués.

(3) Départements, régions et communautés d'Outre mer.

ACTIVITÉS

DOC 2 Activité 3 Vrai ou faux ?

	Vrai	Faux
1. Le fils a fait plusieurs examens.	☐	☐
2. Le chirurgien explique qu'une opération est souhaitable.	☐	☐
3. La mère voudrait éviter l'opération.	☐	☐
4. Selon le chirurgien, peu de sportifs se font opérer.	☐	☐
5. À la fin, la mère refuse l'opération.	☐	☐

SCORE : ....

DOC 3 Activité 4 Répondez aux questions.

1. Combien coûte une carte Vitale ? → ....
2. Que permet-elle ? → ....
3. Qui peut en bénéficier ? → ....
4. Où est-elle valable ? → ....
5. Que contient-elle ? → ....

SCORE : ....

DOC 3 Activité 5 Associez les noms et leur définition.

	Feuille de soins	Sécurité sociale	Carte Vitale	Assurance maladie	Tiers payant
1. Système permettant aux individus de ne pas payer directement les frais liés à la santé.	☐	☐	☐	☐	☐
2. Document muni d'une puce électronique justifiant l'affiliation au système de santé.	☐	☐	☐	☐	☐
3. Document où sont indiqués les actes médicaux exécutés par un professionnel de santé.	☐	☐	☐	☐	☐
4. Dispositif chargé d'assurer un individu face à des risques financiers liés à la santé.	☐	☐	☐	☐	☐
5. Système de protection des individus face aux risques sociaux, notamment liés à la santé.	☐	☐	☐	☐	☐

SCORE : ....

À RETENIR

Les 10 mots incontournables de la séquence

- visite médicale
- carnet de santé
- examiner
- intervention
- opération
- médicaments
- remboursement
- soigner
- sécurité sociale
- rééducation

Pour aller plus loin ou en savoir plus sur ce thème

plus d'exercices sur le thème de la santé sur le **site de RFI :** https://savoirs.rfi.fr/fr/recherche/rubrique/apprendre/thematique/sante-2715/editorial/questionnaire

4 Aider les séniors

LIRE / ÉCOUTER

DOC 1

PISTE 68

Témoignage d'un auxiliaire de vie.

Bonjour, je m'appelle Younès et je suis AVS, ça veut dire auxiliaire de vie. Je m'occupe principalement de personnes âgées qui ont choisi de rester vivre à la maison. Parfois ces personnes sont seules, parfois elles vivent encore en couple mais elles ne sont plus totalement autonomes. L'État accorde des aides à domicile et de plus en plus de gens font appel à des gens comme moi.

J'ai toujours aimé aider les autres, j'ai bossé* comme bénévole dans des associations pendant plusieurs années mais je voulais me professionnaliser, alors j'ai passé un diplôme pour devenir AVS.

Le contact avec les personnes âgées a toujours été important pour moi, je me souviens de mes grands-parents et de tout ce qu'ils m'ont apporté quand j'étais enfant.

Je commence mes journées très tôt vers 6 heures et demie, je passe dire bonjour puis je vais faire les courses s'il y a besoin. Ensuite c'est l'heure de la toilette et je dois être présent.

Il faut toujours être à l'écoute, et savoir agir et réagir rapidement. Le moment que je préfère c'est celui de la promenade si le temps le permet, c'est une occasion de croiser des gens, d'avoir du contact social et je dois avouer que j'aime bavarder avec les personnes dont je m'occupe, on se raconte nos vies et on échange beaucoup. C'est très enrichissant et malgré certains moments difficiles, il y a toujours de la place pour un sourire.

DOC 2

PISTE 69

Rendez-vous chez le médecin.

– Bonjour, Monsieur Givors à l'appareil, je voudrais prendre rendez-vous avec le docteur Wolinski, je peux lui parler ?
– Bonjour Monsieur Givors, je suis désolé mais le Docteur est occupé, il est en consultation toute la matinée. Qu'est-ce qu'il vous arrive ?
– C'est mes jambes Madame, j'ai beaucoup de mal à marcher ces jours-ci, même avec mon déambulateur. J'ai des soucis de circulation sanguine vous savez et avec la chaleur de l'été c'est encore pire.
– Oui bien sûr, est-ce que vous prenez vos remèdes ?
– Oui, tous les jours. Mais je voudrais voir le docteur. Le problème c'est que je n'arrive pas à marcher. Je pourrais passer vendredi matin, mon AVS est là et il peut m'aider à venir.
– Parfait Monsieur Givors, passez vendredi matin à 10 h, j'informerai le Docteur.
– Merci Madame. Vous êtes bien aimable.

ACTIVITÉS

DOC 1 **Activité 1** **Vrai ou faux ?**

	Vrai	Faux
1. Younes travaille dans une structure hospitalière.	☐	☐
2. L'état français subventionne ce type d'assistance.	☐	☐
3. Younes a passé son diplôme dans une association.	☐	☐
4. Les journées d'un AVS commencent généralement en milieu de matinée.	☐	☐
5. Younes aide à faire la toilette puis va faire les courses.	☐	☐
6. Dans ce métier il faut être réactif et attentif.	☐	☐
7. Younes trouve que malgré les difficultés, son travail lui apporte beaucoup.	☐	☐

SCORE : ....

DOC 2 **Activité 2** **Répondez aux questions.**

1. Pourquoi Monsieur Givors veut-il parler au Docteur ?

....

....

2. Pourquoi le Docteur ne peut-il pas lui répondre tout de suite ?

....

....

3. Qu'est-ce qui aggrave la situation de Monsieur Givors ?

....

....

4. Quel mot du dialogue est synonyme de « médicaments » ?

....

....

5. Pourquoi vendredi est le jour idéal pour la visite chez le Docteur ?

....

....

SCORE : ....

DOC 3

PISTE 70

Le club du troisième âge.

– Bonjour Germain, alors comment vas-tu ? ça fait un bail* qu'on s'est pas vus. Tu n'as pas l'air très en forme, tu as une petite mine. Qu'est-ce qui t'arrive ? Tu n'es pas malade au moins ?

– Bonjour Cécile, je ne suis pas malade, je suis juste un peu fatigué en ce moment et puis tu sais, ça fait des années que je suis à la retraite et puis comme je n'ai pas de famille, les journées sont longues et je m'ennuie beaucoup. Je sors me balader, je vais acheter le journal et le pain mais j'ai vite fait le tour du quartier.

– Mais pourquoi tu ne passes pas au club du troisième âge ? Celui de la rue de la République, en face de la boulangerie justement. C'est ouvert tous les jours de 9 heures à 23 heures. Tu n'es pas inscrit ?

– Non, toi si ?

– Oui, depuis des années, c'est super, je m'éclate*, il y a des activités organisées tous les jours. On peut jouer aux cartes, à la pétanque, on fait des activités artistiques, musicales, on regarde des films, on fait du pilates et du yoga et puis il y a des conférences très intéressantes qui sont organisées régulièrement. On n'est jamais seuls, on rencontre un tas de gens sympas, et en dehors du club on sort au resto, au ciné. Si quelqu'un a des soucis, il y a toujours une personne prête à lui filer un coup de main. On échange des conseils et on part même en vacances ensemble. Et on participe même à des journées de bienfaisance, on bouge, on reste en forme. Franchement ça a changé ma vie après la retraite.

– Je vois, ça a l'air sympa* en effet, tu crois que je peux venir faire un tour un de ces jours, juste pour voir comment ça se passe ?

– Mais tu es le bienvenu, je te présenterai tous mes amis, tu verras, ça te changera la vie et tu trouveras du soutien moral aussi.

– Merci de ta proposition Cécile, c'est très gentil à toi, je passerai dire bonjour demain matin, tu y seras ?

– Oui et je t'accueillerai à bras ouverts ! On se voit demain, Germain.

ACTIVITÉS

DOC 3 **Activité 3** **Associez les éléments des deux colonnes pour former des phrases.**

1. Germain n'a pas l'air…	a. …de passer faire un tour au club.
2. Germain trouve que…	b. …d'être en grande forme.
3. Cécile lui propose…	c. …Germain pourrait passer au club juste en face.
4. Quand il va acheter son pain…	d. …assister à des forums culturels.
5. au club on peut aussi…	e. …se retrouvent aussi en dehors.
6. les membres du club…	f. …d'accueillir Germain pour lui présenter le club.
7. Cécile sera ravie…	g. …les journées ne passent pas vite.

SCORE : ....

DOC 3 **Activité 4** **Associez les expressions de même sens.**

1. avoir une petite mine	a. aller faire une promenade
2. je m'éclate	b. il y a longtemps
3. on bouge	c. ne pas sembler en forme
4. à bras ouverts	d. je m'amuse beaucoup
5. sortir se balader	e. beaucoup de personnes
6. un tas de gens	f. nous faisons de l'activité physique
7. ça fait un bail	g. avec grand plaisir

SCORE : ....

À RETENIR

Les 10 mots incontournables de la séquence

- auxiliaire de vie
- des aides à domicile
- être à l'écoute
- enrichissant
- consultation
- avoir des soucis
- les remèdes
- s'éclater
- bouger
- avoir petite mine

Pour aller plus loin ou en savoir plus sur ce thème

Découvrez plus en détail le métier d'auxiliaire de vie :

Vidéo : https ://www.youtube.com/watch ?v=d7fJ-xxuJes

5 Faire du bénévolat

LIRE / ÉCOUTER

DOC 1

PISTE 71

Le bénévolat en France.

L'engagement bénévole des Français en 2020

En 2020, on compte plus de 12,5 millions de bénévoles en France. Ce chiffre est en léger recul par rapport à 2016, mais le changement principal s'opère sur le profil des bénévoles qui, lui, a bien évolué. On constate donc que la proportion des Français donnant du temps gratuitement a globalement un peu fléchi (39 % à 37 %), elle a également un peu baissé (de 25 % à 24 %) au sein des associations. Mais au-delà de cette relative stabilité, le groupe des bénévoles s'est féminisé, et on compte aujourd'hui autant de femmes que d'hommes. Le profil des bénévoles a aussi rajeuni grâce à une progression de l'engagement des moins de 35 ans. Il est clair que les encouragements en cours de scolarité et le développement des associations d'étudiants poussent les moins de 35 ans à donner de leur temps. L'enquête révèle également que certains bénévoles opèrent dans plusieurs associations à la fois, ce qui représente une grande nouveauté par rapport aux années passées. En moyenne une association compte environ 13 bénévoles.

DOC 2

PISTE 72

Bénévole dans une asso humanitaire.

– Salut Fabien, ça va ?
– Salut Wilma, oui et toi ?
– Super, je rentre juste de mon voyage en Afrique, au Burkina Faso.
– Ah oui c'était comment au fait ? Qu'est-ce que tu es allée faire là-bas ?
– J'y étais avec mon asso* Terre Active, on est allés y passer 15 jours pour faire avancer notre projet de construction d'école. Tu sais que je bosse dans cette asso depuis l'année dernière, en fait je suis bénévole. Je donne de mon temps, je m'engage, je réfléchis sur des projets.
– C'est chouette, bravo, mais comment tu trouves le temps de t'occuper de tout ça ? Moi avec la fac j'y arrive pas, je me demande comment tu fais.
– C'est surtout une question d'envie au départ. Aider les autres, se sentir utile, partager, relever des défis, mais aussi bouger, voir du pays, ça m'a toujours attiré. En participant à ce projet, j'ai découvert une autre réalité, ça permet de relativiser aussi notre situation ici en France. J'ai appris plein de trucs* au niveau de l'organisation, de la mise en place et de la réalisation de plans. Ce sont des compétences utiles pour mon quotidien aussi. Donc voilà, je m'organise pour concilier les études et mon asso. Sans parler de tous les gens extraordinaires que j'ai rencontrés.
– Waow, tu assures grave* ! J'aimerais en faire autant, mais je sais pas ce que je pourrais apporter franchement.
– Oh tu sais, être bénévole ça permet de se découvrir soi-même aussi, t'as qu'à venir à une de nos réunions et on te trouvera un petit truc à faire au début, je suis certaine que ça te plaira.

ACTIVITÉS

DOC 1 **Activité 1** **Vrai ou faux ?**

	Vrai	Faux
1. Il y a de plus en plus de bénévoles aujourd'hui.	☐	☐
2. Les associations comptent un peu moins de bénévoles qu'autrefois.	☐	☐
3. Le nombre de femmes bénévoles augmente.	☐	☐
4. Beaucoup de jeunes deviennent bénévoles parce qu'ils ont été sensibilisés à l'école.	☐	☐
5. En moyenne, une association compte au minimum une quinzaine de bénévoles.	☐	☐

SCORE : ....

DOC 2 **Activité 2** **Répondez aux questions.**

1. D'où revient Wilma ? → ....
2. Combien de temps y a-t-elle passé et dans quel but ? → ....
3. Depuis quand est-elle bénévole ? → ....
4. Qu'est ce qui a poussé Wilma à s'engager ? → ....
5. Quelles compétences a-t-elle acquises ? → ....
6. Quel conseil donne-t-elle à Fabien ? → ....

SCORE : ....

DOC 2 **Activité 3** **Associez les éléments des deux colonnes.**

1. réfléchir •	• a. un défi
2. relever •	• b. du pays
3. s'engager •	• c. de son temps
4. voir •	• d. dans une asso
5. donner •	• e. sur un projet

SCORE : ....

DOC 3

PISTE 73

Les avantages du bénévolat.

– *Bonjour Mathéo, tu es bénévole dans une association humanitaire depuis cinq ans, comment en es-tu arrivé à faire ce choix ?*

– C'est une histoire de famille. Mes parents ont toujours fait du bénévolat et j'ai toujours fréquenté le milieu des associations. J'ai souvent participé à des événements et des opérations quand j'étais très jeune et j'ai vu toute la dynamique et les énergies mises en œuvre par les bénévoles. En fait j'ai toujours kiffé* aider les autres, me rendre utile.

– *Quel a été ton premier engagement concret ?*

– J'étais au lycée et un jour on a reçu la visite d'une asso qui nous a présenté un projet de construction d'un orphelinat au Rwanda. Il y avait une place disponible pendant l'été pour aller filer* un coup de main*. J'ai accepté d'y aller et ça a été ma première expérience à l'étranger. Au-delà du choc culturel, j'ai fait des rencontres extraordinaires avec les habitants du pays et les autres bénévoles. Le séjour de trois semaines s'est super bien passé et le projet a abouti. J'étais très fier d'y avoir participé.

– *Si tu devais inciter les jeunes à faire du bénévolat qu'est-ce que tu leur dirais ?*

– Tout d'abord c'est une question d'enthousiasme, il faut aimer les contacts avec les autres et relever des défis car on peut être confronté à des situations difficiles. Ensuite j'insiste beaucoup sur les compétences qu'on peut acquérir, il faut être débrouillard bien sûr mais il faut surtout apprendre à être autonome, organisé, réactif. Le côté humain est formidable, on apprend énormément sur soi-même. Je pense surtout que toutes ces capacités seront ensuite utiles dans le monde professionnel et qu'une expérience dans le bénévolat est un atout indiscutable sur un CV.

ACTIVITÉ

DOC 3 **Activité 4** **Choisissez la bonne réponse.**

1. Mathéo est devenu bénévole
   - ☐ depuis très peu de temps.
   - ☐ car il a été sensibilisé par ses parents.
   - ☐ parce qu'il aime voyager.

2. Mathéo a toujours aimé
   - ☐ donner un coup de main aux autres.
   - ☐ participer à des événements.
   - ☐ organiser des séjours à l'étranger.

3. Le véritable déclic pour Mathéo
   - ☐ a eu lieu au lycée après la visite d'une asso.
   - ☐ est dû à un ami qui lui a conseillé de partir.
   - ☐ a eu lieu après avoir vu un reportage à la télé.

4. Ce qui a marqué Mathéo lors de son premier séjour c'est
   - ☐ les paysages du Rwanda.
   - ☐ les difficultés rencontrées sur place.
   - ☐ les rapports humains avec les locaux.

5. Le mot « débrouillard » signifie
   - ☐ être attentif.
   - ☐ être capable de trouver des solutions.
   - ☐ être énergique.

6. D'après Mathéo les compétences acquises dans le bénévolat
   - ☐ sont utiles dans les études.
   - ☐ sont un plus dans la recherche d'un emploi.
   - ☐ sont peu nombreuses.

SCORE : ....

À RETENIR

Les 10 mots incontournables de la séquence

- engagement
- relever un défi
- bosser
- la mise en place
- c'est chouette
- kiffer
- un atout
- débrouillard
- aboutir
- filer un coup de main

Pour aller plus loin ou en savoir plus sur ce thème

Et vous avez-vous déjà fait du bénévolat ?
Que pensez-vous de ce type d'initiatives ?

Allez plus loin en regardant cette vidéo :
https ://www.youtube.com/watch ?v=0iZCx4kjvW4

PARTIE 6

Monde professionnel

1 Rédiger un CV

LIRE / ÉCOUTER

DOC 1

PISTE 74

Savoir rédiger un CV.

Le CV, c'est-à-dire le curriculum vitae, est le document qui vous présente à l'entreprise, c'est votre première prise de contact ; il est donc essentiel de faire bonne impression. De plus, un bon CV doit permettre de vous différencier des autres candidats en montrant ce qui fait de vous le meilleur pour le poste à pourvoir.

Avant de commencer à rédiger, posez-vous quelques questions auxquelles votre CV va répondre. La première est tout simplement « Qui êtes-vous ? ». Il s'agit de vous présenter de manière simple et sincère en présentant les valeurs et les points forts qui vous définissent.

La deuxième question est évidemment « Que puis-je apporter à l'entreprise ? ». En d'autres termes, pourquoi l'entreprise doit vous choisir, vous, plutôt que les autres candidats, en quoi votre profil est-il unique et précieux pour votre futur employeur.

En ce qui concerne la forme, on trouve aujourd'hui sur Internet des modèles de CV tels que le modèle Europass qu'il suffit de compléter, mais que vous pourrez personnaliser pour le rendre le plus attractif possible. Attention, mieux vaut rester sobre, ce qui compte vraiment, c'est le contenu : votre formation, votre expérience, vos compétences. La mise en page est un plus mais elle ne doit pas occulter le principal. Les employeurs ne se laissent pas prendre à un CV chatoyant, mais vide de substance.

Indiquez clairement les points principaux de votre formation. Il est inutile de détailler l'ensemble de vos stages depuis le collège, seuls les diplômes significatifs intéressent l'employeur. C'est la même chose pour vos expériences professionnelles, n'indiquez que les expériences qui correspondent à l'emploi que vous visez.

Enfin, quelques informations plus personnelles telles que vos loisirs ou vos centres d'intérêt donneront de l'épaisseur à votre CV. Elles éclaireront votre personnalité et permettront peut-être de vous distinguer des autres candidats.

ACTIVITÉS

DOC 1 **Activité 1** **Choisissez la bonne réponse.**

1. Un CV a pour objectif :
   - ☐ de montrer que l'on est comme tout le monde.
   - ☐ de montrer que l'on est meilleur que les autres.
   - ☐ de montrer que l'on peut être aussi bon que les autres.
2. Dans un CV, il faut se présenter :
   - ☐ en insistant sur ses qualités.
   - ☐ en exagérant ses qualités.
   - ☐ en restant neutre.
3. La mise en page de votre CV :
   - ☐ est essentielle, c'est ce qui fait la différence.
   - ☐ n'a aucune importance.
   - ☐ compte, mais moins que le contenu.
4. La formation et l'expérience professionnelle :
   - ☐ doivent figurer intégralement sur votre CV.
   - ☐ sont parfois inutiles.
   - ☐ doivent correspondre à l'emploi proposé.
5. Sur un CV, les loisirs :
   - ☐ donnent du relief à la candidature.
   - ☐ permettent d'ajouter des lignes.
   - ☐ vous garantissent d'être différent des autres candidats.

SCORE : ....

DOC 2 **Activité 2** **Retrouvez dans le texte les synonymes des mots suivants.**

1. perception, sensation → ....
2. faire qu'un poste soit occupé → ....
3. concis, dépouillé → ....
4. cacher, masquer → ....
5. qui attire le regard, brillant → ....

SCORE : ....

DOC 2

PISTE 75

Il est pas bien, mon CV ?

– J'en ai marre*, ça fait au moins 25 CV que j'envoie et je n'ai aucune réponse ! Je comprends pas, il est pas bien, mon CV ?

– Je ne sais pas... Tu postules pour quoi ?

– Je fais les annonces de vendeuse, dans les magasins ou même en ligne, pour appeler les gens et leur proposer des services. Il faut pas avoir fait Polytechnique, quand même ! J'ai un BTS **(1)** Technico-commercial et un peu d'expérience. Ça suffit pas pour téléphoner à des gens ?

– Peut-être que c'est trop, au contraire ! Des fois, les recruteurs ne veulent pas des gens trop diplômés.

– Trop diplômée, faut pas exagérer non plus... Ou alors, je n'ai pas assez d'expérience. Mais c'est toujours pareil, comment on fait pour avoir de l'expérience si personne ne répond aux candidatures ?

– Fais voir ton CV... Ouh là, elle est pas un peu grande, ta photo ? On ne voit que ça !

– Quoi ? Elle est pas belle, ma photo ?

– Si, elle prend juste un peu trop de place. Et tu l'as prise où, à la plage ? C'est pas hyper professionnel, si tu veux mon avis.

– Ben oui, mais je trouvais que j'étais mieux, un peu bronzée.

– Mouais, tu devrais la changer et la réduire, à mon avis. Ensuite... Pour la formation, tu as mis le brevet des collèges ? C'est complètement inutile ! Enlève-le, ne mets que le bac, et encore, ton BTS, c'est suffisant pour ce que tu cherches.

– Tu crois ? Ça faisait des lignes en plus.

– Ben justement, ça se voit que tu cherches à remplir la feuille, mais les employeurs, ils s'en fichent*, ils veulent l'essentiel. C'est comme ton expérience de dog-sitter, je ne suis pas sûr que ça te serve beaucoup pour vendre des panneaux d'isolation par téléphone...

---

(1) Brevet de Technicien Supérieur (formation de deux ans après le baccalauréat)

ACTIVITÉS

DOC 2 **Activité 3** **Vrai ou faux ?**

	Vrai	Faux
1. La jeune fille reçoit seulement des réponses négatives à ses candidatures.	☐	☐
2. Elle cherche un emploi dans la vente.	☐	☐
3. Son ami pense qu'elle n'a pas assez de diplômes.	☐	☐
4. Il trouve que son CV n'est pas bien fait.	☐	☐
5. Il pense que certaines informations sont inutiles.	☐	☐

SCORE : ....

DOC 2 **Activité 4** **Indiquez (☑) si les éléments suivants doivent figurer sur votre CV pour répondre à l'annonce suivante.**

ComtEx, entreprise spécialisée dans l'aide aux cabinets d'experts comptables, recherche un ingénieur informatique passionné par la technologie, ayant le goût de l'innovation, connaissant la gestion et maîtrisant les technologies HTML5, Big Data et autres pour analyser les besoins du marché, assurer une veille technologique et créer un nouveau visuel pour le site de l'entreprise. Expérience souhaitée : 1 an.

	utile	inutile
diplôme d'ingénieur	☐	☐
brevet des collèges	☐	☐
expérience de 6 mois dans l'animation sportive	☐	☐
stage de 3 mois dans une start up techno	☐	☐
baby-sitting les week-ends et pendant l'été	☐	☐
CDD **(1)** de 9 mois chez Apple	☐	☐
Loisirs : planche à voile et e-sport (ShootMania, Rocket League)	☐	☐

(1) Contrat à Durée Déterminée

SCORE : ....

À RETENIR

Les 10 mots incontournables de la séquence

- pourvoir
- rédiger
- candidat
- employeur
- formation
- expérience professionnelle
- recruteur
- diplôme
- profil
- postuler

Pour aller plus loin ou en savoir plus sur ce thème

Créez votre CV en ligne :

- https ://europa.eu/europass/fr
- ou https ://modele-cv.org/creer-cv/

2 Passer un entretien d'embauche

LIRE / ÉCOUTER

DOC 1 — PISTE 76

Parler de son expérience.

– Bonjour Monsieur Rambier, asseyez-vous je vous en prie.

– Merci.

– Alors, j'ai lu votre CV très attentivement, j'ai remarqué que vous aviez déjà une expérience de plusieurs années dans le domaine des nouvelles technologies.

– Oui, c'est exact. Après avoir obtenu mon diplôme d'ingénieur, j'ai décidé de faire un premier stage dans une entreprise de ma région. Je m'occupais du développement du site Internet et des outils de communication numérique ainsi que de la mise en réseau des ordinateurs de la société.

– Cela semblait intéressant, pourquoi vous n'avez pas essayé de continuer dans la configuration des sites Internet ? c'est un secteur très demandeur et on peut facilement y faire carrière.

– Et bien je me suis vite aperçu que je tournais en rond, je suis très curieux de nature alors j'ai décidé de partir me former à l'étranger, je voulais élargir mes horizons.

– Oui en effet, je vois que vous avez passé deux ans aux États-Unis, qu'est-ce que vous avez fait là-bas précisément ?

– Tout d'abord j'ai perfectionné mon anglais, c'était une de mes priorités, et je parle cette langue aujourd'hui couramment. Ensuite j'ai immédiatement été embauché par une boîte* de la Silicon Valley et j'ai été impliqué dans des projets de création d'applications pour smartphones et tablettes. Une expérience très enrichissante.

– En effet, ce sont ces compétences qui ont retenu mon attention. Pourquoi vous n'êtes pas resté aux USA ?

– Pour des raisons familiales d'abord, mais aussi parce que je souhaite aujourd'hui apporter mon savoir-faire à des entreprises européennes. Le monde technologique connaît un essor incroyable et ici aussi on a besoin de personnes spécialisées.

– Très bien, qu'est-ce que vous pourriez apporter à notre société en plus de votre savoir-faire ?

– Je pense que j'ai une grande expérience, c'est vrai, mais j'ai aussi des idées. Je pense que votre entreprise est à un tournant numérique et il faut quelqu'un qui ait une vision claire des évolutions futures dans ce secteur. Je serais ravi de vous apporter ce plus indispensable à la croissance de votre société.

– Merci, vous avez été très clair. Je vous recontacte très bientôt.

ACTIVITÉS

DOC 1 **Activité 1** **Vrai ou faux ?**

	Vrai	Faux
1. Monsieur Rambier est le responsable des ressources humaines.	☐	☐
2. Il souhaite suivre une formation dans le domaine des nouvelles technologies.	☐	☐
3. La conception de site Internet est un milieu professionnel où on peut réussir facilement.	☐	☐
4. C'est aux États-Unis que Monsieur Rambier est devenu développeur d'applis.	☐	☐
5. Il a décidé de partir aux USA car il avait été licencié.	☐	☐
6. Il est rentré en Europe avant tout pour des raisons professionnelles.	☐	☐
7. La société dans laquelle il postule est dans un moment de transition technologique.	☐	☐

SCORE : ....

DOC 1 **Activité 2** **Associez les expressions de même sens.**

1. le domaine •	• a. un fort développement
2. élargir ses horizons •	• b. participer à un plan
3. tourner en rond •	• c. traverser une phase de changement
4. un essor incroyable •	• d. une entreprise
5. être à un tournant •	• e. découvrir de nouvelles choses
6. apporter son savoir-faire •	• f. s'ennuyer / faire toujours la même chose
7. être impliqué dans un projet •	• g. offrir ses compétences
8. une boîte •	• h. le secteur

SCORE : ....

DOC 2

PISTE 77

Un poste de RH.

– Bonjour Madame Jubert, enchanté de faire votre connaissance, prenez place.

– Merci de me recevoir.

– Bien, vous avez postulé pour l'emploi de responsable adjoint des RH que nous proposons.

– Oui, en effet, j'ai toujours travaillé dans ce secteur, c'est un milieu que je connais très bien. Il y a de nombreux aspects à gérer. Il faut être à la fois rigoureux, responsable et avoir un grand sens des rapports humains.

– Et il faut aussi savoir s'imposer, n'est-ce pas ?

– Certainement, c'est une qualité essentielle même si parfois on peut paraître un peu antipathique, mais je sais parfaitement gérer ce type de situation, cela fait partie de mon quotidien.

– Vous avez déjà affronté des situations conflictuelles donc ? Comment les abordez-vous ?

– Eh bien écoutez, je mets de côté tout ce qui est personnel et je pense en priorité aux intérêts de l'entreprise et j'essaie de convaincre mes interlocuteurs d'en faire de même. Je mets en place des stratégies de communication simples et directes, mais je le fais calmement.

– Vous êtes donc très diplomate ?

– Oui, à ma manière. Cela fait partie de mes atouts. Il faut savoir calmer les esprits pour faire passer sa vision des choses.

– Vous semblez avoir toutes les qualités requises pour ce poste.

– Je crois que l'expérience est fondamentale mais il faut aussi savoir se remettre en question. J'ai d'ailleurs suivi beaucoup de formations ces dernières années pour me confronter avec d'autres réalités que la mienne et continuer à apprendre. C'est un métier où les choses évoluent très vite, il faut savoir s'adapter dans un monde où il est important d'être polyvalent.

– Je pense qu'il serait intéressant de se revoir, j'aimerais que vous rencontriez également certains des responsables de services pour avoir une vision plus ample des besoins de notre société.

– Ce sera avec grand plaisir, je suis très curieuse de faire leur connaissance.

– Je vous recontacte dans les prochains jours.

ACTIVITÉS

DOC 2 **Activité 3** **Répondez aux questions.**

1. Dans quel secteur évolue Madame Jubert ? → ....
2. Quelle est son expérience dans ce domaine ? → ....
3. Quelles sont les compétences soulignées par Madame Jubert ? → ....
4. Dans une situation de conflit, quelle est la meilleure stratégie à adopter ?
   → ....
5. Pourquoi la formation continue est-elle si importante ? → ....
6. Quelle suite sera donnée au premier entretien ? → ....

SCORE : ....

DOC 2 **Activité 4** **Retrouvez le substantif à partir des adjectifs et verbes du dialogue.**

Ex. Connaître → la connaissance / polyvalent → la polyvalence

1. Rigoureux → ....
2. Responsable → ....
3. Gérer → ....
4. Antipathique → ....
5. Se remettre en question → ....
6. Mettre en place → ....
7. Se confronter → ....
8. S'adapter → ....

SCORE : ....

À RETENIR

Les 10 mots incontournables de la séquence
- domaine
- essor
- faire carrière
- suivre une formation
- élargir ses horizons
- les atouts
- les RH
- les qualités requises
- être rigoureux / rigoureuse
- la boîte

Pour aller plus loin ou en savoir plus sur ce thème

Quelques conseils pour un entretien d'embauche ? Regardez cette petite vidéo.

https ://www.youtube.com/watch ?v=JnQj3GNwuPA

3 Organiser et participer à une réunion

LIRE / ÉCOUTER

DOC 1

PISTE 78

François prépare une réunion hyper importante.

François est top manager chez Activua, un cabinet de conseils. Il a convoqué l'ensemble de son service de ressources humaines à une réunion très importante lundi à 9 heures : elle est obligatoire, insérée d'office dans l'agenda électronique commun. Pour l'instant, il n'y a pas d'absents. François n'a pas précisé l'heure de la fin de la réunion.

Bien entendu, François sait qu'il doit fixer un ordre du jour efficace afin de ne pas perdre de temps, il déteste ça et beaucoup de ses collaborateurs aussi ! Sauf que beaucoup pensent que les réunions sont inefficaces et contre-productives, que les problèmes restent en suspens, qu'aucune décision n'est prise et que les tâches et les objectifs collectifs restent flous.

Le premier point de l'ordre du jour est très clair : « Résoudre les dysfonctionnements du service », en particulier concernant le manque de collaboration entre les différents sous-services. En effet, François a constaté un manque criant de collaboration entre plusieurs collègues et les conséquences pour son service ont été très négatives. Mais comment procéder ? Un brainstorming (remue-méninges en français) pourrait être efficace pour que toute l'équipe identifie ensemble le problème, qu'il soit partagé. Pas plus de quinze minutes et tous ensemble, de manière ouverte. Idéalement, l'atmosphère doit être détendue et positive, mais comme il y a des tensions, ça ne va pas être simple. Et François s'est promis de ne pas trop parler !

Le deuxième point pourrait être « Trouver des solutions ». Sur ce point, François espère que les collègues vont prendre la parole. Un tour de table n'est sans doute pas souhaitable, ce n'est pas facile de prendre la parole en public. Un autre brainstorming ? Ça risque de devenir répétitif. Pourtant il va bien falloir trouver des solutions... au cas où cela se passe mal, il va devoir imposer toute une série de solutions qu'il a identifiées, mais il préférerait qu'elles viennent de l'équipe, il y aurait ainsi une bien meilleure adhésion.

Enfin, il souhaite responsabiliser l'équipe en définissant des tâches à différents groupes de réflexion, sans oublier un échéancier précis pour gagner en efficacité. Normalement, ce qui n'a pas été dit pendant la réunion devrait ressortir entre collègues.

Bon... François a encore beaucoup de décisions à prendre pour organiser cette réunion et l'ordre du jour doit être envoyé cet après-midi.

ACTIVITÉS

DOC 1 **Activité 1** **Vrai ou faux ?**

	Vrai	Faux
1. La réunion organisée par François lundi matin est facultative.	☐	☐
2. François déteste les réunions qui ne servent à rien.	☐	☐
3. Le problème principal du service, c'est le manque de collaboration.	☐	☐
4. François ne veut pas utiliser le brainstorming.	☐	☐
5. L'équipe travaille plutôt sereinement.	☐	☐
6. François envisage d'imposer ses solutions.	☐	☐

SCORE : ....

DOC 1 **Activité 2** **Associez les mots à leur définition.**

1. « d'office » •
2. « contre-productives » •
3. « en suspens » •
4. « tâches » •
5. « brainstorming / remue-méninges » •
6. « échéancier » •

- • a. Qui produisent l'effet inverse de l'effet attendu.
- • b. Dans l'indécision, sans solution, sans achèvement.
- • c. Sans demande préalable.
- • d. Technique de recherche d'idées originales dans une réunion, chacun émettant ses suggestions spontanément.
- • e. Travaux qu'on doit exécuter.
- • f. Ensemble de délais à respecter.

SCORE : ....

LIRE / ÉCOUTER

DOC 2 — PISTE 79

Une réunion efficace.

La responsable : Bon, vous connaissez l'ordre du jour, le premier point concerne le bilan mensuel des ventes, je vais donner la parole à Marina, qui a très bien bossé ce mois-ci !

Marina : Oui merci ! Mais je tiens à dire d'emblée que c'est le résultat de toute l'équipe. La décision de faire évoluer nos process a été la bonne.

La responsable : Tu peux nous en dire un peu plus ?

Marina : Oui, bien sûr. Nous avons décidé de mutualiser nos informations et nos agendas avec des outils collaboratifs. De cette façon, chacun connaît l'activité de chacun et les informations essentielles circulent. Nous avons gagné un temps fou, ce qui nous a permis de nous concentrer sur le cœur de notre métier et nous avons mieux travaillé, sans stresser davantage.

La responsable : Bravo à l'équipe ! En un mois, les résultats sont déjà visibles, c'est excellent. Vous pensez continuer dans ce sens ?

Marina : Oui, en effet. Nous avons organisé une visioconférence la semaine prochaine pour poursuivre notre réflexion.

La responsable : Et pourquoi une visio ?

Marina : Ce n'est pas facile de se retrouver au siège aux mêmes horaires, nous sommes souvent en déplacement ou en télétravail. La visio nous garantit de la flexibilité et nous avons tous beaucoup progressé dans la gestion de la distance.

La responsable : Comme vous voulez ! C'est le résultat qui compte, bon travail.

DOC 3 — PISTE 80

Une réunion qui se passe mal.

Pierre : Mais enfin Nicolas ! Arrête de me couper sans cesse la parole !

Gabin : Pierre ! Tu monopolises trop la parole, tu n'écoutes pas ce que les collègues veulent te dire et...

Pierre : Ah voilà, le problème c'est encore moi !! C'est ma faute si Nicolas travaille toujours dans son coin sans jamais partager les infos essentielles !

Nicolas : J'ai essayé plusieurs fois de parler avec toi, mais tu n'écoutes pas !

Pierre : Je veux parler de boulot, je n'ai pas le temps de parler de ton dernier week-end et de tes achats high-techs.

Nicolas : Tu caricatures !! Tu es trop brusque dans tes rapports avec les autres, ton attitude n'est pas positive et c'est très difficile voire impossible de travailler avec toi, voilà !!

Gabin : Stop ça suffit ! La réunion est suspendue. Nicolas et Pierre vous êtes convoqués dans mon bureau dans cinq minutes et on ne discute pas !

ACTIVITÉS

DOC 2 **Activité 3** **Associez les mots à leur définition.**

1. « bossé »	a. Conférence visuelle et sonore entre deux ou plusieurs individus à distance.
2. « d'emblée »	b. Travaillé.
3. « mutualiser »	c. Capacité à s'adapter aux circonstances.
4. « flexibilité »	d. Mettre en commun.
5. « visioconférence, visio »	e. Du premier coup.

SCORE : ....

DOC 3 **Activité 4** **Sélectionnez la réponse correcte**

1. La réunion peut être qualifiée de :
   - ☐ conviviale ☐ chaleureuse ☐ nerveuse
2. D'après Pierre, Nicolas travaille :
   - ☐ en équipe ☐ seul ☐ seulement avec Marc
3. Nicolas reproche à Pierre de ne pas :
   - ☐ écouter ☐ partager ☐ plaisanter
4. Pierre reproche aussi à Nicolas de :
   - ☐ ne pas parler de travail ☐ de ne pas travailler assez ☐ de travailler le dimanche
5. Pierre et Nicolas sont convoqués :
   - ☐ le lendemain ☐ immédiatement ☐ dans l'après-midi

SCORE : ....

À RETENIR

Les 10 mots incontournables de la séquence

- convoquer
- ordre du jour
- en suspens
- dysfonctionnements
- brainstorming
- tâche
- mutualiser
- visioconférence
- monopoliser
- suspendre

Pour aller plus loin ou en savoir plus sur ce thème

Voici une sélection vous permettant de bien organiser une réunion en français :

- **Manager-go.com :** https ://www.manager-go.com/gestion-de-projet/preparation-d-une-reunion.htm
- **Chefd'entreprise.com :** https ://www.chefdentreprise.com/Thematique/rh-management-1026/Breves/conseils-organiser-reunion-efficace-301601.htm

4 Discuter entre collègues devant la machine à café

LIRE / ÉCOUTER

DOC 1

PISTE 81

Parler de sa hiérarchie.

Louis : Tu prends quoi ?

Kevin : Un café court sucré merci.

Louis : Bon… t'en as pensé quoi de cette dernière réunion, franchement ?

Kevin : Comme d'habitude… le chef parle beaucoup, il veut nous impliquer dans les décisions, les orientations, mais à la fin il décide tout seul !

Louis : Oui, il aime bien faire le chef, il veut tout faire, tout savoir, tout contrôler… il dit que son bureau est toujours ouvert mais personne n'y va spontanément. Il est trop distant, trop préoccupé par les résultats.

Kevin : Il devrait être plus humain, plus proche de son équipe. Peut-être qu'il n'a pas le temps, tout simplement.

Louis : Ouais, c'est possible… et puis il a ses têtes, il préfère travailler avec certains collègues…

Kevin : Oui, il s'appuie sur ses fidèles ! Sa garde rapprochée. Tiens tu vois, je crois que je n'ai jamais pris un café avec lui.

Louis : Moi non plus… il passe trop de temps dans son bureau. Mais j'ai entendu dire que son n + 1 n'était pas très cool…

Kevin : Pignon ? Oui, c'est vrai, il n'a pas la réputation d'être très sympa…

DOC 2

PISTE 82

Parler de manière positive de ses collègues.

Thomas : Tu prends quoi ?

Julien : Un thé sans sucre merci.

Thomas : C'était très sympa ce petit déjeuner organisé au bureau ! On voit les collègues un peu différemment.

Julien : Mais bien sûr ! On peut parler d'autre chose que de boulot, de délais, de procédures… tiens par exemple, j'ai découvert que Stéphanie jouait au tennis elle aussi.

Thomas : Ah bon ? Elle est sympa Steph quand elle est de bonne humeur. Je plaisante !

Julien : Arrête ! Elle est hyper serviable et fait tout pour t'aider quand tu as un problème. En plus, elle trouve toujours la bonne solution. Elle est très précieuse dans une équipe.

Thomas : Oui, je suis d'accord. Élodie aussi sait bien bosser*, elle comprend tout de suite, pas besoin de répéter deux fois. En plus, elle a toujours le sourire.

Julien : Nous avons vraiment une belle équipe ! Même Adrien fait des efforts en ce moment, il est moins stressé et plus disponible. L'autre jour, il m'a même proposé son aide.

Thomas : Sérieux ? Alors tout est possible, nous pouvons tous nous améliorer.

Julien : Il faut que chacun fasse un minimum d'efforts pour ne pas se disputer toute la journée. Ce n'est pas facile, nous avons tous notre caractère.

ACTIVITÉS

DOC 1 **Activité 1** **Vrai ou faux ?**

	Vrai	Faux
1. Le chef de Louis et Kevin est plutôt bavard.	☐	☐
2. Le bureau du chef est toujours fermé.	☐	☐
3. Le chef a ses préférés.	☐	☐
4. Le chef est trop humain.	☐	☐
5. Le supérieur hiérarchique immédiat du chef, n+1, n'est pas très sympa.	☐	☐

SCORE : ....

DOC 2 **Activité 2** **Associez les adjectifs à leur définition**

1. « sympa » •	• a. Personne très utile.
2. « serviable » •	• b. Perturbé, tendu.
3. « précieuse » •	• c. Agréable, amusant, dont la compagnie est plaisante.
4. « stressé » •	• d. Qui est prêt à collaborer.
5. « disponible » •	• e. Qui est toujours prêt à rendre service.

SCORE : ....

LIRE / ÉCOUTER

DOC 3

PISTE 83

Parler de manière négative de ses collègues.

Alex : Tu prends quoi ?

Arnaud : Pas un café, je suis déjà trop énervé… un thé merci.

Alex : Ça se passe mal avec Floriane ?

Arnaud : Oui, je n'en peux plus… elle veut tout diriger sans en avoir les prérogatives ! Ce n'est pas elle la responsable du service !

Alex : Vous vous êtes disputés ?

Arnaud : Oui, et devant tout le monde en plus. Personne n'a pris ma défense, ils ont peur d'elle parce qu'elle est la chouchoute* du chef. Les collègues sont lâches, tout le monde se plaint mais personne ne prend position ! Je vais demander un rendez-vous avec le chef.

Alex : Attention à ce que tu dis, tu dois avoir des preuves, tu ne dois pas fonder ton discours sur des ragots ou des rumeurs.

Arnaud : Tu as raison… je vais essayer d'obtenir des témoignages clairs, ça ne peut plus durer comme ça. La plupart des collègues sont passifs et hypocrites. Ils font semblant de bien s'entendre avec Floriane, même si elle est autoritaire, injuste et irascible !

Alex : Dans tous les cas, ce problème doit être résolu avec la hiérarchie.

DOC 4

PISTE 84

Parler de ses futures vacances.

Zoé : Tu prends quoi ?

Aïcha : Un café long sans sucre merci. Et vous faites quoi cet été ?

Zoé : On sait pas trop… on a encore rien décidé, mais ce sera plutôt le soleil, la Méditerranée…

Aïcha : L'année dernière vous êtes allés en Crète non ?

Zoé : Oui, c'était super ! On a adoré. On y retournera mais pas tout de suite. On pense à la Turquie, on regarde les vols, les offres et les dates communes avec mon copain ! Et vous ?

Aïcha : Déjà, on attend que le grand chef fixe définitivement les congés ! Nous sommes en pleine négociation au service comptabilité. J'espère que j'aurai deux semaines en août comme mon mari. Et puis il y a aussi le mois de juillet, il faut caser les enfants à droite à gauche ; les grands-parents, les centres aérés… c'est compliqué…

Zoé : Tu m'étonnes… et en août, vous avez une idée ?

Aïcha : Cette année, on pense rester en France pour changer. Les enfants ne connaissent pas encore l'océan, on regarde du côté du bassin d'Arcachon, ça a l'air très joli.

Zoé : Oui, je connais bien ! Ma tante est installée dans la région, j'y suis souvent allée en vacances quand j'étais petite.

Aïcha : Ah bon ?! Alors tu vas pouvoir me donner des conseils…

ACTIVITÉS

DOC 3 **Activité 3** **Associez les mots à leur définition.**

1. « énervé »	•	• a. Préférée.
2. « chouchoute »	•	• b. Qui n'a pas de courage.
3. « lâche »	•	• c. Nouvelle qui se répand, bruit de couloir.
4. « ragot »	•	• d. Qui s'irrite, qui s'emporte facilement
5. « rumeur »	•	• e. Irrité, agacé.
6. « irascible »	•	• f. Bavardage malveillant.

SCORE : ....

DOC 4 **Activité 4** **Sélectionnez la réponse correcte.**

1. À propos des vacances, Zoé :
   ☐ a déjà décidé où partir ☐ n'a pas encore décidé ☐ part demain
2. Zoé veut des vacances :
   ☐ reposantes ☐ fraîches ☐ ensoleillées
3. Le principal problème de Aïcha c'est :
   ☐ la destination ☐ la date des congés ☐ la météo
4. Aïcha et sa famille pensent aller :
   ☐ à la montagne ☐ à l'océan ☐ à la campagne
5. Zoé connaît la région d'Arcachon car :
   ☐ elle y allait quand elle était petite ☐ elle y est allée l'année dernière
   ☐ elle aime les huîtres

SCORE : ....

À RETENIR

Les 10 mots incontournables de la séquence

- chef
- collègue
- hiérarchie
- café
- chouchou(te)*
- ragots
- rumeurs
- vacances
- stressé
- sympa*

Pour aller plus loin ou en savoir plus sur ce thème

Comment avoir de bonnes relations avec ses collègues ? Quelques conseils.

- **Sélection.ca :** https ://www.selection.ca/carriere/travail-types-de-collegues-derangent/
- **VikinBlog :** https ://blog.vikingdirect.fr/les-10-sujets-de-conversation-privilegier-et-eviter-au-bureau/

5 Parler avec son / sa chef

LIRE / ÉCOUTER

DOC 1

PISTE 85

Soumettre une proposition.

- Bonjour Monsieur le Directeur, je souhaiterais vous soumettre une proposition.
- Allez-y, je vous écoute.
- J'aimerais prolonger mon expérience de télétravail. Les quelques mois passés à la maison m'ont permis de découvrir que je suis plus efficace et mieux organisé en situation de travail à distance. Qu'en pensez-vous ?
- En effet, j'étais assez sceptique au début mais je dois dire que les chiffres et les résultats montrent que vous avez raison. Et cela concerne plusieurs de vos collègues d'ailleurs. Néanmoins je tiens aussi à ce que vous participiez à certaines réunions en présentiel.
- Oui, évidemment, je comprends. Cela me semble primordial. Et si on faisait un télétravail partiel, trois jours à la maison et deux au bureau ? Ce serait un bon compromis, n'est-ce pas ?
- Écoutez, on peut démarrer comme ça et puis on verra au fur et à mesure. Je vous fais confiance.
- Je vous remercie de cette confiance. Je crois sincèrement que c'est un avantage pour tout le monde. Nous ferons un premier point d'ici un mois, qu'en dites-vous ?
- C'est entendu.

DOC 2

PISTE 86

Soulever un problème.

- Madame la Directrice, auriez-vous quelques minutes à m'accorder ? je souhaiterais vous faire part de quelques-unes de mes réflexions.
- Mais bien évidemment, je suis à votre disposition.
- Eh bien voilà, cela fait quelques semaines que je constate des retards dans la gestion de certains dossiers clients. Ce n'est pas une question de ressources humaines mais plutôt de méthode.
- C'est étrange, vous êtes le premier à m'en parler. Continuez.
- J'ai remarqué que notre logiciel de gestion n'est pas suffisamment réactif, il aiguille mal les demandes et nous avons trop d'opérations et d'étapes pour accéder aux données utiles. Je crois sincèrement qu'il faudrait songer à une sérieuse mise à jour pour le rendre plus efficace.
- Que proposez-vous concrètement ?
- Au risque de paraître impopulaire, je suis convaincu qu'il faut impliquer le service informatique dans une réflexion plus profonde pour améliorer cet outil de travail, mais je n'ai pas suffisamment de poids pour obtenir un début de dialogue, voilà pourquoi je fais appel à vous.
- Et bien écoutez, venez me voir cet après-midi dans mon bureau et vous me montrerez les problèmes que vous rencontrez. Je vous promets d'y réfléchir et si besoin de vous aider à initier ce travail de mise à jour avec le service informatique.
- Parfait, à cet après-midi donc. Merci de votre disponibilité.

ACTIVITÉS

DOC 1 **Activité 1** **Choisissez la bonne réponse.**

1. Le directeur est :
   ☐ pris ☐ disponible ☐ en déplacement
2. La requête de l'employé concerne :
   ☐ son salaire ☐ ses congés ☐ son lieu de travail
3. Le directeur est :
   ☐ totalement d'accord ☐ pas du tout d'accord ☐ partiellement d'accord
4. L'employé :
   ☐ insiste ☐ accepte ☐ se fâche
5. Une évaluation de la situation sera faite :
   ☐ dans un mois ☐ d'ici deux semaines ☐ après les congés

SCORE : ....

DOC 2 **Activité 2** **Vrai ou faux ?**

	Vrai	Faux
1. L'employé s'adresse poliment à sa responsable.	☐	☐
2. Il y a un problème avec les ressources humaines.	☐	☐
3. D'après l'employé, il y a trop de passages pour obtenir les informations importantes.	☐	☐
4. L'employé propose à sa chef de résoudre le problème lui-même.	☐	☐
5. La Directrice accepte de jouer les intermédiaires.	☐	☐

SCORE : ....

DOC 2 **Activité 3** **Quelles sont les expressions adaptées à une conversation avec son / sa responsable ?**

Expression	adaptée	peu adaptée	à éviter
1. Je souhaiterais vous parler au sujet de…	☐	☐	☐
2. On pourrait se parler deux minutes ?	☐	☐	☐
3. Auriez-vous une minute à m'accorder ?	☐	☐	☐
4. Chef, t'as deux secondes pour parler ?	☐	☐	☐
5. Il faut que tu m'aides !	☐	☐	☐
6. Voilà pourquoi je fais appel à vous.	☐	☐	☐

SCORE : ....

LIRE / ÉCOUTER

DOC 3

PISTE 87

Conseils pour parler à son chef.

Il s'agit toujours d'un moment particulièrement redouté car en France, la hiérarchie et le vouvoiement sont toujours de mise. La vie en entreprise réserve parfois des instants délicats et s'adresser à son chef, son boss ou son responsable n'est vraiment pas toujours chose aisée. Voici donc quelques simples conseils à utiliser avec soin et discernement.

Tout d'abord choisissez bien votre moment, évitez les coups de sang et prenez votre temps, ne foncez pas dans le mur* car vous risquez de vous faire mal. Pensez donc à anticiper votre demande d'entretien en envoyant un petit mail ou bien en fixant directement un rendez-vous. Aborder des points sensibles devant la machine à café ou en présence d'autres collaborateurs pourrait se retourner contre vous. Inutile ensuite de vous rappeler que la politesse est un élément incontournable de toute bonne communication, par conséquent respectez le registre de langue adapté et ne commettez pas d'écarts, pas de familiarités !

Si ce que vous allez évoquer est délicat, restez toujours calme mais n'en oubliez pas moins d'être assertif sans pour autant sortir de vos gonds*. Le ton se doit de rester cordial mais il faut savoir aussi être ferme lorsque la situation l'exige. Soyez concis et clairs, évitez à tout prix de vous perdre dans les détails, il n'y a rien de pire que le bla bla inutile et dispersif.

Enfin souvenez-vous que votre patron pense avant tout à l'entreprise. Profitez-en et avancez des arguments qui soulignent les avantages de votre démarche pour votre employeur. Par exemple, trop de pression au travail n'est pas positif à terme pour l'entreprise, car les collaborateurs finiront par commettre des erreurs. Ou encore, si votre patron vous confie plus de responsabilités, vous vous sentirez mieux dans votre peau et serez encore plus productif. Bref, les cartes sont entre vos mains, à vous de les jouer avec élégance et efficacité.

ACTIVITÉS

DOC 3 **Activité 4** **Retrouvez les mots ou expressions du texte correspondant aux définitions.**

1. Organisation fondée sur un rapport de subordination. → la hiérarchie
2. Acte de s'adresser à une personne en employant le « vous ». → vouvoiement
3. Action d'aller trop vite, précipitamment, sans réfléchir. → ne foncez pas dans le mur
4. Se mettre en colère et ne plus être capable de se contrôler. → sortir de vos gonds
5. S'exprimer avec peu de mots : être... → ....
6. Synonyme de « initiative ». → ....

SCORE : ....

DOC 3 **Activité 5** **Dans le contexte d'une conversation entre un/une responsable et un/une employé(e) : Ces conseils sont-ils les bons ?**

Conseils	Bon	Pas bon
1. Tutoyer son chef	☐	☑
2. Rester courtois	☑	☐
3. Aller droit au but de manière très directe	☑	☐
4. Être franc/franche	☑	☑
5. Faire de long discours	☐	☑
6. Insister sur sa situation personnelle	☐	☑

SCORE : ....

À RETENIR

Les 10 mots incontournables de la séquence

- le vouvoiement
- la hiérarchie
- la démarche
- le compromis
- au fur et à mesure
- aborder des points
- je vais y réfléchir
- c'est entendu
- être cordial
- sortir de ses gonds

Pour aller plus loin ou en savoir plus sur ce thème

Et vous, comment vivez-vous ces situations, dans votre pays les usages sont-ils les mêmes ?

- **Un article :** https ://www.orygin.fr/coaching-individuel/manager-son-patron/
- **Une question intéressante :** Faut-il tout dire à son patron ? https ://www.youtube.com/watch ?v=htMpDgX02tU

PARTIE 7

Commentaires

1 Commenter un fait d'actualité

LIRE / ÉCOUTER

DOC 1 — PISTE 88

Commenter une bonne nouvelle.

Raphaël : Ah, enfin une bonne nouvelle !

Gabriel : De quoi tu parles ?

Raphaël : L'Union européenne a décidé de parvenir à 100 % des emballages plastiques recyclables ou réutilisables en 2030 et 50 % des objets plastiques recyclés la même année.

Gabriel : Ah ça c'est bien ! Oui, c'est sûr, il fallait faire quelque chose pour préserver notre environnement.

Raphaël : Oui, il faut se bouger ! On peut faire encore mieux. Par contre, je sais pas trop comment ils vont faire.

Gabriel : ça va nous demander des efforts, mais c'est une excellente nouvelle !

Raphaël : Mais les médias n'en parlent pas trop, j'ai trouvé deux lignes de l'AFP.

Gabriel : Comme si les bonnes nouvelles n'étaient pas intéressantes. Les gens préfèrent les mauvaises nouvelles, c'est plus vendeur.

Raphaël : Un peu d'infos positives ça fait du bien, c'est dommage d'insister autant sur des catastrophes. Il faut rester optimiste !

DOC 2 — PISTE 89

Commenter une mauvaise nouvelle.

Juliette : Oh là là les pauvres gens...

Mickaël : De quoi tu parles ?

Juliette : Il y a des incendies terribles qui détruisent des villages entiers, des villes mêmes... il y a beaucoup de victimes !

Mickaël : C'est vraiment de pire en pire. Mais où va-t-on !!

Juliette : Quand on suit l'actu, on voit bien que tout va de plus en plus mal : violences, famines, catastrophes naturelles, corruption, faillites d'entreprises... ça ne peut plus durer !

Mickaël : Pas une info pour récupérer l'autre ! Sans parler du changement climatique.

Juliette : Ça va mal, que ça va mal !

Mickaël : Je suis très pessimiste... on ne peut plus continuer comme ça...

Juliette : Mais tu te rends compte ! Que va-t-on devenir...

Mickaël : Je sais qu'il ne faut pas trop dramatiser, mais là en ce moment, il suffit de s'informer un peu et il y a de quoi devenir dingue !

Juliette : Ou parano*... je crois que je vais arrêter de suivre les infos !

ACTIVITÉS

DOC 1 Activité 1 Vrai ou faux ?

	Vrai	Faux
1. Raphaël évoque une bonne nouvelle écologique.	☐	☐
2. Gabriel réagit positivement à cette info.	☐	☐
3. Il s'agit d'une nouvelle qui ne demandera aucun effort.	☐	☐
4. Cette info est très médiatisée.	☐	☐
5. En général, les gens préfèrent les bonnes nouvelles.	☐	☐

SCORE : ....

DOC 2 Activité 2 Associez les mots ou les expressions à leur définition.

1. « Mais où va-t-on ? » •
2. « Actu » •
3. « dramatiser » •
4. « dingue » •
5. « parano » •
6. « irascible » •

• a. Abréviation. Qui a le sentiment d'être persécuté.
• b. Accorder une gravité excessive à un événement.
• c. Fou, extraordinaire.
• d. On ne sait pas de quoi l'avenir sera fait.
• e. Diminutif. Sens d'événements actuels.
• f. Qui s'énerve facilement.

SCORE : ....

LIRE / ÉCOUTER

DOC 3

PISTE 90

Commenter des élections.

Jeanne : Tu connais tous les candidats ?

Jean-Christophe : Ben oui bien sûr ! Je suis la vie politique de mon pays quand même !

Jeanne : Oh tu sais ils se valent tous…

Jean-Christophe : Je ne crois pas, mais bon… tu as lu les programmes au moins ?

Jeanne : Ah non !! J'ai déjà ma petite idée, j'attends le débat électoral entre les candidats. Et puis ils font trop de promesses qu'ils ne peuvent pas tenir après, c'est fatigant.

Jean-Christophe : Admettons, d'accord, mais c'est super important pour notre pays, non ? Notre président va nous représenter pour cinq ans, ce n'est pas rien !

Jeanne : Oui, oui, mais ça ne me passionne pas plus que ça. Point. Et puis ils en parlent tout le temps aux infos, ils exagèrent ! Untel a dit ça, untel a fait ceci, l'autre a déclaré le contraire. On ne parle plus que de ça ! Je sature.

Jean-Christophe : Mais ce n'est pas que ça, une campagne électorale ! C'est aussi un débat d'idées, une certaine vision de notre pays…

Jeanne : Oui, oui, j'ai compris !!

Jean-Christophe : Oh l'important c'est que tu ailles voter, après tout.

DOC 4

PISTE 91

Commenter un fait divers.

David : Qu'est-ce qui s'est passé hier dans notre ville ? Je n'ai pas bien compris l'info.

Farid : Oh rien de spécial… je n'aime pas trop la rubrique des faits divers, c'est toujours pareil : vols, agressions, noyades et incendies pendant l'été, avalanches pendant l'hiver, accidents, vandalisme…

David : Eh bien moi ça m'intéresse ! Je trouve qu'il y a toujours de plus en plus de problèmes dans notre ville.

Farid : Ce n'est pas certain du tout !! Par contre, la médiatisation est très forte, le moindre fait est immédiatement diffusé sur tous les médias.

David : Mais c'est normal ! On a le droit de savoir, non ?

Farid : Après, tout le monde a peur de tout le monde et les gens pensent vivre dans un climat permanent d'insécurité.

David : Et si c'était vrai ? Tu veux cacher la vérité toi !

Farid : Les médias décident de ce qu'ils veulent d'abord montrer, les mauvaises nouvelles sont les premières à être diffusées.

David : Et si c'était ça qui intéresse les gens ? Tu n'as aucune compassion.

Farid : C'est faux ! Mais c'est toujours pareil, on a l'impression de ne plus pouvoir sortir de chez soi alors que je n'ai jamais eu de problèmes en ville.

David : Tu as eu de la chance…

ACTIVITÉS

DOC 3 Activité 3 **Associez les mots à leur définition.**

1. « débat électoral » •
2. « promesses » •
3. « infos » •
4. « Je sature » •
5. « campagne électorale » •

- • a. Diminutif. Synonyme d'actualité.
- • b. Échange télévisé entre deux ou plusieurs candidats lors d'élections.
- • c. Prendre un engagement.
- • d. Je ne supporte plus.
- • e. Période qui précède une élection et durant laquelle les candidats et leurs partisans font leur promotion.

SCORE : ....

DOC 4 Activité 4 **Sélectionnez la réponse correcte.**

1. Les faits divers sont une partie de l'actualité, une...
   ☐ rubrique ☐ catégorie ☐ nouvelle
2. David pense que les faits divers sont :
   ☐ insignifiants ☐ intéressants ☐ inutiles
3. D'après Farid, la médiatisation est :
   ☐ faible ☐ forte ☐ très forte
4. Farid pense que les médias provoquent un sentiment :
   ☐ de sécurité ☐ d'insécurité ☐ de pénibilité
5. Farid a eu beaucoup de problèmes en ville :
   ☐ Vrai ☐ Faux

SCORE : ....

À RETENIR

Les 10 mots incontournables de la séquence

- nouvelles
- médias
- médiatiser
- dramatiser
- parano
- saturer
- actu
- info
- rubrique
- insécurité

Pour aller plus loin ou en savoir plus sur ce thème

- Pour suivre l'actu française avec la radio : http ://www.radio-en-ligne.fr/
- Pour suivre l'actu française avec la presse : https ://news.google.com/topstories ?hl=fr&gl=FR&ceid=FR :fr

2 Parler de tout et de rien

LIRE / ÉCOUTER

DOC 1 — PISTE 92

Un jour de pluie.

– Pfff… Quelle sale journée aujourd'hui, ça fait trois jours qu'il pleut, mais alors aujourd'hui c'est le déluge. Y'en a vraiment ras-le-bol*. Bon, on fait quoi ?

– Je sais pas, ça te dit d'aller au ciné* ? Y a peut-être un film intéressant cette semaine.

– Bof, franchement j'ai pas trop envie de bouger. Le temps est dégueulasse* et puis je suis crevé* en ce moment.

– Rhoo t'es pas marrant, c'est toujours pareil, un peu de pluie et t'as le moral dans les chaussettes. C'est pénible à la fin.

– Bon écoute, si t'es pas contente t'as qu'à sortir avec tes copines et comme ça, moi, je suis peinard* pour faire mes trucs, hein ?

– Mais dis donc, t'es vraiment d'une humeur pourrie aujourd'hui. Quel caractère de cochon franchement. Bon je te laisse, je vais prendre l'air et puis si y a un film sympa au ciné j'irai…

– Bon d'accord, t'as gagné, je viens avec toi, de toute façon, faut aussi qu'on passe faire les courses, y plus rien à bouffer* dans le frigo. Allez, je me dépêche, je prends mon parapluie et on y va.

DOC 2 — PISTE 93

Dans la rue.

– Oh Bonjour Madame Palois, comment allez-vous ? Et votre fils ? Les études ? Tout se passe bien ?

– Bonjour Monsieur Bossis, eh bien écoutez, moi, ça va, mis à part quelques soucis de santé et la chaleur, mais on se plaint pas. Mon fils aussi ça va bien, il est très heureux de son choix.

– Il est en fac de sciences, c'est bien ça ?

– Oui, tout à fait, il suit une formation en physique chimie à l'université d'Aix en Provence, ça l'intéresse beaucoup, il a même trouvé un petit stage dans un laboratoire pour faire un peu de pratique, ce n'est pas rémunéré mais ça lui fait une expérience.

– Très bien, c'est comme ça qu'on apprend ! Il vient vous voir de temps en temps quand-même ?

– Oui, il rentre une fois par mois mais à son âge, il préfère passer le week-end avec ses potes, comme il dit.

– C'est un peu normal vous savez, ma fille aussi, depuis qu'elle est partie étudier sur Paris, elle m'appelle tous les jours mais je ne la vois plus. Il faut bien que les enfants vivent leur vie, hein ?

– Eh oui, comme vous dites… les oiseaux quittent le nid un jour ou l'autre ! Et vous, ça va ?

– Ha vous savez, la canicule ça me fatigue, vivement quelques orages pour rafraîchir. Allez, bonne journée, Madame.

ACTIVITÉS

DOC 1 **Activité 1** **Associez les expressions du texte (colonne de gauche, français familier) à leur équivalent en français standard (colonne de droite).**

Français familier	Français standard
1. y'en a ras-le-bol	a. être fatigué
2. j'ai pas envie de bouger	b. Il n'y plus de choses à manger
3. être crevé	c. je ne veux pas sortir
4. t'es pas marrant	d. être occupé à ses affaires
5. être peinard	e. être de très mauvaise humeur
6. faire ses trucs	f. être tranquille
7. être d'une humeur pourrie	g. Il y en a assez
8. y a plus rien à bouffer	h. tu n'es pas drôle / amusant

SCORE : ....

DOC 2 **Activité 2** **Vrai ou faux ?**

	Vrai	Faux
1. Madame Palois est en parfaite forme physique.	☐	☐
2. Le fils de Madame Palois a choisi un parcours universitaire en sciences humaines.	☐	☐
3. Le fils de Madame Palois touche un petit salaire.	☐	☐
4. Il rentre tous les week-ends voir sa mère.	☐	☐
5. La fille de Monsieur Bossis téléphone souvent à son père.	☐	☐

SCORE : ....

DOC 2 **Activité 3** **Associez les expressions de même sens.**

1. c'est bien ça ?	a. c'est exact ?
2. on se plaint pas	b. sauf
3. tout à fait	c. exactement !
4. tout se passe bien ?	d. ça marche ?
5. mis à part	e. ça va plutôt bien

SCORE : ....

LIRE / ÉCOUTER

DOC 3

PISTE 94

Conversation dans le bus.

– Oh là là, ça avance pas le bus aujourd'hui, c'est quoi, tous ces embouteillages ? Je vais encore arriver à la bourre* au taf*, moi. T'as vu ça, Marco ?

– Ah oui, t'as raison, y en a marre* mais c'est à cause des travaux pour le nouveau centre commercial. Ils devaient finir avant l'été mais ça a pris du retard.

– Comme d'hab, franchement on n'en peut plus de tout ce bordel* !

– Allez un peu de courage Jules, c'est bientôt le mois de juillet, les vacances ! Au fait, tu fais quoi, toi ?

– Je sais pas, j'hésite, j'ai bien envie de partir à l'étranger cette année, mais on m'a aussi invité à aller en Bretagne.

– Ah super ! C'est sympa la Bretagne, les paysages sont magnifiques, les villes superbes et les gens sont vraiment chouettes*.

– Ouais mais je connais déjà, j'y allais souvent quand j'étais plus jeune. Je crois que je vais partir voir du pays, et toi tu vas où ?

– Ben moi je partirai fin juillet voir de la famille en Auvergne, on a une baraque* là-bas, tu connais, la région du Puy ?

– Ah non, on m'a dit que c'est hyper beau, très vert mais que c'est un peu mort niveau sorties.

– Ben ça dépend, si t'aimes la nature c'est vraiment génial, tu devrais venir m'y retrouver quelques jours, si ça te dit bien sûr.

– Merci c'est sympa de ta part, je vais y réfléchir et je te dirai. Dis donc, un truc qui a rien à voir, mais ce soir tu viens à la soirée chez Samirah ?

– Mince, j'avais complètement oublié, c'est à quelle heure ?

– C'est à partir de sept heures, chez elle.

– Pfff, j'ai un autre truc* de prévu, mais je vais voir si je peux annuler, t'y vas comment, toi ?

– Pas en bus ça c'est certain, on va plus vite à pied avec ces travaux. Tu veux qu'on y aille ensemble ?

– Ben écoute, je vais voir si je peux me débrouiller pour annuler mon autre rendez-vous et je te tiens au courant ok ?

– Ok ça roule*, allez on est presque arrivés cette fois, je descends, à plus* !

ACTIVITÉS

DOC 3 **Activité 4** **Répondez aux questions.**

1. Pourquoi Jules se plaint-il ? → ....
2. Quand les travaux devaient-ils finir ? → ....
3. Que va faire Jules pendant les vacances d'été ? → ....
4. Pourquoi n'ira-t-il sans doute pas en Bretagne ? → ....
5. Que signifie le mot « baraque » ? → ....
6. Quel est le principal avantage de passer ses vacances en Auvergne, selon Marco ?
→ ....
7. Comment Jules ira-t-il à la soirée de Samirah ? Pourquoi ?
→ ....
8. Pourquoi Marco n'est-il pas sûr de venir ? → ....

SCORE : ....

DOC 3 **Activité 5** **Qu'est-ce que ça veut dire ? Associez les éléments des deux colonnes.**

1. je vais arriver à la bourre au taf •	• a. à propos
2. y en a marre / y en a ras-le-bol •	• b. je t'informerai
3. au fait / dis donc •	• c. Les personnes sont très sympathiques
4. c'est un peu mort niveau sorties •	• d. Je vais être en retard au travail
5. les gens sont vraiment chouette •	• e. ça suffit
6. mince ! •	• f. zut ! (Interjection en français familier)
7. je te tiens au courant •	• g. d'accord
8. ça roule •	• h. Il n'y a pas beaucoup de choses à faire le soir

SCORE : ....

À RETENIR

Les 10 mots incontournables de la séquence

- en avoir marre
- ça roule
- être crevé
- je te (vous) tiens au courant
- au fait, à propos
- Mince
- c'est bien ça
- tout à fait
- se passer
- une sale journée

Pour aller plus loin ou en savoir plus sur ce thème

Devenez des spécialistes de la pluie et du beau temps

- **Site de Météo France :** http ://meteofrance.com/
- **Un article :**
Pourquoi parle-t-on de la pluie et du beau temps ?
http ://www.dialogon.fr/articles/pourquoi-parle-t-on-de-la-pluie-et-du-beau-temps--ou-de-nos-vacances

3 Pratiquer la langue de bois

LIRE / ÉCOUTER

Langue de bois, définition : *Langage figé, coupé de la réalité, et qui véhicule de manière artificielle, un message intentionnellement truqué. Langage généralement attribué à la classe politique.*

DOC 1 — PISTE 95

Un discours pour plus de justice sociale.

Mesdames, Messieurs,

Le particularisme dû à notre histoire unique interpelle le responsable politique que je suis et nous oblige tous à aller de l'avant dans la voie d'une restructuration dans laquelle chacun pourra enfin retrouver sa dignité.

Chers amis vous le savez, mon engagement total en politique depuis tant d'années a toujours été guidé par un besoin sincère de justice sociale. Ce ne sont pas de vains mots à mes yeux.

Et ce n'est certainement pas vous, mes chers compatriotes, qui me contredirez si je vous dis que l'aspiration de chacun au progrès social oblige à la prise en compte encore plus effective de solutions rapides correspondant aux grands axes sociaux prioritaires.

J'ai depuis longtemps (ai-je besoin de vous le rappeler ?) défendu l'idée que l'aspiration plus que légitime de chacun au progrès social doit prendre en compte les préoccupations de la population de base dans l'élaboration d'un programme plus humain, plus fraternel et plus juste.

Je dois ajouter également que l'acuité des problèmes de la vie quotidienne conforte mon désir incontestable d'aller dans le sens d'un processus allant vers plus d'égalité.

Et c'est en toute conscience que je déclare avec conviction que la situation d'exclusion que certains d'entre vous connaissent interpelle l'humble citoyen que je suis et nous oblige tous à aller de l'avant dans la voie d'un projet porteur de véritables espoirs, notamment pour les plus démunis. Sachez que je ne vous abandonnerai pas.

Voilà pourquoi chers concitoyens, j'en appelle à vous toutes et à vous tous pour parvenir ensemble à un avenir plus solidaire. Merci.

ACTIVITÉS

DOC 1 **Activité 1** **Vrai ou faux ?**

	Vrai	Faux
1. Il s'agit d'un discours d'un(e) homme / femme politique.	☐	☐
2. Ce discours a un sens général bien précis.	☐	☐
3. Plusieurs solutions aux problèmes sociaux sont avancées.	☐	☐
4. Le discours s'adresse à des compatriotes / concitoyens.	☐	☐
5. Chaque phrase a un sens, mais le discours dans son ensemble n'en a aucun.	☐	☐

SCORE : ....

DOC 1 **Activité 2** **Associez les mots à leur définition**

1. « engagement » •	• a. Caractère aigu, intense.
2. « dignité » •	• b. Principe selon lequel tous les hommes ont les mêmes droits.
3. « aspiration » •	• c. Intervention dans la vie de la société.
4. « acuité » •	• d. Respect que l'on doit à quelqu'un ou quelque chose.
5. « égalité » •	• e. Désir dirigé vers un idéal.

SCORE : ....

LIRE / ÉCOUTER

DOC 2

PISTE 96

Une décision de la dernière chance.

Chères concitoyennes, chers concitoyens,

Je crois qu'il est venu le temps de décider, il n'est désormais plus question de repousser les échéances inéluctables que nous avons devant nous. Le monde entier nous regarde. Face à la morosité ambiante, on ne peut se passer d'essayer chacune des problématiques évidentes, à moyen terme. Et cela dépend encore de nous.

Dès lors, un climat de rassemblement et de cohésion nationale est désormais plus que nécessaire. Vu la complexité de la situation de ce début de siècle, il est très important d'étudier les principales hypothèses du futur, de toute urgence.

En ce qui concerne la difficulté inhérente à chaque prise de décision, il est absolument nécessaire voire fondamental de remodeler la somme des options s'offrant à nous, parce qu'il s'agit probablement de notre dernière chance. Vu l'impasse que nous constatons, il convient d'arrêter de stigmatiser la somme des hypothèses, et ce très attentivement.

Si vous voulez mon avis concernant cette inflexion, je préconise une commission d'experts afin d'imaginer les connexions avec certaines décisions du passé, parce que les mêmes causes produisent les mêmes effets, j'en suis convaincu. Dans le but de pallier la crise qui est la nôtre, il faut favoriser l'ensemble des choix du futur, même si ce n'est pas facile.

Quoi qu'il arrive, je prendrai mes responsabilités, n'en doutez pas.

Merci de votre attention.

DOC 3

PISTE 97

Marre de la langue de bois !

Christian : Je n'en peux plus de ces discours !

Jean-Louis : C'est vide, c'est creux, ils ne disent rien...

Christian : Ils pourraient parler pendant des heures, ils brassent du vent, c'est insupportable !

Jean-Louis : C'est trop abstrait, je ne vois aucune solution à nos problèmes dans ce genre de discours.

Christian : Je me demande comment ils peuvent écrire des banalités pareilles...

Jean-Louis : C'est sûr que ce genre de blabla n'est ni choquant ni clivant.

Christian : Ah ben oui, comment ne pas être d'accord ! Je crois que nous écoutons ces propos depuis au moins vingt ans. Des promesses, toujours des promesses. On va droit dans le mur !

Jean-Louis : Ouais...

ACTIVITÉS

DOC 2 **Activité 3** **Associez les mots à leur définition.**

1. « échéance » •	• a. Apporter une solution provisoire.
2. « ambiant » •	• b. Situation sans issue.
3. « cohésion » •	• c. Qui appartient essentiellement à un être, à une chose, qui est inséparable.
4. « inhérent » •	• d. Forte union des parties constituant un groupe.
5. « impasse » •	• e. Qui définit le milieu où on se trouve, le milieu environnant.
6. « pallier » •	• f. Date à laquelle expire un délai.

SCORE : ....

DOC 3 **Activité 4** **Sélectionnez la réponse correcte.**

1. En avoir marre signifie :
   - ☐ en avoir trop ☐ en avoir peu ☐ en avoir assez
2. Christian et Jean-Louis sont :
   - ☐ énervés ☐ tranquilles ☐ résignés
3. « brasser du vent » signifie :
   - ☐ faire beaucoup de gestes ☐ parler pour ne rien dire ☐ s'ennuyer
4. « blabla » indique :
   - ☐ un bavardage sans intérêt ☐ un grand discours ☐ un mensonge
5. Un discours clivant signifie :
   - ☐ coupant ☐ qui divise l'opinion ☐ fataliste

SCORE : ....

À RETENIR

Les 10 mots incontournables de la séquence

- discours
- compatriotes
- concitoyen(ne)s
- engagement
- dignité
- aspiration
- égalité
- en avoir marre
- blabla
- clivant

Pour aller plus loin ou en savoir plus sur ce thème

La langue de bois d'après Franck Lepage : https ://www.youtube.com/watch ?v=LVqOC4fiHvk&feature=emb_title

4 Laisser son avis en ligne

LIRE / ÉCOUTER

DOC 1

PISTE 98

Choisir un hôtel.

– Chérie ! On part ce week-end, je suis en RTT vendredi après-midi. J'aimerais bien passer un moment tranquille à la campagne, dans un petit hôtel champêtre, dans la verdure, tu es d'accord ?

– Oh oui, ça nous fera du bien de quitter un peu le centre-ville et nos bureaux ! On va où ?

– La Dordogne, ça te dirait ? Je vais chercher sur le site hotelpourtous®, à Sarlat ou Bergerac. Alors, voyons ça : « Destination », Sarlat. Je cherche un... « Camping », non, « Hôtel », oui, voilà... Alors... « La Hacquebute »... Drôle de nom, mais la photo est sympa, on dirait un petit château médiéval. Voyons les avis : « Excellent » 295, « Très bien » 309, « Moyen » 112, « Médiocre » 40, « Horrible » 9. Bon, c'est plutôt encourageant. Voyons les commentaires : « Chambres mini vraiment mini, pas de place pour ouvrir les valises ». Ah ! Ça commence bien... « Il fait très chaud la nuit, pas de clim, juste un petit ventilateur pas vraiment suffisant ». Bon, pour le mois d'avril, ça ne devrait pas poser de problème. « Service impeccable, personnel très accueillant ». Ah, quand même. Il y a la réponse de la direction de l'hôtel : « Merci pour votre commentaire... hmm... Il n'est pas possible d'installer la clim pour des raisons esthétiques, l'établissement est classé. » Ok, je comprends. « Les chambres mini s'appellent comme ça précisément parce qu'elles sont petites, mais je vous invite à tester les chambres standard, charme ou confort ». Eh ben pourquoi pas ? Allons voir les prix. Donc, week-end du 9, 2 nuits : 140 euros. Ce n'est pas si cher... Ah oui, mais c'est la chambre mini. La Confort, c'est 200 euros. Hmm... Elle est jolie, mais c'est pas donné. Bon, je retiens quand même l'idée et je vais voir autre chose... Le Clos des Marcellines, hôtel et spa 4 étoiles. L'appréciation « Excellent » est largement majoritaire... Les commentaires : « Très accueillant », « personnel compétent et disponible », « chambres confortables et petit déjeuner vraiment copieux ! », ça a l'air parfait. Une chambre supérieure pour le week-end... Ah oui, évidemment : 304 euros. La qualité, ça a un prix. J'hésite un peu, le premier était bien aussi. Qu'est-ce que Marie préférerait ? ... Non, allez, je prends ça, c'est plus cher, mais ça va lui plaire à Marie, j'en suis sûr !

ACTIVITÉS

DOC 1 **Activité 1** **Choisissez la bonne réponse.**

1. Pour le week-end, le couple veut aller :
   ☐ dans une ville. ☐ à la campagne. ☐ dans la forêt.
2. L'homme veut trouver :
   ☐ un château. ☐ un hôtel. ☐ un camping.
3. Globalement, les avis sur la Hacquebute sont :
   ☐ positifs. ☐ négatifs. ☐ neutres.
4. Une nuit dans la chambre supérieure des Marcellines coûte :
   ☐ 152 euros. ☐ 200 euros. ☐ 304 euros.
5. L'homme décide :
   ☐ de prendre une chambre dans le premier hôtel.
   ☐ de prendre une chambre dans le deuxième hôtel.
   ☐ de demander l'avis de sa femme.

SCORE : ....

DOC 1 **Activité 2** **Complétez le tableau en indiquant pour chaque élément si les commentaires sont positifs (+), négatifs (–) ou absents (?).**

	La Hacquebute	Le Clos des Marcellines
1. accueil		
2. température la nuit		
3. rapport qualité-prix		
4. personnel		
5. petit déjeuner		
6. équipements de l'hôtel		
7. confort des chambres		

SCORE : ....

LIRE / ÉCOUTER

DOC 2

PISTE 99

Après la soirée au restaurant.

– Comment tu as trouvé le resto ? Moi, je ne l'ai pas trouvé génial. J'ai une de ces soifs ! Il y avait quelque chose de trop salé, je ne sais pas si c'était le foie gras ou les asperges…

– Pas génial ? Vraiment nul, tu veux dire ! Une demi-heure à attendre que quelqu'un vienne prendre la commande, le serveur qui se trompe dans ta commande, le vin blanc pas assez frais, c'était n'importe quoi ! Et ils ont trouvé l'adresse sur Tripesetsaveurs, tes collègues ? Tu vas voir, je vais leur laisser un commentaire, là, tout de suite ! Leur note va en prendre un coup dans l'aile, c'est moi qui te le dis ! Alors, j'y vais… La Rôtisserie, voilà… Hmm… Le titre : « Grosse déception », comme ça, j'annonce la couleur. Continuons : « Si le cadre est agréable, on ne peut pas en dire autant des serveurs : beaucoup d'attente, réponses à peine courtoises à nos questions et pour finir, erreur dans la commande. » C'est vrai, non ? On leur a demandé conseil sur les brochettes et c'est à peine s'ils savaient de quoi on parlait ! Alors, ensuite : « Et c'est la même chose pour la cuisine : bœuf trop cuit, plats trop salés, vin pas à la bonne température et j'en passe. » Oui, j'en passe, parce que le vol-au-vent en entrée, il était sec et la tarte Tatin… assez quelconque, tu es d'accord, non ?

– Oui, je la fais mieux, elle manquait de sucre, à mon avis.

– Conclusion : « Bref, un restaurant à éviter absolument ». Voilà, je publie ! Avec ça, ils vont comprendre, on paie assez cher, il va falloir qu'ils fassent un gros effort.

– Heu… Tu crois vraiment que les gens vont lire tous les avis ? Et puis, il y en a beaucoup de positifs, alors le tien, il risque d'être noyé et de ne pas avoir beaucoup d'effet.

– Peut-être… Mais au moins, je me suis défoulé ! C'est aussi à ça que ça sert, non ?

ACTIVITÉS

DOC 2 **Activité 3** **Répondez aux questions suivantes.**

1. L'appréciation de la femme sur le restaurant est :
   - ☐ très négative.
   - ☐ assez négative.
   - ☐ assez positive.
2. Celle de l'homme est :
   - ☐ très négative.
   - ☐ assez négative.
   - ☐ assez positive.
3. Les critiques de l'homme portent notamment sur :
   - ☐ la qualité des produits.
   - ☐ la quantité de la nourriture.
   - ☐ la préparation des plats.
4. Le seul élément positif est :
   - ☐ le décor du restaurant.
   - ☐ le prix très bas.
   - ☐ la qualité du service.
5. Selon la femme, le commentaire que laisse son mari :
   - ☐ va obliger le restaurant à évoluer.
   - ☐ ne va pas servir à grand-chose.
   - ☐ va intéresser les gens qui consultent le site.

SCORE : ....

DOC 2 **Activité 4** **Indiquez l'addition correspondant au dîner du couple.**

1	2	3
2 foies gras 2 brochettes de bœuf 2 tartes Tatin 1 bouteille vin rouge 2 tartes Tatin 1 pichet vin blanc	1 foie gras 1 vol-au-vent 1 risotto aux asperges 1 brochette de bœuf 1 bouteille vin blanc	1 risotto au foie gras 1 vol-au-vent aux asperges 2 brochettes de bœuf 1 tarte Tatin

→ Addition n° ....

SCORE : ....

À RETENIR

Les 10 mots incontournables de la séquence

- note
- commentaire
- avis
- accueillant
- confort
- service
- personnel
- cadre
- critiquer
- se défouler

Pour aller plus loin ou en savoir plus sur ce thème

Rédigez un avis positif et un avis négatif sur des restaurants où vous avez mangé.

Avis positif : ....
....
....

Avis négatif : ....
....
....

5 Critiquer une expo ou un concert

LIRE / ÉCOUTER

DOC 1 — PISTE 100

La Biennale de Châteauneuf.

Lancée en 1872, l'Expo bisannuelle de Châteauneuf en arrive aujourd'hui à sa 58e édition, les deux guerres mondiales ayant provoqué de tragiques entractes dans sa programmation. Inutile de dire que tout a changé en un siècle, même si, « relooké » plusieurs fois, le Bâtiment Franca des Parcs conserve une partie de son décor d'origine. C'est avant tout l'annexion du Hangar, dans les années 1990, qui a changé la donne. La manifestation a alors passé la vitesse supérieure, qu'a encore accélérée ces dernières années la multiplication de pavillons nationaux un peu n'importe où en ville. [...] Aujourd'hui, même les micro-États veulent le leur, de la principauté d'Andorre aux Îles Kiribati. Châteauneuf constitue pour eux une manière d'exister. [...] Le pouvoir du commissaire de cette année, [...] ne s'exerce en effet aux Parcs que dans le Bâtiment Franca. Autrement, chacun fait ce que bon lui chante, même s'il existe en principe un thème. Celui du jour, en anglais pour faire plus contemporain, a laissé certains perplexes. « As TIme Goes By », cela veut tout dire et son contraire. Il m'a semblé par instants que l'art faisait du sur-place depuis trois décennies... [...] J'ai bien dû en voir une quinzaine, de ces noubas* castelneuvaises depuis les années 1980. J'ai quelques souvenirs forts. Tenaces. Cette fois, il m'a fallu les photos d'un catalogue pour me souvenir de ce que j'avais regardé moins d'une semaine avant. Bien sûr, j'ai aimé le cabinet de curiosités. D'accord, j'ai adoré le travail des araignées. Évidemment les autoportraits photographiques de l'artiste japonaise invitée cette année ont de la force [...]. Mais cela ne suffit pas à faire prendre la sauce. Dans le fond, la manifestation finit par ressembler à la buée qui s'échappe des toits du Bâtiment Franca. C'est du rien sous forme d'un petit nuage.

ACTIVITÉS

DOC 1 **Activité 1** **Vrai ou faux ?**

	Vrai	Faux
1. La programmation de l'Expo de Châteauneuf a connu plusieurs interruptions.	☐	☐
2. Le Bâtiment Franca a été entièrement transformé au cours des années.	☐	☐
3. Le changement majeur a eu lieu quand l'exposition s'est étendue dans le Hangar.	☐	☐
4. Une autre évolution importante a été l'apparition de nouveaux États.	☐	☐
5. C'est le commissaire de l'Expo qui décide pour tous les exposants.	☐	☐

SCORE : ....

DOC 1 **Activité 2** **Répondez aux questions.**

1. Pourquoi le « thème du jour » a-t-il laissé certains « perplexes » ?

....

....

2. Quelles impressions le journaliste garde-t-il des expos qu'il a vues jusqu'alors ?

....

....

3. Et cette fois ?

....

....

4. Que signifie l'expression « faire prendre la sauce » ?

....

....

5. En quoi la manifestation de cette année ressemble-t-elle à l'œuvre proposée au Bâtiment Franca ?

....

....

SCORE : ....

LIRE / ÉCOUTER

DOC 2

PISTE 101

Un concert qui divise.

– Génial, ce concert ! Strong au festival de jazz de Saint-Aleaume, ça déchire* ! Je suis trop content d'avoir pu le voir... Je suis juste un peu déçu par les places qui étaient trop loin, mais sinon, rien à dire !

– Oui, ça n'arrivera pas tous les ans, mais franchement, Strong et le jazz, ça fait deux. Je ne comprends pas pourquoi ils l'ont programmé. C'est sympa, ça bouge, tout ce que tu veux, mais ça reste de la pop !

– Et alors, si c'est bien ? Où est le problème ?

– Le problème, c'est que moi, à Saint-Aleaume, je viens écouter du jazz ! Pas de la variété anglo-saxonne, même de qualité. En plus, c'est tellement attendu, comme musique ! Aucune surprise, tu sais exactement quelle note il va jouer, à chaque fois ! Quand je pense que tu n'as pas voulu prendre les billets pour voir Angus Filler demain soir !

– On l'a déjà vu une dizaine de fois ! Et la dernière fois, rappelle-toi, c'était à la Villette et tu l'avais trouvé en petite forme. Tu te souviens ? Tu m'avais dit que ça sonnait trop funky et que les cuivres étaient assourdissants.

– Ben justement, je ne veux pas rester sur une mauvaise impression. En fait, je crois qu'il passe au Blue Note fin août, là, je veux qu'on y aille, ce sera en petite formation, plus intimiste, moins grand orchestre. Ça, c'est du vrai jazz comme on l'aime ! Pas comme Strong, quoi !

– Oh, ça va, arrête avec Strong ! C'était vraiment super, il avait des musiciens top* ! Tu sais, il a souvent joué avec des jazzmen, Clifford Oxalis, notamment. C'est pas incohérent de le faire venir à un festival de jazz, donc.

– Pas incohérent, peut-être, mais jusqu'à quand ? Ils vont inviter qui, l'année prochaine ? Joy-C ? Ruhonna ? Ça serait le pompon ! Et ton Strong, il a peut-être joué avec le frère Oxalis, mais pour faire de la soupe*, désolée !

ACTIVITÉS

DOC 2 **Activité 3** **Choisissez la bonne réponse.**

1. Les deux personnes :
   - ☐ vont assister à un concert de jazz.
   - ☐ ont assisté à un concert de pop.
   - ☐ vont assister à un concert de pop.
2. Pour l'homme, le concert :
   - ☐ était très bien.
   - ☐ était un peu décevant.
   - ☐ était trop long.
3. Pour la femme, la musique pop :
   - ☐ est trop originale.
   - ☐ est trop prévisible.
   - ☐ est de trop mauvaise qualité.
4. Les deux personnes envisagent d'assister à un concert d'Angus Filler :
   - ☐ le lendemain.
   - ☐ la semaine suivante.
   - ☐ à la fin du mois d'août.
5. La femme espère que ce concert :
   - ☐ sera meilleur que le précédent.
   - ☐ sera avec un grand orchestre.
   - ☐ sera très funky.

SCORE : ....

DOC 2 **Activité 4** **Indiquez si les appréciations sont positives (+) ou négatives (–), puis associez-les (X) aux éléments auxquels elles correspondent.**

	Strong avec C. Oxalis	Strong à Saint-Aleaume	Ruhonna au festival de Saint-Aleaume	A. Filler au Blue Note	A. Filler à la Villette
1. Ce serait le pompon ! →	☐	☐	☐	☐	☐
2. De la soupe →	☐	☐	☐	☐	☐
3. Ça, c'est du vrai jazz ! →	☐	☐	☐	☐	☐
4. En petite forme →	☐	☐	☐	☐	☐
5. Les cuivres assourdissants. →	☐	☐	☐	☐	☐
6. Ça déchire →	☐	☐	☐	☐	☐

SCORE : ....

À RETENIR

Les 10 mots incontournables de la séquence

- Décor
- soupe
- nouba
- faire ce que bon lui chante
- cabinet de curiosités
- assourdissant
- c'est le pompon
- intimiste
- être déçu / être décevant
- programmation

Pour aller plus loin ou en savoir plus sur ce thème

Racontez un concert ou exposition :

décevant(e) : ....

....

enthousiasmant(e) : ....

....

PARTIE 8

Culture contemporaine

1 Aller au musée

LIRE / ÉCOUTER

DOC 1

PISTE 102

En mémoire de Léonard.

L'année 2019, cinquième centenaire de la mort de Léonard de Vinci en France, revêt une signification particulière pour le Louvre qui possède la plus importante collection au monde de peintures de Léonard ainsi que 22 dessins.

Comme l'expliquent le conservateur du musée et le commissaire de l'exposition, le musée trouve en cette année de commémoration l'occasion de rassembler autour des cinq tableaux essentiels qu'il conserve, à savoir la *Vierge aux rochers*, la *Belle Ferronnière*, la *Joconde* – qui reste dans la salle où elle est habituellement exposée –, le *Saint Jean Baptiste* et la *Sainte Anne*, la plus grande part possible des peintures de l'artiste, afin de les confronter à un large choix de dessins ainsi qu'à un ensemble, restreint mais significatif, de tableaux et de sculptures de l'environnement du maître.

Cette rétrospective inédite de la carrière de peintre de Léonard permet de montrer combien il a mis la peinture au-dessus de tout et comment son enquête sur le monde, qu'il appelait « la science de la peinture », fut l'instrument de son art, dont l'ambition n'était rien moins que d'apporter la vie à ses tableaux, à travers l'invention ou le développement de nouvelles techniques comme le « sfumato » qui permet, par un mélange délicat des ombres et de la lumière, d'obtenir des contours imprécis, notamment des visages, pour créer une impression de douceur.

Aboutissement de plus de dix années de travail, qui ont vu notamment l'examen scientifique renouvelé des tableaux du Louvre et la restauration de trois d'entre eux, permettant de mieux comprendre sa pratique artistique et sa technique picturale, l'exposition clarifie également la biographie de Léonard en reprenant tous les documents d'archives. De ses débuts à Florence auprès d'Andrea del Verrocchio à son arrivée en France, appelé par le roi François 1er, en passant par son séjour milanais à la cour des Sforza, où il passera la plus grande partie de sa vie et peindra la *Joconde* et la *Cène*, c'est tout le parcours de cet homme exceptionnel, peintre, ingénieur et architecte, que nous propose l'exposition. Elle dresse le portrait d'un homme et d'un artiste d'une extraordinaire liberté.

ACTIVITÉS

DOC 1 **Activité 1** **Vrai ou faux ?**

	Vrai	Faux
1. Léonard de Vinci est mort en France il y a 500 ans.	☐	☐
2. De nombreux tableaux de Léonard de Vinci se trouve au musée du Louvre.	☐	☐
3. Pour l'exposition, tous les tableaux de Vinci seront regroupés dans la même salle.	☐	☐
4. C'est la première exposition de ce type consacrée à cet artiste.	☐	☐
5. L'exposition est en préparation depuis presque 10 ans.	☐	☐
6. Léonard de Vinci a commencé sa carrière à Milan.	☐	☐

SCORE : ....

DOC 1 **Activité 2** **Répondez aux questions.**

1. Combien de tableaux sont conservés au Louvre ? Citez-en au moins deux.

....

2. Que trouvera-t-on en plus des œuvres du maître ?

....

3. Que souhaitait faire Léonard par son art ?

....

4. Qu'est-ce que le « sfumato » ?

....

5. En quoi a consisté notamment la préparation de l'exposition ?

....

6. Au-delà de l'œuvre et de la technique de l'artiste, à quoi s'intéresse l'exposition ?

....

7. D'après la conclusion, quelle caractéristique définit le mieux Léonard de Vinci ?

....

SCORE : ....

DOC 2

PISTE 103

L'expo Toutankhamon.

– Dis, Hassan, on pourrait amener nos classes voir l'exposition Toutankhamon, qu'est-ce que tu en penses ?

– Oui, pourquoi pas ? C'est au programme de 6e, l'Égypte. C'est au Louvre, c'est ça ?

– Non, à la grande Halle de la Villette, c'est encore plus simple en métro.

– Ah oui, super ! Il faut les contacter ?

– J'ai regardé sur Internet, il y a un numéro. Regarde, c'est une exposition exceptionnelle, avec des pièces uniques sorties d'Égypte pour la première fois. Et c'est la dernière fois qu'on pourra les voir ici, parce qu'après, l'exposition sera installée au nouveau musée du Caire. L'exposition a lieu jusqu'au 22 septembre, il faut faire vite. On pourrait y aller mardi prochain, le 12 septembre.

– J'espère que les petits seront sensibles à ça ! Je me demande s'ils ne préfèrent pas découvrir les pyramides avec Assassin's Creed®...

– On pourra leur montrer aussi, il y a une version éducative. Mais tu sais, au musée, il y a aussi des tablettes interactives pour visiter les expos, tu peux poser les questions que tu veux, voir les œuvres sous tous les angles et un tas d'autres possibilités. Tu vas voir, on va faire un triomphe ! Bon, regardons les prix, quand même : forfait scolaire 10 places pour 50 euros. Ça fait 5 euros par personne plus le transport. Je vais demander à l'administration s'ils peuvent subventionner un peu, les tickets de métro par exemple.

– Tu as combien d'élèves, toi, dans ta classe ? Moi, j'en ai 25.

– Les miens sont 27, ça fait 52.

– On ne peut pas y aller que tous les deux, il faut trouver des collègues pour nous accompagner.

– On va demander à Alain et Marina, les profs de français des deux classes. Je pense qu'ils seront d'accord. On essaie de trouver un jour où on a cours.

– Ça, ça va pas être facile de trouver un jour où on a cours tous les quatre. Bon, on va déjà leur demander.

– Mais oui, tu vas voir, je suis sûre qu'ils vont être d'accord. L'Égypte, ça plaît à tout le monde !

– Au fait, Sophie, tu savais que les pharaons étaient noirs ?

ACTIVITÉS

DOC 2 **Activité 3** **Choisissez la bonne réponse.**

1. Les deux personnes :
   - ☐ sont professeurs dans un collège.
   - ☐ ont leurs enfants dans la même classe.
   - ☐ travaillent dans un musée.
2. La jeune femme propose à Hassan :
   - ☐ d'aller voir une exposition avec elle.
   - ☐ d'organiser une sortie scolaire dans un musée.
   - ☐ de partir une semaine en Égypte.
3. Hassan se demande :
   - ☐ si les enfants apprécieront l'exposition.
   - ☐ si l'exposition est adaptée aux enfants.
   - ☐ si l'exposition est vraiment intéressante.
4. Selon Sophie, au musée, on peut aussi :
   - ☐ jouer à un jeu vidéo éducatif.
   - ☐ participer à la présentation des œuvres.
   - ☐ utiliser des supports numériques.
5. Sophie va demander à son administration :
   - ☐ une participation financière.
   - ☐ l'autorisation de prendre le métro.
   - ☐ une augmentation de salaire.
6. Hassan pense :
   - ☐ qu'il va être difficile de trouver un jour qui convienne à tous les profs.
   - ☐ que les profs vont être très contents de venir.
   - ☐ que les profs n'aiment pas beaucoup faire des sorties scolaires.

SCORE : ....

DOC 2 **Activité 4** **Corrigez les 4 erreurs sur l'affiche de l'exposition.**

Exceptionnel !
Du 23 mars au 12 septembre
Exposition Toutankhamon
Musée du Louvre
Pour la dernière fois en Europe avant installation définitive à Alexandrie
Entrée : 10 euros – Scolaires : 60 euros / 10 places

SCORE : ....

À RETENIR

Les 10 mots incontournables de la séquence

- exposition
- conservateur
- commissaire
- commémoration
- tableau
- installation
- restauration
- interactif
- éducatif
- collection

Pour aller plus loin ou en savoir plus sur ce thème

Regardez les deux sites suivants. Quelle exposition vous intéresse le plus ? Pourquoi ?

- https ://www.louvre.fr/expositions/leonard-de-vinci
- https ://lavillette.com/programmation/toutankhamon_e185

2 Découvrir les cultures urbaines

LIRE / ÉCOUTER

DOC 1

PISTE 104

Le rap au top.

Le rap est depuis plusieurs années déjà la musique préférée des Français. Les artistes les plus connus, ceux qui vendent le plus et remplissent les salles de concerts viennent incontestablement de la scène rap. Ce succès s'explique par le développement précoce de cette culture en France déjà à la fin des années 80. De retour des États-Unis, des précurseurs ont importé et diffusé les premiers vinyles dans l'Hexagone. Les années 90, elles, ont vu une accélération et une explosion du phénomène avec des groupes et des artistes qui ont fait la une de l'actualité musicale.

Dans les années 2000, des radios en quête de nouveaux publics ont commencé à diffuser en boucle ces nouveaux sons et les oreilles des Français se sont petit à petit habituées à ce nouveau langage et ces rythmes accrocheurs.

Souvent associé aux banlieues et aux cités, le rap reste une musique principalement urbaine mais touche aujourd'hui toutes les couches sociales. Tout le monde en écoute et les applis de streaming font la part belle aux rappeurs.

Mouvement résolument créatif et tourné vers l'avenir, le rap a peu à peu mis de côté le ton revendicateur de ses débuts pour se faire plus accessible tout en restant toujours aussi fédérateur pour les puristes. Les détracteurs restent encore nombreux, reprochant au rap son manque de mélodie et ses mots souvent trop violents, mais difficile désormais de ne pas reconnaître objectivement la richesse artistique de cette musique qui propose une palette d'artistes extrêmement variés et des styles différents, parfois plus dansants et festifs mais aussi quelquefois plus conscients et plus proches de la réalité de tous les jours.

Musique de partage, reposant aussi sur les nombreuses collaborations croisées entre les artistes, le rap fête ses quarante ans en France et il est désormais récompensé par de nombreux prix musicaux, la route vers un succès toujours plus croissant est donc largement tracée et le futur s'annonce productif et plus que jamais radieux.

ACTIVITÉS

DOC 1 **Activité 1** **Vrai ou faux ?**

	Vrai	Faux
1. Le rap est arrivé récemment en France.	☐	☐
2. Dans les années 90 que cette musique a connu un essor important.	☐	☐
3. Les radios ont joué un rôle essentiel dans le succès actuel du rap.	☐	☐
4. Le rap a du mal à se diffuser ailleurs que dans les banlieues des grandes villes.	☐	☐
5. Le rap est aujourd'hui encore une musique uniquement revendicatrice.	☐	☐
6. Il y a de plus en plus de diversité dans le rap actuel.	☐	☐
7. Personne n'ose plus critiquer cette musique de nos jours.	☐	☐
8. Le mouvement tend néanmoins à s'essouffler.	☐	☐

SCORE : ....

DOC 1 **Activité 2** **Associez les expressions de même sens.**

1. un précurseur •	• a. qui unit les gens
2. diffuser en boucle •	• b. les milieux sociaux
3. rythmes accrocheurs •	• c. quartiers de périphérie
4. les cités •	• d. un avenir heureux
5. fédérateur •	• e. faire écouter sans cesse
6. les couches sociales •	• f. un pionnier
7. un futur radieux •	• g. une musique qui plaît immédiatement
8. les détracteurs •	• h. les gens qui sont contre

SCORE : ....

LIRE / ÉCOUTER

DOC 2

PISTE 105

Découvrir les cultures urbaines.

Deux grandes journées seront dédiées aux cultures urbaines dans notre ville. Ce week-end, venez découvrir les cultures urbaines en assistant et en participant à de nombreux ateliers ouverts au public. Les principaux lieux du centre-ville accueilleront une kyrielle d'événements.

La journée de samedi s'ouvrira avec un atelier de graff, les meilleurs graffeurs de la ville vous attendent dès 10 heures pour repeindre à coups de bombes de peintures les murs du gymnase. La suite du programme prévoit une séance de hip-hop avec un atelier de breakdance au son de la musique des apprentis DJ des différents quartiers. L'après-midi sera dédiée aux installations des artistes avec une expo* de tableaux, de graffs et de sculptures qui seront présentés directement par leurs auteurs. En soirée ce sera le tour des arts visuels avec une expo de photos urbaines et la conférence d'un célèbre vidéaste.

La journée de dimanche sera consacrée dans un premier temps à un défilé de mode avec les dernières tendances vestimentaires venues du monde de la culture hip-hop. Place également aux sportifs avec un grand rassemblement de sports urbains.

Les skaters et les fans de BMX® se retrouveront sur la place de la mairie à 11 heures pour un grand concours de freestyle. En parallèle aura lieu une démonstration et une initiation au parkour, une discipline acrobatique qui consiste à franchir des obstacles urbains ou naturels.

En milieu d'après-midi, c'est le foot de rue qui aura les honneurs avec un grand tournoi réunissant les meilleures équipes de la ville.

Pour conclure ces deux journées, un grand concert aura lieu, avec d'abord une battle de human beatbox en ouverture, vous pouvez vous inscrire directement sur place. La battle sera ensuite suivie du live de TKJ, jeune rappeur et nouvelle figure de proue du rap français, qui sera présent spécialement pour l'occasion. On vous attend nombreux et nombreuses.

ACTIVITÉS

DOC 2 **Activité 3** **Dans quel ordre va-t-on découvrir les activités suivantes lors des journées des cultures urbaines ? Classez les éléments dans le tableau du premier événement au dernier.**

sculpture • parkour • sport collectif de rue • concert • danse hip-hop • mode • skate • graff • photos

1	
2	
3	
4	
5	
6	
7	
8	
9	

SCORE : ....

DOC 2 **Activité 4** **Répondez aux questions.**

1. Où auront lieu les journées découvertes ? → ....
2. Qui présentera les œuvres artistiques et les toiles ? → ....
3. Quel événement conclura la journée de samedi ? → ....
4. Qu'est-ce que le parkour ? → ....
5. On peut s'inscrire à la *battle de human beatbox* seulement sur Internet. → ....

SCORE : ....

À RETENIR

Les 10 mots incontournables de la séquence

- la scène rap
- la cité
- fédérateur
- revendicateur
- les couches sociales
- un atelier
- une séance
- un rassemblement
- des événements
- une expo

Pour aller plus loin ou en savoir plus sur ce thème

Que pensez-vous des cultures urbaines ?
Se développent-elles dans votre pays ?

- **Une vidéo sur les arts de la rue :** https ://www.youtube.com/watch ?v=BNgBwaBk6UU
- **Un panorama global :** https ://fr.wikipedia.org/wiki/Cultures_urbaines# :~ :text=La%20locution%20cultures%20urbaines%2C%20g%C3%A9n%C3%A9ralement,issues%20de%20l'espace%20urbain

3 Partager des expériences

LIRE / ÉCOUTER

DOC 1

PISTE 106

Les jeunes papas du Parlement.

Les Suisses devront dire, le 27 septembre, s'ils acceptent d'offrir deux semaines aux nouveaux pères. Témoignages d'élus qui viennent d'être concernés et qui ont tous vécu des réalités différentes. À l'image en somme de tous les pères de ce pays.

Philippe Jeannod, papa d'un petit garçon de 15 mois, n'a pris que trois jours directement après la naissance. Il admet aujourd'hui que c'était trop peu. Travailleur indépendant, il a dû se payer ses congés lui-même, mais a pu compter sur un chef de groupe compréhensif qui lui a permis d'organiser un emploi du temps flexible. Il pense que nous avons besoin d'un congé paternité flexible, qui permette aux parents de bien s'organiser à l'arrivée d'un enfant. Cependant, il est contre le projet de loi qui lui semble insuffisant, il souhaite un congé parental de 16 semaines à partager entre les deux parents pour assurer l'égalité entre eux.

Avec un garçon de 3 mois et une fille de 21 mois, Christophe Lamarck ne veut pas du congé paternité, qu'il considère coûteux et inutile. Pour lui, le système actuel suffit, même s'il reste très évasif sur sa situation personnelle, jugeant que l'éducation d'un enfant est la tâche de toute une vie et qu'un père ne peut pas faire grand-chose au cours des premières semaines, si ce n'est apporter un soutien logistique et émotionnel. Il votera contre le projet.

Giulio Lombardi n'a pas pu assister à la naissance de sa fille le 15 décembre car il était en session parlementaire. Il le regrette, mais estime que le congé paternité n'aurait pas changé grand-chose, il aurait pu toutefois vivre la première journée avec sa fille. Il a pris deux semaines à Noël sur ses vacances. Pour lui, plus de doute aujourd'hui, le congé paternité est une nécessité pour renforcer le rôle des pères et il votera oui sans hésiter à un projet qu'il estime raisonnable et financièrement viable.

Hans Ehrlich a pu s'octroyer un mois après la naissance de chacune de ses deux filles, qui ont 5 et 2 ans, en les payant de sa poche, ce qu'il considère comme un privilège. Mais un mois ne lui semble pas suffisant et rêve d'un congé sur le modèle nordique, d'au moins une année, à répartir entre les parents. Il votera oui au projet de loi, même imparfait, car la situation qu'il a vécue l'a renforcé dans ses convictions que le père doit prendre sa part de responsabilités au quotidien.

ACTIVITÉS

DOC 1 **Activité 1** **Vrai ou faux ?**

	Vrai	Faux
1. Il n'y a pas de congé paternité en Suisse.	☐	☐
2. Une loi pour l'instaurer vient d'être votée.	☐	☐
3. Les personnes interrogées sont parlementaires et nouveaux pères.	☐	☐

SCORE : ....

DOC 1 **Activité 2** **Indiquez (☑) à qui correspondent les affirmations du tableau. Attention, il y a un intrus.**

	Philippe Jeannod	Christophe Lamarck	Giulio Lombardi	Hans Ehrlich
1. Ça ne sert à rien.	☐	☐	☐	☐
2. Il faut que les deux parents se répartissent les jours de congé	☐	☐	☐	☐
3. Le projet n'est pas idéal, mais je voterai oui.	☐	☐	☐	☐
4. C'est un très bon projet, très équilibré.	☐	☐	☐	☐
5. Je ne voterai pas en faveur de ce projet.	☐	☐	☐	☐
6. Le rôle du père est de nourrir sa famille, sa place est au travail, pas à la maison.	☐	☐	☐	☐
7. Pendant les premiers jours d'un bébé, la présence du père n'est pas très utile.	☐	☐	☐	☐

SCORE : ....

LIRE / ÉCOUTER

DOC 2a

PISTE 107

On se jette à l'eau !

– Ça te dirait de faire de la plongée sous-marine avec moi ?

– Oui, ça fait longtemps que j'en ai envie. Tu en as déjà fait ?

– Non, jamais, mais j'y pense depuis un moment, moi aussi. J'ai regardé sur Internet, on pourrait faire un baptême de plongée à Calvi. Ça coûte 70 euros et ça dure deux heures, c'est correct, non ?

– Ah oui, ça serait super ! Allez, d'accord, on le fait.

– Il y a des places mardi, ça te va ? À 9 heures sur la plage, je fais l'inscription, d'accord ?

– Mercredi plutôt, si c'est possible.

– Attends... Oui, mercredi, à 10 heures, mais au port, pas à la plage.

– Ils fournissent le matériel, je suppose ?

– Oui, bien sûr, combi*, masque, palmes, tout ce qu'il faut ! C'est compris dans le forfait.

– Parfait ! J'ai hâte d'y être et de voir ta tête au milieu des mérous !

DOC 2b

– Alors, comment tu as trouvé ? C'était impressionnant, hein ?

– Carrément ! Déjà, le tour en bateau avant d'arriver sur le site, c'était grandiose ! Les rochers, les criques, la mer transparente...

– C'est vrai, le cadre est vraiment d'une beauté à couper le souffle ! Mais en dessous aussi, c'était pas mal, non ?

– Tu rigoles ? C'était hallucinant ! Beau et tellement tranquille par rapport à la côte, au bord de mer. Ce silence absolu, cette sérénité... Au début, ça fait un peu peur, quand même...

– Un peu, le temps de prendre des repères, de comprendre comment se déplacer. Mais après, quel pied* !

– Oui, j'ai adoré ce moment aussi. Et puis sentir son corps léger, se sentir fluide, passer au milieu des poissons comme si c'était normal... J'en avais les larmes aux yeux !

– Qu'il est sensible ! Mais je suis d'accord, c'était une grande émotion, et je te remercie de me l'avoir proposé et j'apprécie d'avoir partagé ce moment avec toi ! La prochaine fois, saut en parachute !

ACTIVITÉS

DOC 2a **Activité 3** **Choisissez la bonne réponse.**

1. Les deux amis :
   - ☐ ont déjà fait de la plongée.
   - ☐ n'ont jamais fait de plongée.
   - ☐ n'ont jamais fait de plongée ensemble.
2. Selon eux, le prix du baptême :
   - ☐ est raisonnable.
   - ☐ est excessif.
   - ☐ est très bas.
3. Le rendez-vous est fixé :
   - ☐ mardi à 9 heures sur la plage.
   - ☐ mardi à 10 heures au port.
   - ☐ mercredi à 10 heures au port.
4. Les deux amis :
   - ☐ devront apporter leur matériel.
   - ☐ pourront utiliser le matériel de l'école de plongée.
   - ☐ vont louer du matériel.

SCORE : ....

DOC 2b **Activité 4** **Indiquez à quels sentiments correspondent les expressions suivantes :**

1. j'en avais les larmes aux yeux. •
2. à couper le souffle. •
3. quel pied ! •

- • a. un plaisir intense
- • b. une émotion profonde
- • c. une grande admiration

SCORE : ....

À RETENIR

Les 9 mots incontournables de la séquence

- témoigner
- concerné
- admettre
- souhaiter
- regretter
- avoir hâte
- partager
- répartir
- ensemble

Pour aller plus loin ou en savoir plus sur ce thème

Racontez une expérience que vous avez partagée avec un(e) ami(e).

4 Lire une bande dessinée

LIRE / ÉCOUTER

DOC 1

PISTE 108

Manga ou pas manga ?

– Sammy, regarde ! Je viens d'acheter un nouveau *One Piece*, je suis trop content ! J'adore ça, tu connais ?
– C'est quoi ? Ah, un manga ! T'es japonais, maintenant, Théo ?
– Pas « un » manga, le top du manga ! C'est génial, pas besoin d'être japonais ! Tu trouves pas ?
– Non, pas trop. Je préfère la BD normale.
– C'est quoi, la BD « normale » ? Tintin et Milou ?
– Pas seulement, je lis des trucs plus récents. Je suis abonné au journal de Spirou et y a plein de genres différents. Y a même des mangas, des fois.
– Ah, tu vois ? Tout le monde aime les mangas !
– En fait, j'aime pas trop parce qu'il faut les lire à l'envers.
– Pas à l'envers, de droite à gauche ! C'est pas si compliqué, il suffit de s'habituer.
– Oui, ben moi, je suis pas habitué à commencer par la fin. Du coup, je lis la planche de gauche avant celle de droite et je ne comprends rien à l'histoire ! Déjà que c'est compliqué, les bulles sont déformées et les personnages se ressemblent un peu, je trouve.
– N'importe quoi ! Les dessins sont magnifiques et les personnages sont parfaitement reconnaissables ! Je ne sais pas ce que tu as lu, mais tu devrais essayer de lire celui-ci. Je suis sûr que ça va te plaire.

DOC 2

PISTE 109

La BD et l'Histoire.

Le dessinateur d'« *En route vers le Sud* » et de « *Mes années Soyouz* » publie « *Les Partisanes* », une variation sur la violence du parcours de l'immigré pour arriver à intégrer une communauté. Qu'elle soit d'hier ou d'aujourd'hui. Fils d'immigré italien, Allan traîne cette histoire avec lui depuis qu'il fait de la BD. Il voulait en finir, payer son dû à son père, en racontant le parcours d'un ouvrier du nord de l'Italie venu chercher du travail en France.
Son album « *Les Partisanes* » démarre sur un massacre d'émigrés italiens à la fin du XIXe siècle en Camargue. Leur crime ? Voler le pain des Français. Toute ressemblance avec une émigration plus récente n'est pas fortuite. En effet, le dessinateur rappelle que c'est toujours la même histoire qui se répète et qu'on a toujours présenté les Italiens comme des modèles d'intégration, en oubliant le prix qu'ils avaient payé pour s'intégrer, et les sacrifices qu'ils avaient dû faire.
Une négation culturelle qui, dans cette BD, prend le chemin d'un retour sur *Bella Ciao*, présentée comme la chanson des partisans alors qu'il s'agissait en réalité d'une chanson de « *mondines* » – ces ouvrières saisonnières des rizières des plaines du Pô et de Vénétie de la fin du XIXe et de la première moitié du XXe siècle.
Comme toujours, l'auteur des *Années Soyouz* s'appuie sur une tribu de personnages attachante, vivante et politisée, dont un grand père coquet, un cousin rockabilly, un autre communiste, un troisième fasciste…
Le dessin est incroyablement efficace. Allan pousse loin l'engagement autobiographique en insérant des documents de demande de naturalisation de ses ancêtres, sur lesquels est écrit « aucune tare connue ». Une mention qui est elle-même d'une violence inouïe…

D'après *franceinter.fr*

ACTIVITÉS

DOC 1 **Activité 1** **Répondez aux questions.**

1. Pourquoi Théo est-il content ? → ....
2. Sammy partage-t-il son enthousiasme ? → ....
3. Quel problème principal a-t-il avec les mangas ? → ....
4. Quels autres éléments rendent la lecture difficile ? → ....
5. Quel conseil lui donne Théo ? → ....

SCORE : ....

DOC 1 **Activité 2** **Complétez le discours de Théo avec certains adjectifs de la liste. Faites les accords nécessaires.**

compliqué • déformé • génial • japonais • magnifique • moderne • récent • reconnaissable

J'adore les mangas, même si je ne suis pas .... ! Je trouve que c'est .... ! Bien sûr, il faut lire de droite à gauche, mais on s'habitue vite, ce n'est pas très .... Je trouve que les dessins sont .... et que les personnages sont très ....

SCORE : ....

DOC 2 **Activité 3** **Choisissez la bonne réponse.**

1. Dans sa nouvelle bande dessinée, Allan raconte :
   - ☐ les aventures d'une famille italienne.
   - ☐ l'histoire du monde ouvrier en Italie.
   - ☐ les difficultés des immigrés italiens en France.
2. Les ouvriers immigrés italiens sont accusés :
   - ☐ d'assassiner des Français.
   - ☐ de prendre la nourriture des Français.
   - ☐ de ne pas travailler correctement.
3. L'auteur pense que sur le plan culturel :
   - ☐ l'immigration est une richesse, notamment pour la chanson.
   - ☐ les Italiens étaient très proches des Français et se sont facilement intégrés.
   - ☐ l'histoire officielle ne raconte pas la vérité.
4. Les personnages de cet auteur sont :
   - ☐ tristes et antipathiques.
   - ☐ sympathiques et engagés.
   - ☐ violents mais charmants.
5. Dans sa bande dessinée, l'auteur a inséré :
   - ☐ des documents officiels.
   - ☐ des dessins de ses grands-parents.
   - ☐ des archives de journaux.

SCORE : ....

LIRE / ÉCOUTER

DOC 1

PISTE 110

Pour ou contre la BD.

– Bonjour à tous, à l'occasion de l'ouverture du festival d'Angoulême aujourd'hui, nous aborderons le thème de la bande dessinée avec la fameuse question : la BD est-elle éducative ? En d'autres termes, doit-on encourager les jeunes à lire des BD ? Peuvent-ils y apprendre quelque chose ? La BD, dont les lecteurs sont de plus en plus nombreux, et pas seulement parmi les jeunes, est-elle devenue culturelle ? Pour nous aider à vous répondre, nous avons invité Lise Gaubri, professeure de français au collège. Mme Gaubri, bonjour.

– Bonjour.

– Alors, selon vous, lire des BD, c'est bien ou pas ?

– Bien, je ne sais pas, disons que lire de la BD, c'est déjà lire et y trouver du plaisir. C'est là l'essentiel.

– Même s'il y a beaucoup d'image et peu de texte ?

– Vous savez, lire une image n'est pas forcément plus facile que lire une phrase. Le lecteur doit décrypter le sens comme il le fait avec une phrase et si vous regardez un jeune en train de lire une BD, vous verrez qu'il est extrêmement concentré.

– D'accord. Je vous propose de prendre tout de suite une première question d'auditeur. Laurie, c'est à vous.

– Bonjour à tous, voilà ma question : j'ai une fille de 12 ans qui ne lit que des BD, mangas et comics surtout. J'aimerais savoir ce que je pourrais faire pour l'amener à lire autre chose. Merci !

– Alors Lise, beaucoup de parents se le demandent, comment passer de la BD à la lecture de livres ?

– Je le répète, un enfant qui lit des BD, c'est un enfant qui lit et qui aime lire. Il passera sans doute naturellement un peu plus tard à d'autres types de lecture. On peut lui proposer pour commencer des romans graphiques, des adaptations de romans en BD, il y en a de très bonnes. Selon l'univers qu'il préfère – fantastique, policier, aventures ou autres – on peut l'orienter vers des livres du même genre. Les bibliothécaires offrent une aide précieuse dans ce domaine, il ne faut pas hésiter à s'adresser à eux. Les parents peuvent aussi lire avec eux, leur faire découvrir un roman, par exemple. Mais sans jamais imposer, la lecture doit rester un plaisir.

ACTIVITÉS

DOC 3 **Activité 4** **Choisissez la bonne réponse.**

1. Le sujet de la BD est d'actualité parce que :
   - ☐ l'invitée vient de publier une bande dessinée.
   - ☐ un festival de bande dessinée vient de commencer.
   - ☐ les ventes de BD sont en hausse.
2. Lise Gaubri considère que :
   - ☐ la lecture d'une BD n'est pas forcément plus facile que la lecture d'un livre.
   - ☐ que lire une BD permet aux jeunes de se reposer.
   - ☐ que de nombreux livres ne sont pas plus intéressants que les BD.
3. L'auditrice se demande :
   - ☐ comment faire pour empêcher sa fille de lire des BD.
   - ☐ comment inciter sa fille à lire autre chose que des BD.
   - ☐ quelles sont les meilleures BD pour sa fille de 12 ans.
4. Selon Lise Gaubri :
   - ☐ le passage de la BD au livre se fait en général naturellement.
   - ☐ les enfants qui aiment lire ne sont pas nombreux.
   - ☐ on peut lire des BD toute sa vie.
5. Ce qui est important, c'est :
   - ☐ de récompenser un enfant qui lit.
   - ☐ de ne pas obliger un enfant à lire.
   - ☐ d'acheter de nombreux livres aux enfants.

SCORE : ....

DOC 3 **Activité 5** **Vrai ou faux ?**

	Vrai	Faux
1. Seuls les jeunes lisent des BD.	☐	☐
2. Un jeune qui lit une BD pense à autre chose.	☐	☐
3. Certaines BD sont des adaptations de romans.	☐	☐
4. On peut s'adresser aux bibliothécaires pour des conseils sur les genres de livres.	☐	☐
5. Les enfants doivent lire seuls, sans les parents.	☐	☐

SCORE : ....

À RETENIR

Les 10 mots incontournables de la séquence

- bande dessinée
- manga
- comics
- bulle
- univers
- romans graphiques
- personnage
- planche

Pour aller plus loin ou en savoir plus sur ce thème

La bande dessinée est-elle populaire dans votre pays ? Existe-t-il un festival comme celui d'Angoulême ? Aimez-vous lire des BD ? Lesquelles ?

https://www.bdangouleme.com/

5 Se confronter avec la langue française aujourd'hui

LIRE / ÉCOUTER

DOC 1 — PISTE 111

Un bref extrait d'un cours magistral sur l'argot.

« Il convient tout d'abord de définir ce qu'est l'argot ou plutôt les argots car il en existe plusieurs ; il s'agit d'un langage détourné, parallèle, complémentaire au français standard. À l'origine, cette langue spéciale était celle de la pègre ou plus exactement celle des gueux ou des mendiants professionnels, puis celle des voleurs, escrocs de tout genre. Chacune de ces catégories a développé ses propres règles, ses propres rites et son langage propre. Ainsi peut-on dire que l'argot provient des bas-fonds de la société. L'argot est entré aussi dans la littérature, avec des auteurs classiques comme Victor Hugo ou Émile Zola et des auteurs plus récents de polars.

N'oublions pas que l'argot évolue sans cesse, il se transforme, se modifie, s'adapte aux évolutions de la société française, et ce depuis plusieurs siècles. Il donne une richesse très vivante au français car si une langue évolue peu, si elle se fige dans ses normes, elle risque de perdre en vitalité et serait susceptible, à terme, d'être assimilée ou bien de disparaître.

Donnons enfin un exemple plus contemporain ; le verlan, ou bien « parler à l'envers », est un procédé argotique ancien qui s'est développé dans l'argot parisien des années cinquante et a pris un nouvel essor et de nouvelles formes dans les années 1970, notamment avec le langage contemporain des cités, des banlieues. »

DOC 2 — PISTE 112

Discussion en argot classique.

Le fils : Maman, t'aurais pas du fric* à me filer s'te plaît ?

La mère : Pour quoi faire ?

Le fils : Pour acheter des fringues*.

La mère : Encore ! T'es pire que ta frangine*ou quoi ?

Le fils : Mais j'ai besoin d'un futal*, le mien est devenu trop petit.

La mère : Écoute là, j'ai pas de blé*. Demande à ton daron*.

Le père : Ok… on y va après bouffer*.

Le fils : Chouette* ! En bagnole* ?

Le père : Ouais… c'est pas un bobard* au moins ? Ton fut' est trop petit ?

Le fils : Ouais, j'te jure !

Le père : Allez, j'te crois. Tiens, va me chercher une binouze* dans le frigo…

ACTIVITÉS

DOC 1 **Activité 1** **Associez les mots à leur définition.**

1. « Pègre »	a. Personne malhonnête, adepte de la tromperie et du vol.
2. « Gueux »	b. Parties basses et pauvres de la société.
3. « Escroc »	c. Milieu de voleurs, peu fréquentable, à part.
4. « bas-fonds »	d. Villes satellites près des grandes villes, à grands immeubles collectifs et population souvent défavorisée.
5. « cités, banlieues »	e. Mendiant, personne vivant dans la misère, pauvre.

SCORE : ....

DOC 2 **Activité 2** **À partir du document rédigé en argot, remettez dans l'ordre le dialogue transcrit en français standard.**

a. **Le fils** : Oui, je te promets ! → ....

b. **Le fils** : Maman, t'aurais pas de l'argent à me donner s'il te plait ? → ....

c. **Le père** : Allez, je te crois. Tiens, va me chercher une bière dans le frigo... → ....

d. **Le père** : D'accord... on y va après manger. → ....

e. **Le fils** : Pour acheter des vêtements. → ....

f. **La mère** : Écoute, j'ai pas d'argent. Demande à ton père. → ....

g. **La mère** : Encore ! T'es pire que ta sœur. → ....

h. **Le fils** : Mais j'ai besoin d'une paire de pantalons, le mien est devenu trop petit. → ....

i. **La mère** : Pour quoi faire ? → ....

j. **Le père** : Ouais... c'est pas un mensonge au moins ? Tes pantalons sont trop petits ? → ......

k. **Le fils** : Super ! En voiture ? → ....

SCORE : ....

LIRE / ÉCOUTER

DOC 3

PISTE 113

Parler de ses potes en verlan.

Mia : Tu le trouves pas un peu zarbi* en ce moment Eden ?

Enzo : Ouais… c'est auch* en ce moment chez lui… sa reum* est malade.

Mia : Il est vénère* ok je comprends trop maintenant.

Enzo : C'est kom ass*, c'est relou* aussi pour son reufré*.

Mia : Je l'aime pas trop son reufré, j'le trouve chelou*.

Enzo : Chelou mais pas chanmé*.

Mia : Ouais, juste chelou.

Enzo : T'as pas une garo* ?

Mia : T'as pas arrêté de méfu* ?

Enzo : Non. Cimer*.

Mia : Et là, c'est qui cette meuf* ?

Enzo : La reusse* de Léonie. Tu sais celle qui avait organisé la méga teuf* la semaine dernière.

Mia : Ah c'est elle ? Une teuf de guedin* y paraît.

Enzo : Un truc de ouf*… Pas trop reuché* non plus, c'était réglo* (argot).

Mia : Allez j'y vais, je dois prendre le tromé*, ma reum m'attend… a+

Enzo : Ouais, tchao.

DOC 4

PISTE 114

Dialogue d'aujourd'hui.

Joanny : Wesh* tu vas ?

Arthur : Ouais tranquille.

Joanny : T'es pas venu dimanche à la piscine, t'as fait le bolos* !

Arthur : Oh c'est bon, j'étais malade…

Joanny : Quand ça t'arrange t'es malade… j'ai le seum* que tu sois pas venu moi !

Arthur : Ok d'accord, mais je kiffe* pas trop de rien faire toute la journée à la piscine.

Joanny : En vrai, c'était trop bien ! Franchement t'abuses, viens la prochaine fois. C'est tranquille, ça passe crème*.

Arthur : Et puis j'ai pas assez de bif* pour une journée

Joanny : Des lovés*, j'en ai, je te paie l'entrée si tu veux. On s'enjaille* trop à la piscine wesh* !

Arthur : Cimer*, alors. T'as pas une clope* ?

Joanny : Une quoi ? Parle céfran* un peu !

Arthur : Une garo* en fait.

ACTIVITÉS

DOC 3 **Activité 3** **À partir du document rédigé en verlan, remettez dans l'ordre le dialogue transcrit en français standard.**

a. **Mia** : Ouais, juste louche. → ....
b. **Mia** : Tu le trouves pas un peu bizarre en ce moment Eden ? → ....
c. **Mia** : Je l'aime pas trop son frère, j'le trouve louche/bizarre. → ....
d. **Enzo** : Un truc de fou... Pas trop cher non plus, c'était honnête. → ....
e. **Mia** : Il est énervé ok je comprends trop maintenant. → ....
f. **Mia** : Et là, c'est qui cette fille ? → ....
g. **Enzo** : C'est comme ça, c'est lourd aussi pour son frère. → ....
h. **Enzo** : Louche mais pas méchant. → ....
i. **Mia** : Ah c'est elle ? Une fête de dingue/fou y paraît. → ....
j. **Enzo** : T'as pas une cigarette ? → ....
k. **Mia** : T'as pas arrêté de fumer ? → ....
l. **Enzo** : Non. Merci. → ....
m. **Enzo** : Ouais, tchao → ....
n. **Enzo** : Ouais... c'est chaud / difficile en ce moment chez lui... sa mère est malade. → ....
o. **Enzo** : La sœur de Léonie. Tu sais celle qui avait organisé la méga fête la semaine dernière. → ......
p. **Mia** : Allez j'y vais, je dois prendre le métro, ma mère m'attend... à plus tard. → ....

SCORE : ....

DOC 4 **Activité 4** **Associez les mots ou expressions à leur définition.**

1. « wesh » •	• a. Je suis énervé.
2. « bolos » •	• b. Tu exagères.
3. « j'ai le seum » •	• c. J'adore.
4. « je kiffe » •	• d. De l'argent
5. « t'abuses » •	• e. Hé, alors, salut, quoi !
6. « du bif, des lovés » •	• f. Nul, pas bon.
7. « on s'enjaille » •	• g. S'amuser, faire la fête.

SCORE : ....

À RETENIR

Les 10 mots incontournables de la séquence

- fric*
- fringues*
- bagnole*
- ouf*
- chelou*
- chanmé*
- vénère*
- bolos*
- avoir le seum*
- kiffer*

Pour aller plus loin ou en savoir plus sur ce thème

Deux dictionnaires actuels du français contemporain :

- https ://www.dictionnaires.com/argot/
- http ://www.dictionnairedelazone.fr/

PARTIE 9

Réussite, échec

1 Parler des enfants

LIRE / ÉCOUTER

DOC 1 — PISTE 115

Je suis au bout du rouleau*.

– Alors Vivien, ça va ? T'as l'air crevé* dis donc ? Qu'est-ce qui t'arrive ? Encore les gosses* ?
– Oh là là, m'en parle pas. Quelle rentrée, Je suis complètement HS*. Noémie, la grande passe en terminale et elle flippe* déjà pour le bac au mois de juin, je te dis pas le stress. Cyprien, Le petit, lui il passe en troisième, t'imagines ? la dernière année du collège, c'est l'âge bête, il écoute rien, il est complètement à l'ouest*, toujours dehors avec ses potes*, je sens qu'il va pas faire grand-chose en classe cette année.
– Bah t'en fais pas, ça va passer tout ça, t'inquiète. C'est l'âge comme tu dis. Et ils font des activités extrascolaires ?
– Ben évidemment, je cours à droite à gauche pour amener Julie à son cours de théâtre le lundi, à son cours de danse le mercredi et à son entraînement de volley le vendredi et j'accompagne Cyprien au rugby le mardi et le jeudi, bref j'ai pas une soirée libre, si en plus t'ajoutes les copains, les copines, l'école, les sorties, les histoires d'ados*, les réseaux sociaux, j'en peux plus, je suis au bout du rouleau*.
– Allez encore quelques petites années et ils seront autonomes et toi tu pourras enfin penser à toi et à ta femme. La belle vie quoi !
– Ha mais je t'ai pas dit, Sophie est enceinte, c'était pas prévu mais on attend le troisième pour début avril !

DOC 2 — PISTE 116

Je comprends rien.

– Allô Emma, c'est Vivien, ça va ?
– Salut Frangin*, ça fait plaisir ! ça va merci et toi ?
– Écoute, je t'appelle parce que j'ai besoin d'aide, je sais que tu as traversé une période un peu compliquée avec Sarah l'an passé et j'ai le même problème avec Noémie cette année.
– Oui c'est vrai mais ça va beaucoup mieux aujourd'hui. Qu'est ce qui se passe ?
– Ben pour commencer je ne comprends rien à ce qu'elle dit, elle emploie des expressions que je ne connais pas. Mais je lui ai pas appris à parler comme ça, hier elle m'a dit un truc du genre « wesh, je me suis fait tej par mon BAE, chuis en dep de ouf, lâche-moi ! »*. Quand elle parle de moi elle m'appelle « son daron » et pas son père, quand elle parle de Cyprien elle dit « mon reuf* » au lieu de mon frère.
– Je vois, bon, écoute c'est normal tous les jeunes garçons et filles parlent comme ça de nos jours, sinon ils se sentent exclus. Sarah c'était pareil, je m'y suis fait.
– Mais qu'est-ce que ça veut dire ?
– Tout simplement qu'elle s'est fait larguer* par son petit copain et qu'elle est triste. En dep, déprimée, tu saisis ?
– Quoi ? Elle avait un copain et elle me l'a jamais dit ?
– Heu Vivien, elle a 18 ans.
– Oh là là je suis vraiment au bout du rouleau.
– Mais ça se dit plus ça, faut dire je suis au BDR* ! Allez va, sois pas quécho*, Mets-toi OKLM* et ça va passer mon reuf.
– Ha non tu vas pas t'y mettre toi aussi !

ACTIVITÉS

DOC 1 **Activité 1** **Associez les mots et expressions de même sens (attention deux expressions de la colonne de gauche ont le même équivalent dans la colonne de droite).**

1. avoir l'air crevé •	• a. période de la vie où ne fait pas toujours preuve d'intelligence
2. être complètement HS •	• b. avoir peur
3. flipper •	• c. ne plus savoir où on est
4. l'âge bête •	• d. se sentir totalement épuisé
5. être au bout du rouleau •	• e. Ne sois pas préoccupé
6. t'inquiète •	• f. sembler très fatigué
7. être à l'ouest •	

SCORE : ....

DOC 2 **Activité 2** **Vrai ou faux ?**

	Vrai	Faux
1. Emma est la sœur de Vivien.	☐	☐
2. Emma a connu le même souci que Vivien il y a quelque temps.	☐	☐
3. Vivien ne comprend pas le comportement de sa femme.	☐	☐
4. Vivien a des problèmes de communication avec Noémie parce qu'elle ne lui parle plus.	☐	☐
5. Noémie emploie des mots très soutenus quand elle s'exprime.	☐	☐
6. Daron est un synonyme de frère.	☐	☐
7. Noémie a quitté son petit ami.	☐	☐
8. Noémie traverse une mauvaise période.	☐	☐
9. Emma pense que les jeunes emploient un langage différent pour exclure les parents.	☐	☐
10. Vivien était au courant de l'histoire de Noémie.	☐	☐

SCORE : ....

LIRE / ÉCOUTER

DOC 3

PISTE 117

Félicitations !

– Salut Vivien, félicitations pour la naissance de ton petit dernier. Comment il va ? Et Sophie ?

– Tout va bien merci. Il a déjà presque trois mois tu sais. L'accouchement s'est bien passé, Sophie s'est rapidement remise. Le petit a failli naître le premier avril, tu parles d'une blague. Finalement il est arrivé le 2 au matin.

– Bon, ça va te remettre un coup de boost* de t'occuper de ce petit bout de chou. Une deuxième jeunesse !

– Ha ça oui, il faut se remettre aux couches, aux nuits courtes, aux promenades en landau puis en poussette, mais bon avec Noémie et Cyprien j'ai bien géré à l'époque et Sophie aussi donc pas de souci, on est hyper rodés. C'est juste que j'ai presque 20 ans de plus, je me fatigue plus vite.

– Et les grands ils sont contents d'avoir un petit frère j'imagine.

– Surtout Noémie. Elle est radieuse, ça lui a changé la vie, elle est hyper dispo* malgré la préparation de son bac scientifique. C'est l'avantage d'avoir des enfants un peu plus grands, ils sont plus autonomes. Elle nous file un coup de main* pour plein de choses et je dois dire que même Cyprien s'y est mis, il va faire quelques courses, il va au rugby tout seul avec ses potes* et même à l'école il s'est responsabilisé, ça soulage un peu.

– Et tu as pris un congé paternité ?

– Bien sûr, je l'avais déjà fait avec les autres et j'y tiens beaucoup. On va faire moitié moitié Sophie et moi, et puis elle est déjà à la recherche d'une crèche ou d'une nounou pour dans quelques mois quand on reprendra le taf*. Et toi les tiens comment ils vont ?

– Les jumeaux ? Super bien, ils sont à la fac maintenant donc je les vois pratiquement plus, ils ont leur vie, il faut juste que leur mère et moi on assure encore leurs arrières économiquement mais je leur ai dit qu'il est temps pour eux de se trouver un petit boulot*.

– Ha ben tiens, j'ai un pote qui cherche des serveurs pour son resto, tu veux pas leur en parler ?

ACTIVITÉS

DOC 3 Activité 3 **Associez les phrases suivantes à la bonne personne, attention il y a deux intrus :**

1. a deux enfants du même âge
2. va parfois au supermarché faire des achats
3. ne prendra pas de congé parental
4. étudie beaucoup mais trouve du temps pour aider sa famille
5. a moins d'énergies qu'il y a quelques années
6. était sur le point de faire un beau poisson d'avril à ses parents
7. ressent du soulagement parce qu'on l'aide
8. est en quête d'une aide extérieure à la famille pour dans quelques mois
9. sait qu'il doit encore aider ses enfants financièrement même s'ils sont grands
10. commence à se prendre en charge
11. éprouve une joie immense depuis la naissance du petit dernier
12. a vite récupéré après l'accouchement.

Vivien	Noémie	L'ami de Vivien	Sophie	Cyprien

Intrus

SCORE : ....

À RETENIR

Les 10 mots incontournables de la séquence

- les gosses
- le collège
- le lycée
- la crèche
- la nounou
- les activités extrascolaires
- être au bout du rouleau
- les jumeaux (les jumelles)
- les darons
- un congé parental

Pour aller plus loin ou en savoir plus sur ce thème

Et dans votre pays est-ce que les enfants sont poussés à l'autonomie ou au contraire sont-ils trop protégés par les parents ?

Existe-t-il un congé parental dans votre pays ?

2 Recevoir / décerner un prix, une récompense

LIRE / ÉCOUTER

DOC 1

PISTE 118

Discours de remerciements.

Je voudrais tout simplement vous remercier de l'honneur – et de la surprise ! – que vous m'avez faits en me décernant ce prix institué par un homme aux nobles sentiments et attribué par des juges aussi équitables et compétents ; tout homme et, à plus forte raison, tout artiste, désire être reconnu. Je le désire aussi. Mais il ne m'a pas été possible d'apprendre votre décision sans comparer son retentissement à ce que je suis réellement et je me suis demandé avec perplexité ce qui m'en rendait digne à vos yeux. J'avais hâte de savoir pourquoi vous m'aviez choisi et je dois reconnaître que ces dernières nuits n'ont pas été d'un grand repos, entre l'émotion provoquée par cette annonce et l'angoisse de devoir me présenter devant votre noble assemblée. Dans le noir, les yeux grand ouverts, je suis retourné au pays de mon enfance, et j'y ai revu le petit garçon sauvage, caché dans les arbres, qui passait tout le temps volé aux tâches qui l'accablaient à lire, c'est-à-dire « partir plus loin que le regard », pour citer Maud Mérouvel. Et ce petit garçon sentait confusément, sans savoir l'expliquer, que les livres étaient un trésor plus précieux que les biens immeubles ou que les comptes en banque.

Mais très vite ce petit garçon qui se sentait prisonnier de son enfance et cherchait sans répit à s'en évader, a voulu agir, son empressement à devenir un acteur du monde était son moteur et c'est encore ce que voudrait l'écrivain aujourd'hui : agir plutôt que témoigner. Écrire, imaginer, rêver, pour que ses mots, ses inventions et ses rêves interviennent dans la réalité, changent les esprits et les cœurs, ouvrent un monde meilleur. Et cependant, à cet instant même, une voix lui murmure que cela ne se pourra pas, que les rêves ne sont que des chimères, que le vent de la société emportera ses mots.

Je veux croire que ces mots qui s'envolent, le lecteur les attrape, les fait vivre, leur permet d'exister, les rend réels, en acceptant que nous le bercions de nos illusions chatoyantes ; car oui le lecteur exige que nous le trompions par des erreurs plaisantes, pour reprendre les mots d'Ignace Reilly. Pourtant les œuvres qui sont demeurées vivantes dans la mémoire des hommes sont celles qui ont assumé le drame humain tout entier. Désormais descendu de mon arbre, je ne vois pas dans l'art la réjouissance d'un homme seul. Il est un moyen d'émouvoir le plus grand nombre d'hommes en leur offrant une image privilégiée des souffrances et des joies communes. Aloysus Chesterfield disait : « Les peines et les plaisirs ne sont rien à côté de l'absence ». L'art oblige donc l'artiste à ne pas s'isoler, à être au cœur du monde, ce monde étroit où nous sommes nés, où nous avons appris à aimer et à souffrir.

Écrire, c'est associer plus largement l'âme collective à la circulation de l'énergie spirituelle dans le monde.

ACTIVITÉS

DOC 1 **Activité 1** **Choisissez la bonne réponse.**

1. L'auteur fait un discours :
   - ☐ pour remettre un prix.
   - ☐ parce qu'il a reçu un prix.
   - ☐ pour être candidat à un prix.
2. Il se demande :
   - ☐ pourquoi il a autant de lecteurs.
   - ☐ pourquoi il a été récompensé.
   - ☐ pourquoi il écrit.
3. Quand il était petit, l'auteur :
   - ☐ n'aimait pas lire.
   - ☐ lisait beaucoup.
   - ☐ se méfiait des livres.
4. Aujourd'hui, l'auteur veut écrire :
   - ☐ pour s'amuser.
   - ☐ pour faire plaisir aux lecteurs.
   - ☐ pour avoir un effet sur le monde qui l'entoure.
5. Les œuvres qui restent dans la mémoire sont les œuvres :
   - ☐ qui racontent une belle histoire.
   - ☐ qui parlent d'amour.
   - ☐ qui traitent de la réalité des hommes.
6. L'exercice d'écrire :
   - ☐ doit s'effectuer au contact des gens.
   - ☐ est un acte solitaire.
   - ☐ est un plaisir difficile à partager.

SCORE : ....

DOC 1 **Activité 2** **Associez les émotions aux circonstances.**

	annonce du prix	discours public	enfance	raisons du choix
gratitude	☐	☐	☐	☐
émotion	☐	☐	☐	☐
incrédulité	☐	☐	☐	☐
impatience	☐	☐	☐	☐
inquiétude	☐	☐	☐	☐

SCORE : ....

LIRE / ÉCOUTER

DOC 2

PISTE 119

Une récompense bien méritée.

« Cher Tino Faktis,

C'est un cinéma ivre de liberté, un cinéma de musique et de voyages qui est à l'honneur ce soir à travers cette distinction que j'ai le grand plaisir de vous remettre. Un cinéma à l'énergie débridée, vibrant d'émotions, de sons et de créativité, un cinéma que vous avez voulu et pensé pour le peuple. Un peuple plein de vie, de rêves et de désirs, un peuple vivant et debout. [...]

Chacun de vos films est un hymne à la liberté et à la mémoire des déracinés, des êtres sans frontières ni attaches [...]. Votre œuvre s'attache aux trajectoires singulières et contrariées qui finissent toujours par triompher des déterminismes et s'arrachent au conformisme ; elle révèle, dans toute la puissance de son éclat, le désir de vie, l'élan obstiné et irrépressible d'aller de l'avant. [...]

Ce qui fait la force de votre œuvre et de votre cinéma en mouvement, c'est la place de la musique, personnage à part entière, qui est dans chacun de vos films, révolte pure et cri de tout un peuple. Une musique riche de ses influences métissées, de ses accents tsiganes et ses rythmes andalous, qui récolte toutes les récompenses.

[...] C'est pour ce cinéma libre et généreux ; pour votre œuvre qui abat tous les murs, ouvre tous les horizons et donne le goût de la vie, que nous vous rendons ce soir les hommages de la République. [...]

Cher Tino Faktis, au nom du Président de la République et en vertu des pouvoirs qui nous sont conférés, nous vous faisons Chevalier de l'ordre de la Légion d'honneur. »

ACTIVITÉS

DOC 2 **Activité 3** **Vrai ou faux ?**

	Vrai	Faux
1. Tino Faktis est réalisateur de cinéma.	☐	☐
2. Il vient de recevoir un prix pour son dernier film.	☐	☐
3. Ses films montrent des gens ordinaires dont la vie est monotone.	☐	☐
4. La musique occupe une place importante dans ses films.	☐	☐
5. C'est le Président de la République qui lui remet la distinction.	☐	☐

SCORE : ....

DOC 2 **Activité 4** **Associez chacune des définitions à un mot de la liste. Attention, il y a deux intrus.**

débridé • déraciné • irrépressible • métissé • s'arracher • récolter • abattre • s'attacher

1. s'éloigner avec effort : ....
2. passionné, frénétique : ....
3. que l'on ne peut contenir, irrésistible : ....
4. mélangé, croisé : ....
5. obtenir, recueillir : ....
6. faire tomber, détruire : ....

SCORE : ....

À RETENIR

Les 10 mots incontournables de la séquence

- honneur
- distinction
- prix
- récompense
- remettre
- décerner
- remercier
- hommage
- recevoir
- reconnaissance

Pour aller plus loin ou en savoir plus sur ce thème

J.-P. Sartre a reçu le prix Nobel de littérature en 1964 mais il l'a refusé. Comprenez-vous sa position ?

https ://www.actualitte.com/article/culture-arts-lettres/le-22-octobre-1964-jour-ou-sartre-refusa-le-prix-nobel/49834

3 S'inscrire et étudier à la fac

LIRE / ÉCOUTER

DOC 1

PISTE 120

S'inscrire à l'université avec le site Parcoursup.

Clara est en dernière année du lycée, en terminale, elle doit penser à son futur et à la fac qu'elle veut faire l'année prochaine ; quel stress !! Il faut aussi réussir le bac, mais elle ne s'inquiète pas trop, son contrôle continu est bon. Ses parents lui ont demandé de s'informer toute seule d'abord, de se faire une idée. Elle va commencer sur le site officiel Parcoursup, comme le lui a indiqué son prof principal.

Depuis le 20 décembre, toutes les formations sont présentées. Elle hésite beaucoup. Elle aimerait bien étudier à Grenoble, la ville la plus proche de chez elle, cela ne poserait pas trop de problèmes pour trouver un appart toute seule, ou en colocation, elle pourrait rentrer le week-end de temps en temps, on verra. Le vrai problème, c'est qu'elle hésite entre une école d'ingénieurs et une école de commerce. Allez, pour l'instant, on s'informe !

Les formations sont très nombreuses, plusieurs filtres permettent de sélectionner aussi bien le type de formation que la ville. Une fiche présente la formation dans les détails, le taux d'accès, le nombre de places, les débouchés… oh là là, il va falloir approfondir tout ça !! Elle a l'embarras du choix.

Ensuite, à partir de janvier, elle va devoir formuler des vœux. Des journées portes ouvertes sont proposées par les différents établissements, ça c'est cool. Il faut s'inscrire au site Internet, c'est simple on dirait. On peut faire plusieurs vœux, normal. Certaines filières sont plus sélectives que d'autres, il est écrit « l'admission se fait uniquement sur dossier, et parfois sur concours ou entretien, les universités ont la possibilité d'accepter ou de refuser votre dossier. ». Ah… alors, Clara va vraiment devoir « élargir ses horizons » comme c'est précisé sur le site et bien sélectionner ses vœux.

En mars, les vœux doivent être formulés et confirmés. C'est du boulot !! Heureusement il y a une FAQ (foire aux questions) avec plein de questions/réponses. En plus, elle en parle souvent avec ses amis, personne n'est sûr de rien, ce n'est pas facile de s'imaginer à Strasbourg, Paris, Limoges ou Brest !! La phase d'admission, les résultats en fait, est publiée à partir du 19 mai. Quel suspens !!

ACTIVITÉS

DOC 1 **Activité 1** **Vrai ou faux ?**

	Vrai	Faux
1. Clara a les idées très claires pour l'année prochaine.	☐	☐
2. Ses parents l'aident depuis le début.	☐	☐
3. Elle préférerait étudier à Grenoble.	☐	☐
4. Elle hésite entre des études d'ingénieur ou de commerce.	☐	☐
5. Sur le site Parcoursup, peu de formations sont proposées.	☐	☐
6. Elle peut formuler plusieurs choix.	☐	☐
7. Certaines filières sont sélectives.	☐	☐

SCORE : ....

DOC 1 **Activité 2** **Associez les mots à leur définition.**

1. « le bac » •	• a. Location d'un même logement par plusieurs locataires.
2. « contrôle continu » •	• b. Perspectives d'avenir en parlant d'études ou d'une carrière.
3. « colocation » •	• c. Parcours pluriannuel de formation.
4. « les débouchés » •	• d. Souhaits ou choix exprimés pour la réalisation de quelque chose.
5. « vœux » •	• e. Système d'évaluation des élèves qui prend en compte toutes leurs notes depuis le début de l'année scolaire.
6. « filières » •	• f. Abréviation. Examen qui sanctionne la fin des études secondaires en France.

SCORE : ....

LIRE / ÉCOUTER

DOC 2

PISTE 121

Le nouvel emploi du temps.

Samir : Alors, c'est bon, on commence lundi prochain ?

Igor : Oui, c'est tout bon. On a deux heures de TD lundi matin et deux heures d'amphi l'après-midi.

Samir : Ça va, on peut s'organiser même si les TD sont obligatoires. Mardi ?

Igor : C'est l'inverse, matin amphi et après-midi TD. Mercredi rien.

Samir : Comment ça rien ?

Igor : On en profitera pour étudier à la BU, préparer nos exposés et les examens.

Samir : Mouais d'accord. Et jeudi, vendredi ?

Igor : C'est plein : quatre heures d'amphi chaque matinée et deux heures de TD le jeudi après-midi. Ce sera notre emploi du temps au premier semestre. Il faut ajouter les conférences aussi, plus les deux UE libres. Tu as déjà des idées pour celles-ci ?

Samir : On peut les choisir dans d'autres UFR non ? Certaines sont plus professionnalisantes, on doit bien regarder.

Igor : Je dois filer*, j'ai rendez-vous avec Sophie. On se retrouve au RU à midi ?

Samir : Ok, ça roule.

DOC 3

PISTE 122

Préparer les examens à la BU.

Igor : On a trop de matières à réviser ! Ce n'est pas possible.

Samir : Chut ! Je te rappelle que nous sommes dans une bibliothèque...

Igor : Pfffff... je n'ai pas eu le temps de réviser à cause de tous ces TD et exposés, travaux collaboratifs, mémoires à rendre et tout ça...

Samir : Allez, allez on peut reprendre cette matière. Tu sais qu'on joue gros au premier semestre, on doit valider trente crédits ECTS.

Igor : Je sais ! Mais là je commence à paniquer un peu...

Samir : On va préparer ensemble une dissertation à partir de ce sujet si tu veux.

Igor : D'accord, bonne idée. Alors, on réfléchit chacun de notre côté sur une problématique et un plan puis on mutualise.

Samir : D'accord. Mais d'abord, on pourrait définir ensemble les termes du sujet. C'est plus facile de réfléchir à deux pour commencer.

Igor : Tu veux pas d'abord boire un café ? On se fait une pause à la cafèt'* ?

Samir : Igor, t'es pas sérieux ! Au boulot maintenant.

ACTIVITÉS

DOC 2 **Activité 3** **Associez les abréviations à leur définition.**

1. « TD » •
2. « amphi » •
3. « BU » •
4. « UE » •
5. « UFR » •
6. « RU » •

- • a. Unité de Formation et de Recherche, aussi appelé « faculté » ou abrégé en « fac ». Elle comprend les différents départements et est dirigée par le doyen.
- • b. Travaux Dirigés. Cours adressé à un groupe d'étudiants. L'assiduité aux TD est obligatoire.
- • c. Restaurant universitaire.
- • d. Bibliothèque universitaire.
- • e. Unité d'enseignement.
- • f. Salle pouvant accueillir des centaines d'étudiants, particulièrement adaptée au cours magistral.

SCORE : ....

DOC 3 **Activité 4** **Sélectionnez la réponse correcte.**

1. Igor est très :
   ☐ motivé ☐ inquiet ☐ sérieux
2. Pour préparer des examens, il faut :
   ☐ réviser ☐ aller à la cafét' ☐ se plaindre
3. Un travail écrit rédigé par un ou des étudiants visant à approfondir les enseignements reçus s'appelle :
   ☐ un mémoire ☐ un examen ☐ un exposé
4. Une dissertation est un examen :
   ☐ oral ☐ écrit ☐ les deux
5. Dans une dissertation, il faut :
   ☐ un plan ☐ une problématique ☐ les deux

SCORE : ....

À RETENIR

Les 10 mots incontournables de la séquence

- le bac
- le contrôle continu
- les vœux
- TD
- amphi
- BU
- UE
- UFR
- dissertation
- mémoire

Pour aller plus loin ou en savoir plus sur ce thème

- Pour s'inscrire à l'université en France : https ://www.parcoursup.fr/
- Le magazine des étudiants, très complet : https ://www.letudiant.fr/

4 Draguer, séduire

LIRE / ÉCOUTER

DOC 1

PISTE 123

La séduction numérique.

Explosion du nombre de sites de rencontres en ligne, formidable essor des applis sur smartphone, les règles du jeu de la séduction sont résolument bouleversées depuis une dizaine d'années.

Si autrefois il fallait compter sur soi, sur le hasard voire sur les talents d'une agence matrimoniale, de nos jours on cherche l'âme sœur ou, pour les plus fous le coup de foudre, en ligne et sur les réseaux sociaux.

Mais qu'en est-il du charme, de la lente découverte de l'être aimé, de la phase de séduction et même du romantisme ? Tout cela n'est-il pas devenu terriblement désuet ? L'amour moderne se numérise et perd peut-être son côté fleur bleue mais il faut savoir vivre avec son temps et accepter cette évolution des mœurs.

Il est cependant intéressant de se poser les questions suivantes : Est-ce que ça marche vraiment ? Combien de couples naissent réellement en ligne et s'agit-il de relations durables ? Échec ou réussite ? Écoutons ces deux témoignages qui nous éclairent sur un phénomène de plus en plus croissant et devenu presque incontournable : la séduction numérique.

DOC 2

PISTE 124

On s'est rencontré sur une appli.

Je m'appelle Julie, j'ai 38 ans. Mon copain et moi on sortait tous les deux de relations compliquées qui se sont toutes les deux soldées par un divorce. Après une période de solitude et de réflexion, je me suis rendu compte que j'avais du mal à reprendre une vie sociale et à rencontrer des gens. Un jour, une amie m'a conseillé de télécharger une appli de rencontres juste pour essayer. J'ai publié un profil sobre mais je dois dire que j'ai été surprise par le nombre de contacts que j'ai eus. Alors oui, je n'ai jamais reçu de bouquets de fleurs ni de boîtes de chocolats mais en même temps, c'est un truc* de vieux, comme la Saint-Valentin, c'est trop naze* ! Je préfère cette approche via les tchats et les messages. J'ai été très prudente et je n'ai jamais accepté de rendez-vous galant sans avoir échangé au moins un mois avec la personne car je considère qu'une personne intéressée et sérieuse prend son temps, comme moi quoi ! Je n'ai pas été harcelée non plus.

J'ai donc eu quelques aventures qui ont duré quelques mois mais sans plus. Je sentais qu'il manquait un peu de romantisme, et puis un jour Jérôme m'a contacté et là j'ai senti qu'il se passait quelque chose même à distance. Il était doux, il m'envoyait une chanson à écouter tous les jours, on avait plein de choses en commun et ça m'a touchée. Le jour où je l'ai rencontré pour la première fois, j'ai tout de suite compris. Dans ma poitrine, ça a fait boum ! On vit ensemble depuis cinq ans et c'est le bonheur. Sans cette appli, je ne l'aurais jamais rencontré.

ACTIVITÉS

DOC 1 Activité 1 **Retrouvez le mot correct pour compléter la phrase. Accordez les adjectifs et les noms si nécessaire.**

bouleversement • âme sœur • désuet • mœurs • échec • coup de foudre

1. Cela fait des années que je suis à recherche de mon .... sur les applis de rencontre.
2. Robert a connu de nombreux .... amoureux ces derniers temps, il est déprimé.
3. Des .... ? J'en ai eu deux dans ma vie, je suis immédiatement tombée amoureuse.
4. Les .... provoqués par le numérique ont des conséquences sur la façon de séduire.
5. Le monde change et les .... aussi ! Il faut s'y faire !
6. Moi je suis une partisane du charme d'antan, on me dit que je suis .... mais je m'en fiche pas mal !

SCORE : ....

DOC 2 Activité 2 **Vrai ou faux ?**

	Vrai	Faux
1. Julie a été mariée avant de rencontrer son copain.	☐	☐
2. Julie n'a jamais douté de ses capacités relationnelles.	☐	☐
3. La publication de son profil sur une appli a été un échec.	☐	☐
4. Dès qu'un homme contactait Julie via l'appli, elle souhaitait le rencontrer.	☐	☐
5. Julie a connu des cas de harcèlement en ligne sur son appli.	☐	☐
6. Jérôme envoyait des fleurs à Julie pour la séduire.	☐	☐
7. Avant de rencontrer Jérôme en vrai, Julie ne ressentait aucune émotion.	☐	☐

SCORE : ....

LIRE / ÉCOUTER

DOC 3

PISTE 125

Je suis vieux-jeu.

Adama 28 ans. Oh là là, les applis et les sites de rencontres ça fait un moment que j'ai laissé tomber. Pffff quelle galère* ! Ouais ben comme tout le monde, j'ai voulu essayer quand c'est sorti parce que c'était hyper tendance à l'époque et c'est vrai que j'ai rencontré quelques meufs*, mais franchement j'ai été déçu presque à chaque fois et je me suis souvent fait larguer au bout de quelques jours. Je trouve ça froid et ça laisse très peu de place aux sentiments. Moi, même si je suis encore assez jeune, j'appartiens à la catégorie des grands romantiques. En fait je trouve que matcher une personne en ne voyant que sa photo et ben ça empêche de savoir qui se cache vraiment derrière les apparences. C'est souvent du fake* en plus.

Moi j'ai besoin des regards, des sourires, d'entendre la voix d'une personne, de voir comment elle bouge, je veux des émotions. Et puis je ne suis pas un dragueur* à la recherche d'une aventure d'un soir. La séduction c'est quelque chose de profond, ça demande aussi d'éprouver des sentiments, de sentir battre son cœur. Je sais que ça semble ridicule de nos jours mais les gens ne se rendent pas compte que la séduction numérique c'est un truc d'algorithmes, ça n'a rien à voir avec l'amour pour moi. On passe à côté de l'essentiel, on a la quantité mais pas la qualité. Évidemment, je sais qu'il y a quelques couples qui sont nés en ligne et qui durent mais c'est une toute petite minorité. La plupart des gens qui utilisent ces applis cherchent autre chose.

Mes potes se moquent de moi parce que Je n'ai toujours pas rencontré l'âme sœur mais je laisse faire la vie et le hasard. Je sors, j'ai une vie sociale et associative, je rencontre des gens et un jour je sais que je craquerai pour quelqu'un. Un petit ciné*, une balade, un resto* pour apprendre à se connaître, un vrai moment partagé, des petites choses qui font qu'on se découvre petit à petit, tout doucement. Voilà ce que j'attends de la vie !

ACTIVITÉS

DOC 3 **Activité 3** **Associez les expressions de même sens.**

1. quelle galère •	• a. tomber amoureux / amoureuse
2. être déçu •	• b. être quitté par quelqu'un
3. matcher une personne •	• c. signaler numériquement à une personne qu'elle nous plaît
4. un dragueur •	• d. ne pas être satisfait
5. craquer pour quelqu'un •	• e. j'ai abandonné
6. J'ai laissé tomber •	• f. c'est vraiment compliqué
7. Se faire larguer •	• g. un homme qui aime séduire

SCORE : ....

DOC 3 **Activité 4** **Dans la liste suivante quelles phrases reflètent l'opinion de Adama ?**

1. ☐ Les applis en ligne c'est franchement top pour draguer des meufs.
2. ☐ Ce qui est nul c'est qu'on ne ressent rien avec les applis.
3. ☐ J'ai beau ne pas être vieux, j'aime le charme désuet de la séduction lente.
4. ☐ Une photo ne suffit pas pour savoir si une personne nous plaît ou pas.
5. ☐ Les sensations passent très bien à travers le numérique.
6. ☐ Les couples qui se sont rencontrés en ligne c'est du solide !
7. ☐ Les applis c'est bien pour avoir plein de relations mais pas pour trouver le grand amour.
8. ☐ On rit de moi mais ça m'est égal.
9. ☐ J'ai perdu tout espoir de rencontrer l'amour de ma vie.
10. ☐ Pour savoir si on a rencontré la bonne personne il ne faut pas être pressé.

SCORE : ....

À RETENIR

Les 10 mots incontournables de la séquence

- draguer
- les applis de rencontre
- le coup de foudre
- se faire larguer
- matcher
- l'âme sœur
- craquer
- le harcèlement
- une meuf
- un échec

Pour aller plus loin ou en savoir plus sur ce thème

- Un coach pour la séduction ?
  https ://moncoachingseduction.com/seduction-en-ligne/
- Séduire ou draguer ?
  https ://www.youtube.com/watch ?v=qO5Rx4eDCdc

5 Jouer aux cartes ou aux jeux de société

LIRE / ÉCOUTER

DOC 1 — PISTE 126

Tu me fends le cœur !

Hugo : On fait une belote demain soir, avec Fred et Anne ?

Enora : Encore ! T'en as pas marre* de jouer aux mêmes jeux depuis des années ?

Hugo : Ben non ! T'aimes plus la belote ?

Enora : On pourrait changer un peu, non ? Tu connais, le 6 qui prend ?

Hugo : Non, c'est quoi ?

Enora : Un jeu de cartes que j'ai acheté il y a quelques jours. On a 10 cartes chacun avec des numéros qui vont de 1 à 184. Sur la table, il y a 4 cartes. Il faut faire des séries de 5 cartes qui se suivent. À chaque tour, les joueurs retournent une de leurs cartes et la posent sur la table, juste après la carte dont elle est la plus proche. Par exemple, s'il y a la carte n° 9 sur la table et que tu retournes la carte n° 10, tu la places juste après la carte n° 9.

Hugo : Oui, jusque-là, j'ai compris, mais je ne vois pas l'intérêt…

Enora : Mais si ! Comme tout le monde retourne une carte en même temps, et qu'on commence par poser la plus petite, tu n'es pas sûr de placer ta carte où tu voulais. Par exemple, s'il y a la carte 9 sur la table, tu retournes la carte 12 en pensant la mettre après le 9. Mais si d'autres joueurs ont retourné le 10 et le 11, ils passent avant toi. Du coup, ta carte peut se retrouver en sixième position d'une série et dans ce cas, tu as perdu et tu ramasses les cinq cartes déjà sur la table. Chaque carte vaut un certain nombre de points, les « têtes de bœuf », entre 1 et 7 points par carte. Celui qui en a le plus dans ses plis à la fin a perdu, il faut donc en avoir le moins possible.

Hugo : Hmm… C'est pas très clair, mais on peut essayer. C'est plus facile en voyant. Écoute, moi, je veux bien proposer à Fred et Anne, mais je ne sais pas s'ils voudront innover. T'as intérêt à leur faire un tuto* pour qu'ils s'entraînent avant !

Enora : Ah ok ! Je fais ça cet après-midi !

ACTIVITÉS

DOC 1 **Activité 1** **Vrai ou faux ?**

	Vrai	Faux
1. Hugo propose à Enora de jouer aux cartes avec des amis.	☐	☐
2. Enora trouve que le jeu est un peu monotone.	☐	☐
3. Elle propose un nouveau jeu.	☐	☐
4. Hugo comprend parfaitement la règle du jeu.	☐	☐
5. Enora va faire une vidéo d'explication pour leurs amis.	☐	☐

SCORE : ....

DOC 1 **Activité 2** **Soulignez les 4 erreurs dans la règle du jeu et corrigez-les en dessous.**

Ces drôles de cartes valent de 1 à 5 « têtes de bœuf » chacune.

Votre but : en récolter le plus possible.

En début de manche vous recevez 12 cartes. À chaque tour, les joueurs choisissent une carte et la révèlent à tous en même temps : ces cartes sont ajoutées à l'une des 4 séries qui se forment sur la table. Celui qui doit jouer la septième carte d'une série « récolte » les 5 premières… et toutes leurs têtes de bœuf !

SCORE : ....

LIRE / ÉCOUTER

DOC 2

PISTE 127

Les jeux de société.

Connaissez-vous Dobble®, Skyjo® ou Défifoo® ? Pas encore ? Alors ce week-end, au Palais des Expositions de La Baule, ne manquez pas le salon international des jeux de société. De vendredi à dimanche, c'est le rendez-vous de tous les amateurs de jeux de plateau ou de cartes, à deux, à trois ou à dix, des plus élémentaires comme la bataille aux plus cérébraux comme les échecs. Vous pourrez jouer à tous les jeux classiques et populaires – Monopoly®, Cluedo® ou Trivial Pursuit® – mais aussi vous initier à des jeux plus confidentiels, souvent tout aussi amusants, et même exotiques comme le Mah-Jong ou l'awélé.

Des joueurs professionnels vous attendent également, que vous pourrez défier dans leur spécialité. Vous pourrez vous mesurer à ce qui se fait de mieux dans la compétition ludique. Par exemple, les champions de France de belote, de dames et de go seront présents samedi après-midi pour quelques parties inoubliables.

Vous pourrez également découvrir les nouveautés de l'année avec les créateurs et les illustrateurs de plus de 50 nouveaux jeux. Le meilleur d'entre eux sera désigné par un jury de professionnels qui lui remettra le Pion d'or au cours de la cérémonie de clôture.

Astuce, culture ou rapidité, stratégie ou intuition, mais aussi mauvaise foi ou art du mensonge, mettez tout en œuvre, mais sans tricher, pour battre vos adversaires et remporter la partie au Salon international des jeux de société, du 12 au 15 mai, au Palais des Expositions.

ACTIVITÉS

DOC 2 **Activité 3** **Complétez l'affiche de l'événement.**

La Baule

.... international des jeux de ....

du .... au .... mai

.... des Expositions

SCORE : ....

DOC 2 **Activité 4** **Choisissez la bonne réponse.**

1. Le salon international des jeux de société propose aux visiteurs :
   - ☐ de regarder des gens jouer à des jeux de société.
   - ☐ de jouer à des nouveaux jeux de société.
   - ☐ de jouer à des jeux de société anciens ou nouveaux.
2. Le salon s'adresse :
   - ☐ aux joueurs professionnels.
   - ☐ aux joueurs amateurs.
   - ☐ aux joueurs amateurs ou professionnels.
3. Le Pion d'or est :
   - ☐ une récompense décernée par le public.
   - ☐ le présentateur de la cérémonie de clôture.
   - ☐ un prix remis par un groupe de professionnels.
4. Pour gagner, il faut :
   - ☐ être parfaitement honnête.
   - ☐ réfléchir et prendre son temps.
   - ☐ faire preuve de malice et de fourberie.

SCORE : ....

À RETENIR

Les 10 mots incontournables de la séquence

- carte
- pion
- belote
- échecs
- tricher
- règle
- pli
- défier
- manche
- remporter

Pour aller plus loin ou en savoir plus sur ce thème

Rédigez la règle de votre jeu favori.

Allez sur ce site pour trouver le jeu de société qui vous correspond le mieux.

https ://www.lemonde.fr/guides-d-achat/article/2019/11/25/les-meilleurs-jeux-de-societe-pour-adultes_6020489_5306571.html

PARTIE 10

Controverses

1 Donner son avis sur...

LIRE / ÉCOUTER

DOC 1 — PISTE 128

Chanteurs en herbe.

Un début de saison très difficile pour les nouveaux coachs de *Chanteurs en herbe* ! Sur la Toile, les internautes ne cachent pas leur déception face aux choix des juges, avec lesquels ils sont bien souvent en désaccord.

Les semaines passent et se ressemblent dans l'émission *Chanteurs en herbe*. Si les jurés redoublent d'originalité pour sélectionner des talents qui composeront à la perfection leurs équipes, les internautes commencent à en avoir assez de leurs choix, et de leurs mimiques, qu'ils partagent de moins en moins souvent. Et l'épisode de samedi n'a pas prouvé le contraire ! Avec pourtant 4,2 millions de téléspectateurs, soit 23,1 % de parts de marché, tout porte à croire que les fans sont toujours aussi présents pour la célèbre émission de chant de Canal 1. Malheureusement, si les chiffres sont dithyrambiques, les commentaires des internautes le sont beaucoup moins.

« *Chanteurs en herbe*, c'est nul », a tout simplement estimé un téléspectateur peu imaginatif, tandis que d'autres ont beaucoup plus détaillé leurs sentiments. Il y a ceux qui fustigent les juges et contestent leurs décisions, considérant qu'ils font mal leur travail : « *C'était très très très bien mais je ne me suis pas retournée parce qu'il y avait beaucoup de faussetés* » dixit la n° 2 du jury. Il faut l'entendre ! N'est-elle pas censée apporter son expérience lors du coaching ? J'enrage ! ».

Un autre approuve : « Trop de talents passent à la trappe, sous prétexte que... "c'était pas parfait". Vous servez à quoi les coachs ?! »

Le choix de la langue est également remis en cause : « *Chanteurs en herbe* pour moi est une superbe émission mais le jury est moins bon que précédemment. Et puis si tu ne chantes pas anglais tu es pratiquement sûr de ne pas être pris, c'est énervant ! ».

Et il y a ensuite ceux qui démolissent tout simplement les candidats : « Résumé de la soirée, plus tu chantes mal, plus t'as de chance d'être pris », ou bien « Nulle nulle cette saison, des juges qui se retournent quand ça chante faux ! Et si ça chante bien : bizarre, personne... C'est quoi ce bazar !!!! ».

Des commentaires qui ne feront certainement pas plaisir aux membres du jury !

ACTIVITÉS

DOC 1 **Activité 1** **Vrai ou faux ?**

	Vrai	Faux
1. La nouvelle saison de l'émission Chanteurs en Herbe ne plaît pas aux internautes.	☐	☐
2. Les internautes ne partagent pas l'avis des jurés.	☐	☐
3. Lors de l'épisode de samedi, la tendance s'est inversée.	☐	☐
4. Il y a beaucoup moins de téléspectateurs qu'avant.	☐	☐
5. Les candidats aussi sont la cible des critiques.	☐	☐

SCORE : ....

DOC 1 **Activité 2** **Associez les commentaires à l'émission, aux jurés ou aux candidats en indiquant si elles sont positives (+) ou négatives (–).**

	Chanteurs en Herbe	Les jurés	Les candidats
1. chiffres dithyrambiques			
2. Superbe(s)			
3. Beaucoup de grimaces			
4. Fait/font preuve d'originalité			
5. Nul(s)			
6. Ne fait / font pas ce qu'on attend d'elle / d'eux			
7. Utilise(nt) l'anglais			
8. moins bon(s) qu'avant			

SCORE : ....

LIRE / ÉCOUTER

DOC 2

PISTE 129

Sartre et Aron.

Sartre, Aron. Le débat posthume entre deux de nos plus grands intellectuels du XXe siècle n'est pas près de s'achever. Nés en 1908, condisciples à l'École Nationale supérieure, enseignants, penseurs de l'histoire, de l'engagement, réconciliés sur le tard, en 1979, pour un dernier combat en faveur des boat people, la vie des deux hommes a pratiquement traversé le siècle.

La mise en évidence des différences d'opinion et d'analyse entre les deux intellectuels demeure tentante. D'un côté, le philosophe rebelle à l'institution, refusant les honneurs et les prix internationaux. De l'autre, le mandarin comblé d'honneurs, collectionnant les titres. En fait, la vérité est plus complexe. Sartre n'a jamais dédaigné le fait d'être « nominé ». Aron est resté longtemps très mal vu des universitaires.

Sur le marxisme, sur la décolonisation et tant d'autres sujets, leur opposition est aussi légendaire. On en retint une formule devenue classique : « Mieux vaut avoir tort avec Sartre que raison avec Aron. » Or Aron lui aussi fit des erreurs d'analyse. Ce fut un excellent philosophe de l'histoire, un sociologue érudit, mais son opposition systématique au marxisme l'a parfois empêché de voir les valeurs qu'il portait. De son côté, l'analyse de Sartre et ses solidarités de fond, y compris financières, ne furent pas toujours aussi défaillantes qu'on le dit. Et à l'étranger, Sartre demeure sans doute notre philosophe contemporain le plus étudié. Certes, la fin de sa vie est dramatique puisqu'il devient aveugle en 1976, ne pouvant plus lire ni écrire.

Peut-être trouvera-t-on un jour les raisons de l'étrange symbiose qui lie encore chacun de nous à eux. Sartre et Aron, deux éminents témoins de la conscience universelle au XXe siècle ? À vrai dire, plutôt deux personnalités attachantes, agaçantes, qui continuent de nous interroger, plus de vingt ans après leur mort.

ACTIVITÉS

DOC 2 **Activité 3** **Sartre, Aron ou les deux ? Indiquez (☑) à qui correspondent les affirmations suivantes. Attention, il y a un intrus.**

	J.-P. Sartre	R. Aron
1. hostile au marxisme	☐	☐
2. étudiant à l'école Nationale Supérieure	☐	☐
3. brillant sociologue	☐	☐
4. engagé pour les boat people	☐	☐
5. a vécu près de 100 ans	☐	☐
6. toujours très étudié dans les autres pays	☐	☐
7. n'acceptait pas les récompenses	☐	☐
8. a perdu la vue	☐	☐

SCORE : ....

DOC 2 **Activité 4** **Retrouvez les mots correspondant aux définitions suivantes.**

1. Personnage savant faisant figure de potentat dans son domaine : ....
2. Association étroite et harmonieuse entre des personnes : ....
3. Faible, inefficace : ....
4. Énervant, irritant : ....
5. Considérer quelque chose comme indigne, mépriser : ....

SCORE : ....

À RETENIR

Les 10 mots incontournables de la séquence

- désaccord
- choix
- estimer
- considérer
- solidarité
- fustiger
- approuver
- contester
- débat
- engagement

Pour aller plus loin ou en savoir plus sur ce thème

Donnez votre avis sur les sujets suivants :

1. le film ayant obtenu l'Oscar du meilleur film
2. le régime vegan
3. la nouvelle coiffure de votre star préféré(e)
4. les quotas de femmes parmi les dirigeants d'entreprises
5. le dernier livre que vous avez lu

2 Se plaindre, râler

LIRE / ÉCOUTER

DOC 1 — PISTE 130

Alice ne veut pas faire ses devoirs de vacances.

Alice : Pffffff c'est ennuyeux !

Papa : Mais non ! Il est très bien fait ce cahier de vacances.

Alice : C'est toujours la même chose…

Papa : Alors commence par ce qui t'intéresse.

Alice : Et puis ils nous ont donné trop de pages à faire ! Moi, pendant les vacances, je veux me reposer !

Papa : Allez, arrête de ronchonner, ça ne sert à rien. Et puis quelques minutes chaque jour, ce n'est pas la fin du monde, tu as largement le temps de t'amuser, de sortir, de lire…

Alice : Et en plus, il y a les lectures obligatoires !!

Papa : Oh là là, ce que tu es ronchonne aujourd'hui…

Alice : J'en ai ras-le-bol*… j'ai fait deux pages et je n'en peux déjà plus.

Papa : Tu perds toute ton énergie en vaines protestations. Concentre-toi.

Alice : Ah non !! Je ne colorie pas cette page, c'est inutile !

Papa : Bon ça suffit, va faire un petit tour, change-toi les idées, tu es de trop mauvaise humeur pour l'instant.

Alice : Mmmmhh…

DOC 2 — PISTE 131

Dans les transports en commun.

Emma : Encore arrêtés au milieu de nulle part ! On n'avance pas avec ce train.

Louis : Tous les jours c'est pareil ! Et je ne te parle même pas du métro.

Emma : J'en ai par-dessus la tête de ces transports qui ne marchent pas correctement, c'est même de pire en pire.

Louis : Moi, j'ai arrêté de prendre la voiture, c'était devenu impossible ; des bouchons, des gens qui ne savent pas conduire, des travaux… l'horreur.

Emma : S'ils n'investissent pas sur la qualité des transports publics, la circulation va augmenter et la pollution aussi.

Louis : Vu la qualité des transports, on n'est pas sortis de l'auberge…

Emma : Je vais écrire un courriel de protestation à la région, je ne veux plus me contenter de me plaindre et de pester dans mon coin, il faut agir !

Louis : En plus, je les trouve sales ces trains… l'entretien laisse à désirer franchement…

Emma : C'est justement ce que je suis en train de te dire, rouspéter ne suffit plus, il faut agir !

Louis : Je ne râle pas, je m'exprime !

ACTIVITÉS

DOC 1 **Activité 1** **Vrai ou faux ?**

	Vrai	Faux
1. Alice adore faire ses devoirs de vacances.	☐	☐
2. Papa est d'accord avec Alice.	☐	☐
3. Alice se plaint.	☐	☐
4. En avoir ras-le-bol est un synonyme de « en avoir marre ».	☐	☐
5. « Ronchonner » veut dire « exprimer sa mauvaise humeur en se plaignant de manière continue ».	☐	☐

SCORE : ....

DOC 2 **Activité 2** **Associez les mots et expressions à leur définition.**

1. « j'en ai par-dessus la tête » •
2. « on n'est pas sorti de l'auberge » •
3. « pester » •
4. « dans son coin » •
5. « rouspéter » •

• a. Manifester son mécontentement, sa colère, par des paroles.
• b. En avoir plus qu'on peut en supporter.
• c. De manière isolée.
• d. Ne pas en avoir fini avec les difficultés ou les ennuis.

SCORE : ....

LIRE / ÉCOUTER

DOC 3

PISTE 132

Se plaindre de son chef.

Kenzo : T'as vu ? Pas de bon poil ce matin notre chef.

César : Oui, c'est le moins qu'on puisse dire ! Bougon je dirais.

Kenzo : Il paraît qu'il s'est disputé avec Chantal de la comptabilité.

César : De toute façon, c'est difficile de travailler avec lui, il n'apprécie pas les critiques.

Kenzo : Il en a peut-être ras la casquette de nos jérémiades.

César : C'est son boulot ! Il doit nous écouter, même si on râle de temps en temps...

Kenzo : Tout le temps tu veux dire ! On revendique trop de choses, il ne sait plus comment répondre à nos exigences. Du coup, il s'énerve, il s'isole, il devient bougon.

César : Ouais enfin il s'isole, pas tant que ça ! Il a toujours ses chouchous*...

Kenzo : Comme par hasard, ceux qui râlent le moins ! Les plus constructifs.

César : Bon ok, mais râler, avoir des revendications, protester fait partie du caractère national !

Kenzo : ça c'est sûr... Mais il y a râler et râler. On peut revendiquer calmement avec courtoisie, ça favorise le dialogue avec la hiérarchie. Sinon, c'est juste pour le plaisir de se plaindre sans vraiment vouloir trouver des solutions.

César : Je trouve quand même que le dialogue ça se fait à deux, et qu'on ne peut pas discuter avec un chef aussi peu ouvert.

Kenzo : Tiens il arrive, tu peux le lui dire si tu veux, c'est le bon moment...

DOC 4

PISTE 133

Râler contre la société au bistrot du coin.

Gégé : Ouais, on en a plein le dos de tout ça !

Robert : Ouais ! ça peut plus durer cette situation !

Gégé : C'est de pire en pire, j'vous dis ! On paie, on paie et tout va mal !

Robert : Ils veulent notre pognon*, et puis c'est tout, c'est bien vrai ça.

Gégé : En plus, t'as vu aux infos toutes ces grèves, ces manifestations. Les gens ils veulent plus travailler de toute façon, tous des fainéants !

Robert : J'te parle même pas de toutes ces catastrophes climatiques comme ils disent. Inondations, étés torrides, raz-de-marée, le temps est tout détraqué. C'est de leur faute tout ça.

Gégé : Ouais... mais faire quoi ? On peut juste constater, on nous demande pas notre avis à nous !

Robert : J'suis bien d'accord, il y a un déficit démocratique dans ce pays ! Même si la dernière fois, je suis pas allé voter.

Gégé : Ah bon ? Alors de quoi tu te plains ?

Robert : J'ai oublié, voilà, ça arrive non ? Et puis, ils sont tous pareils d'abord !

Gégé : Mouais...

ACTIVITÉS

DOC 3 **Activité 3** **Associez les mots à leur définition.**

1. « pas de bon poil »	a. Individu de mauvaise humeur.
2. « bougon »	b. Montrer son opposition avec force.
3. « (en avoir) ras la casquette »	c. Plaintes sans fin et importunes.
4. « jérémiades »	d. De mauvaise humeur.
5. « protester »	e. En avoir assez, en avoir marre.

SCORE : ....

DOC 4 **Activité 4** **Sélectionnez la réponse correcte.**

1. L'expression « On en a plein le dos » indique :
   - ☐ que tout va bien ☐ que tout va mal ☐ qu'on en a marre
2. Robert et Gégé dénoncent tout d'abord :
   - ☐ les impôts ☐ les transports en commun ☐ la circulation
3. Ensuite, ils dénoncent :
   - ☐ l'absence de personnel ☐ l'absence de volonté de travailler
   - ☐ l'absence de solutions
4. Le problème suivant est d'ordre :
   - ☐ climatique ☐ civil ☐ social
5. Enfin, le dernier problème ce sont :
   - ☐ les prix ☐ les élections ☐ les dérèglements climatiques

SCORE : ....

À RETENIR

Les 10 mots incontournables de la séquence

- râler
- ronchonner
- de mauvaise humeur
- se plaindre
- rouspéter
- pester
- bougon
- jérémiades
- protester
- en avoir marre

Pour aller plus loin ou en savoir plus sur ce thème

- Les Français râleurs au travail ? https ://www.biendansmontravail.fr/raleurs-pourquoi-francais-ralent/
- Râleurs par amour du débat ? https ://www.lemonde.fr/tant-de-temps/article/2017/03/31/fanny-auger-les-francais-ne-sont-pas-des-raleurs-ils-ralent-par-amour-du-debat-et-par-idealisme_5103650_4598196.html

3 Dire du mal des autres

LIRE / ÉCOUTER

DOC 1

PISTE 134

La zizanie.

– Rhooo, quelle soirée pourrie*, t'as entendu Sophie ? Elle a raconté des trucs dégueulasses* sur nous. Franchement elle est sacrément gonflée*. Non mais pour qui elle se prend ? Je pensais que c'était une amie mais après ça je vais vraiment couper les ponts avec elle.

– Ha mais tu la connais, elle est toujours en train de cracher* sur les autres, tu t'étonnes encore après toutes ces années ?

– Mais tu te rends compte ce qu'elle a balancé* sur nous ? Elle a raconté n'importe quoi en disant qu'on avait eu des problèmes d'argent l'an passé, c'est dingue* ! Je me suis retenu de lui en coller une j'te jure. Où elle est allée chercher cette histoire de ouf* ?

– Ben t'as bien fait de te retenir, de toute façon personne ne l'écoute, c'est une mytho* totale cette meuf* ! Je me demande pourquoi y a encore des gens qui l'invitent aux soirées, faut croire qu'elle doit leur faire de la peine.

– En tout cas moi c'est fini, je lui adresse plus la parole ! Et la prochaine fois qu'elle sera invitée à la même soirée que nous et ben nous on ira au ciné*, hein ?

DOC 2

PISTE 135

Clash au boulot.

– Dis donc Gabriel t'as entendu ce qui s'est passé à la réunion de ce matin ?

– Non, raconte !

– Et ben y eu un clash* entre la DRH et le responsable des ventes. Ils se sont insultés devant tout le monde, je te dis pas les noms d'oiseaux qui ont volé dans la salle. Tout le monde était choqué.

– Mais pourquoi ?

– En fait, le responsable des ventes lui a reproché d'avoir embauché des employés trop jeunes et inexpérimentés. Comme les chiffres sont mauvais, il fait retomber la faute sur le casting, tu saisis ?

– En même temps le service des ventes c'est une sacrée équipe de bras cassés, non ?

– T'es dur là, faut qu'ils apprennent, les jeunes, faut leur laisser un peu de temps.

– Aaaah, mon pauvre Lolo, toi t'es toujours prêt à défendre la veuve et l'orphelin, mais enfin quand ça va pas, faut le dire. Moi j'aurais fait pareil, et j'aurais mis les points sur les i à la DRH.

– Je te rassure, elle s'en est pris plein la tronche*, c'était limite, je pense même qu'il y aura des retours de manivelle, ça va remonter à la direction j'en suis sûr.

– Ce sera pas la première fois que des responsables s'engueulent* en public tu sais, ni la dernière.

– Ok, mais y a quand même des trucs à pas dire, je sais que ces deux-là peuvent pas se sentir mais de là à s'insulter en public, c'est franchement relou* !

ACTIVITÉS

DOC 1 **Activité 1** **Retrouvez l'expression équivalente en français standard.**

Expressions du texte (français familier)	Français standard
1. raconter des trucs dégueulasses	a. ne plus parler à une personne
2. couper les ponts avec quelqu'un	b. dire des choses méchantes
3. cracher sur les autres	c. une personne qui ment
4. une histoire de ouf	d. avoir du culot
5. un / une mytho	e. médire sur les gens
6. être sacrément gonflé/e	f. un fait incroyable

SCORE : ....

DOC 2 **Activité 2** **Choisissez la bonne réponse.**

1. Ce matin la réunion a été :
   ☐ apaisée ☐ houleuse ☐ cordiale
2. Deux employés se sont échangés :
   ☐ des gros mots ☐ des remerciements ☐ des câlins
3. Gabriel reproche au service des ventes :
   ☐ son inefficacité ☐ son mauvais fonctionnement ☐ ses retards répétés.
4. Lolo est toujours :
   ☐ compréhensif ☐ critique ☐ mesquin
5. D'après Lolo il y aura :
   ☐ une réconciliation ☐ des menaces ☐ des conséquences

SCORE : ....

DOC 2 **Activité 3** **Attribuez les expressions à chaque personnage.**

prend toujours la défense des autres • n'était pas à la réunion • a rejeté la faute sur une autre personne • a subi beaucoup d'insultes • pense qu'il faut être franc • se plaindra sans doute au directeur • pense qu'il ne faut pas exagérer • a dépassé les limites

Lolo	Gabriel	La DRH	Le responsable des ventes

SCORE : ....

LIRE / ÉCOUTER

DOC 3

PISTE 136

On dit du mal de vous ? Restez zen !

Ils se cachent parmi vos amis, vos voisins, vos collègues et n'attendent qu'une seule chose : dire du mal de vous, détruire votre réputation en racontant d'affreux bobards* ! Ne vous laissez plus faire, dites stop aux critiques vaines, aux mauvaises blagues, aux ragots* et autres potins !

Au détour d'une porte, dans les couloirs, derrière vous ou sur les réseaux sociaux, certaines personnes se régalent de casser du sucre sur votre dos. Inutile de résister : on ne peut pas plaire à tout le monde. Non ! tout le monde n'est pas tout beau et tout gentil, en revanche on peut apprendre à passer au-dessus de toutes ces mauvaises langues et de leurs propos empoisonnés.

On vous dénigre ? On dit de vous que vous êtes radin, grincheux, feignant, bavard ou pire encore ?

Rien de bien nouveau sous le soleil, Il est fréquent de vivre ces situations dans la vie quotidienne, d'ailleurs elles peuvent souvent avoir des conséquences néfastes sur vous et des répercussions sur votre propre estime. Incompréhension, culpabilité, désir de vengeance, toutes les sensations négatives que vous ressentez dans votre for intérieur vous gâchent la vie. L'important est donc de savoir repérer les personnes toxiques et de les déconcerter sans forcément leur rendre la pareille.

Jalousie, envie, frustration : voilà ce que vous devez apprendre à identifier dans les propos tenus par ces langues de vipère. Restez zen et dédramatisez car de toute façon tout cela est inévitable. Dans la plupart des cas, il s'agit de l'expression d'un mal-être que de nombreuses personnes expriment en s'en prenant aux autres, en les insultant ou en insinuant des rumeurs infondées. L'indifférence sera donc la meilleure des réponses car la plupart de vos accusateurs ne souhaitent qu'une chose : que vous réagissiez à leurs paroles afin de créer une situation de conflit.

Notre société moderne et médiatique se gave de clashs, de vannes*, de punchlines, de tacles. Posez-vous donc une simple question : Avez-vous envie de rentrer dans ce jeu de massacre et dans ce mécanisme pervers ? Si la réponse est non, sachez vous défendre en restant zen, un petit sourire en coin aux lèvres et toujours la tête haute.

ACTIVITÉS

DOC 3 **Activité 4** **Vrai ou faux ?**

	Vrai	Faux
1. L'article conseille de résoudre les problèmes en répondant aux détracteurs.	☐	☐
2. D'après l'article, beaucoup de personnes ne disent pas les choses en face.	☐	☐
3. Ces situations sont rares et exceptionnelles.	☐	☐
4. Une langue de vipère dit du mal des autres.	☐	☐
5. L'article nous dit que les critiques sont toujours fondées.	☐	☐
6. L'article préconise de ne pas s'énerver.	☐	☐
7. Selon l'article, la société actuelle aime s'alimenter de conflits et de tensions.	☐	☐

SCORE : ....

DOC 3 **Activité 5** **Associez les expressions de même sens.**

1. les ragots, les potins •	• a. les rumeurs
2. casser du sucre sur le dos de quelqu'un •	• b. se venger
3. les mauvaises langues •	• c. attaquer une personne
4. s'en prendre à quelqu'un •	• d. dire du mal d'une personne / dénigrer
5. rendre la pareille •	• e. la dispute
6. le clash •	• f. les gens qui disent du mal des autres

SCORE : ....

À RETENIR

Les 10 mots incontournables de la séquence

- cracher sur les autres
- casser du sucre sur le dos de quelqu'un
- s'en prendre à quelqu'un
- dire des trucs dégueux
- mettre les points sur les i
- un mytho
- les ragots
- dénigrer
- une langue de vipère
- couper les ponts avec quelqu'un

Pour aller plus loin ou en savoir plus sur ce thème

- **Un article :** https ://www.lexpress.fr/styles/psycho/critiquer-baver-dire-des-ragots-pourquoi-aimons-nous-dire-du-mal-des-autres_1259640.html
- Une vidéo : https ://www.rtl.fr/actu/bien-etre/pourquoi-aimons-nous-dire-du-mal-des-autres-7785688278

4 Se disputer à propos de...

LIRE / ÉCOUTER

DOC 1 — PISTE 137

Les deux sœurs se disputent.

Inès : Arrête !

Alice : Toi t'arrêtes !

Inès : Tu sors de ma chambre !

Alice : C'est toi qui m'as dit de venir !

Inès : Et ben maintenant j'veux plus, tu sors !

Alice : Je reste. Tu veux faire la commandante, mais moi j'fais c'que je veux.

Inès : C'est toi qui fais ta commandante. Je veux plus jouer avec toi !

Alice : C'est toi qui as voulu d'abord. Et puis il faut toujours jouer comme tu veux toi, t'écoutes jamais c'que je dis !

Inès : Arrête de m'embêter ! Tu sors d'ici ou je crie.

Alice : Pfff... de toute façon tu appelles toujours papa ou maman pour te défendre.

Inès : C'est pas vrai !

Alice : Je reprends mes perles et mes crayons.

Inès : Non !! J'en ai besoin. Et rends-moi ma tablette.

Alice : Non, je l'utilise.

Inès : Papa !

Alice : Maman !

DOC 2 — PISTE 138

À la poste.

Client : Excusez-moi, Madame.

Cliente : Pardon Monsieur ?

Client : Je crois que vous êtes en train de me passer devant, Madame.

Cliente : Mais pas du tout Monsieur ! Je faisais la queue avant vous !

Client : Non Madame, vous n'étiez pas dans la queue et vous essayez de me passer devant.

Cliente : Mais enfin Monsieur ! J'étais en train de préparer mes papiers et...

Client : Vous n'étiez pas dans la queue, c'est bien ce que je suis en train de vous dire.

Cliente : Monsieur ! Je me suis simplement écartée une minute et je tiens à reprendre ma place là où j'étais !

Client : Maintenant faites la queue comme tout le monde, vous commencez à m'énerver. Je ne bouge pas d'un centimètre.

Cliente : Ah mais c'est la meilleure celle-là ! Monsieur, laissez-moi vous dire que vous êtes un grossier personnage.

Client : Et vous une resquilleuse.

Cliente : Ah ben ça alors ! Je n'arrive pas à le croire ! Je ne reste pas une minute de plus ici !

Client : Au revoir Madame.

ACTIVITÉS

DOC 1 **Activité 1** **Vrai ou faux ?**

	Vrai	Faux
1. Alice et Inès s'entendent bien.	☐	☐
2. Inès veut que sa sœur sorte de sa chambre.	☐	☐
3. Alice reproche à Inès de tout vouloir diriger.	☐	☐
4. « Embêter quelqu'un » signifie « contrarier quelqu'un ».	☐	☐
5. Alice et Inès veulent échanger des objets.	☐	☐

SCORE : ....

DOC 2 **Activité 2** **Sélectionnez la réponse correcte.**

1. La situation est :

☐ tendue
☐ détendue
☐ normale

2. Il s'agit d'un problème de :

☐ numéro attribué
☐ place dans la file d'attente
☐ marchandise disponible

3. L'homme reproche à la femme :

☐ de ne pas faire la queue
☐ d'être impatiente
☐ de ne pas écouter

4. La femme reproche à l'homme :

☐ de ne pas l'écouter
☐ de lui avoir pris son numéro
☐ de lui avoir pris sa place dans la queue

5. D'après le contexte « resquilleuse » indique :

☐ une personne qui ne respecte pas les règles
☐ une personne impolie
☐ une personne discrète

SCORE : ....

LIRE / ÉCOUTER

DOC 3

PISTE 139

Scène de ménage.

Sophie : Ah arrête ! On peut pas discuter avec toi, c'est simple, tu t'énerves tout de suite !

Luc : Moi, je m'énerve !! Tu es mal placée pour parler. Tu te mets à crier à la moindre contrariété !

Sophie : Parce que tu ne m'écoutes pas ! Tu n'écoutes rien de rien ! Tu ne penses qu'à toi !

Luc : Mais ça va pas non ? Je m'occupe de la famille toute la semaine, je fais les courses, j'emmène les enfants à l'école, je les aide à faire les devoirs et...

Sophie : Et le week-end tu disparais !! Et je me tape* tout : le ménage, le sport des gosses, les repas, les visites médicales, les devoirs...

Luc : Oui, c'est vrai, je sors avec mes potes faire du sport de temps en temps !

Sophie : Et tu ne restes pas avec nous en famille ! Oui tu préfères passer du temps avec tes potes. Et ne me dis pas que vous faites seulement du sport !

Luc : Ah oui d'accord... samedi dernier on est sortis en boîte pour fêter l'anniversaire de Seb...

Sophie : Une fois c'est l'anniversaire de Seb, une autre fois c'est la nouvelle moto de Fredo, tous les prétextes sont bons pour ne pas rester à la maison !

Luc : J'ai le droit à mes sorties !! J'ai la pression toute la semaine au boulot, tu me reproches de m'évader un peu. Et puis tu peux faire pareil toi aussi !

Sophie : Eh bien c'est d'accord !

DOC 4

PISTE 140

Des visions du monde opposées.

Lucas : De toute façon, tu vois tout en noir ! Tout va mal, tout le temps avec toi !

Sofiane : Toi t'es un super naïf, tu vis au pays des Bisounours*.

Lucas : Écoute, si je t'avais écouté ces dernières années, la planète serait déjà devenue inhabitable, l'économie mondiale se serait effondrée, on serait tous morts de faim...

Sofiane : Mais c'est précisément ce qui est en train de se passer !! Tu m'énerves avec tes certitudes.

Lucas : T'es mal placé pour parler franchement... tu essaies d'appliquer une idéologie à la réalité, tu ne regardes pas les choses en face !

Sofiane : Tu te berces d'illusions mon pauvre, tu dors... le réveil va être brutal pour les naïfs comme toi. Il faut réagir, changer nos habitudes et vite !

Lucas : Et bien commence toi ! Montre-nous la voie. Tu parles, tu parles mais c'est à peu près tout.

Sofiane : Allez, j'me casse*, tu me gonfles*...

ACTIVITÉS

DOC 3 **Activité 3** **Associez les mots ou expressions à leur définition.**

1. « arrête »	a. Tu n'es pas légitime pour t'exprimer.
2. « tu t'énerves »	b. Je m'occupe de tout.
3. « Tu es mal placé pour parler »	c. Tu perds ton calme.
4. « je me tape tout »	d. Expliquer à quelqu'un que l'on désapprouve son comportement, son attitude.
5. « reprocher »	e. Stop !
6. « Scène de ménage »	f. Dispute dans un couple.

SCORE : ....

DOC 4 **Activité 4** **Associez les expressions à leur définition.**

1. « voir tout en noir »	a. Être très naïf.
2. « vivre au pays des Bisounours »	b. Être objectif.
3. « regarder les choses en face »	c. Je m'en vais.
4. « Tu te berces d'illusions »	d. Tu m'énerves.
5. « j'me casse »	e. Être négatif.
6. « Tu me gonfles »	f. Quand une personne se trompe sur un individu ou sur une situation, qu'elle refuse de regarder la réalité en face.

SCORE : ....

À RETENIR

Les 10 mots incontournables de la séquence

- arrête
- embêter
- reprocher
- s'énerver
- naïf
- se casser*
- être mal placé
- reprocher
- Bisounours
- scène de ménage
- voir tout en noir

Pour aller plus loin ou en savoir plus sur ce thème

- Dix sujets de dispute communs à tous les couples : https ://www.selection.ca/sante/vivre-sainement/10-sujets-de-dispute-communs-tous-les-couples-comment-les-regler/
- Comment se disputer sainement avec tes potes ? https ://www.madmoizelle.com/dispute-entre-potes-1016075

5 Désobéir

LIRE / ÉCOUTER

DOC 1 — PISTE 141

File dans ta chambre !

– Ah, Antoine ! Sympas les photos de la soirée chez ta copine Cristina, tu sais, le week-end dernier…

– Ah oui ? Je sais pas… Où tu as vu des photos ?

– Sur Instagram®.

– Tu suis Cristina sur Insta®, toi ? Depuis quand ?

– Oh, ça fait longtemps ! Oui, je disais : très sympa ! Autour de la piscine, dans le jardin… Ça a l'air drôlement grand, chez elle. Je comprends pourquoi tu avais tellement envie d'y aller ! Mais quand il faut réviser pour un contrôle d'histoire, il faut faire des sacrifices.

– Eh oui…

– C'est pour ça que je t'avais interdit d'y aller, tu te souviens ?

– Oui, oui, Maman, je me souviens très bien !

– Alors comment ça se fait qu'il y ait ton blouson sur une chaise, là, regarde ?

– Ben je sais pas, moi ! Pourquoi tu dis que c'est mon blouson ?

– Il est reconnaissable, là, sur la chaise, au bord de la piscine ! Attends, j'agrandis… Le blouson jaune et vert avec un petit oiseau. Tu en connais beaucoup ?

– Hmm… Oui, peut-être…

– Donc, que faisait ton blouson chez Cristina samedi dernier ?

– Alors là, je vois pas… Ah siiii !! Ça me revient, maintenant… Je l'avais prêté à Jérôme qui le kiffe* grave* et…

– Arrête de mentir ! Je t'avais interdit d'y aller et tu y es allé quand même ! Je suis très en colère et très déçue ! Tu as fait le mur* pour aller chez ta copine !! Je n'en reviens pas !

– Mais y avait tout le monde ! Si tu as vu les photos, tu as vu tous mes copains, je pouvais pas rater ça !

– Tu as 16 ans, tu es mineur sous ma responsabilité et quand je te dis quelque chose, tu dois obéir, c'est compris ? S'il arrive quelque chose, c'est moi qui en subirai les conséquences, n'oublie pas ça !

– Ok, c'est bon, j'ai compris. Ah, au fait, au contrôle d'histoire, j'ai eu 17 sur 20, pas mal comme conséquence, non ? sûrement parce que j'étais détendu après un bon week-end…

– File dans ta chambre !!

ACTIVITÉS

DOC 1 **Activité 1** **Répondez aux questions.**

1. Qu'a fait Antoine ce week-end ?

....

2. Comment sa mère l'a-t-elle su ?

....

3. Pourquoi le lui avait-elle interdit ?

....

4. Quels sentiments éprouve-t-elle ?

....

5. Pourquoi était-ce si important pour Antoine ?

....

6. Que retient Antoine de cette expérience ?

....

SCORE : ....

DOC 1 **Activité 2** **Retrouvez dans le texte les mots correspondant aux définitions suivantes :**

1. étudier en vue d'un examen : ....

2. veste de sport : ....

3. aimer beaucoup, adorer : ....

4. sortir sans permission : ....

5. manquer, louper : ....

6. reposé, tranquille : ....

SCORE : ....

LIRE / ÉCOUTER

DOC 2

PISTE 142

Désobéissance civile.

La désobéissance civile est le refus non-violent d'obéir à une loi jugée injuste ou illégitime. Théorisé aux États-Unis par Henry David Thoreau en 1849 qui avait refusé de payer des impôts pour financer la guerre au Mexique, ce concept est repris au début du XXe siècle par Gandhi appelant au boycott des produits britanniques pour engager la décolonisation de l'Inde. Martin Luther King adopte une démarche identique pour militer contre la ségrégation aux États-Unis, dans les années 50, notamment en investissant des lieux interdits aux Noirs.

Avant eux, John Locke en 1690 affirmait dans son *Second traité du gouvernement civil* que « Chaque fois que les législateurs tentent de saisir et de détruire les biens du peuple, ou de le réduire à l'esclavage d'un pouvoir arbitraire, ils entrent en guerre contre lui ; dès lors, il est dispensé d'obéir [...] ». Plus tôt encore, La Boétie expliquait dans son *Traité sur la servitude volontaire* (1574) que « si on n'obéit point aux tyrans, sans combattre, sans frapper, ils demeurent nus et défaits et ne sont plus rien [...] ». L'idée n'est donc pas nouvelle.

En démocratie et en république, la Déclaration des droits de l'homme et du citoyen du 26 août 1789 garantissant à l'article 2 le droit de résistance à l'oppression, la validité de la désobéissance civile comme forme d'action politique reste contestée car on ne voit pas pourquoi l'expression d'un désaccord devrait prendre les allures d'un refus de se plier à la règle commune dans un régime où les libertés individuelles et la défense des droits fondamentaux sont garanties. De plus, un tel refus est un comportement qui contient une menace pour la démocratie, au sens où il remet en cause le principe même d'expression de la majorité.

Pourtant, des mouvements de rébellion existent aujourd'hui encore, ils mènent des combats contre les pouvoirs publics au nom de l'écologie, de la défense de l'environnement ou de la solidarité entre les êtres humains : destruction de champs semés d'OGM **(1)**, blocage de chantiers de construction, accueil de sans-papiers sont les nouveaux modes d'action pour lutter contre des lois dont les contempteurs estiment notamment qu'elles placent le profit et le marché avant le bien-être des femmes et des hommes contraints de s'incliner devant l'économie toute-puissante. Ce qui leur fait dire avec Jean-Denis Miller que « ce qui menace la démocratie, aujourd'hui comme hier, ce n'est pas la désobéissance civile, mais l'obéissance servile. »

(1) Organismes génétiquement modifiés

ACTIVITÉS

DOC 2 **Activité 3** **Vrai ou faux ?**

	Vrai	Faux
1. C'est Gandhi qui a théorisé le concept de désobéissance civile.	☐	☐
2. Le premier à l'avoir évoqué est un philosophe anglais.	☐	☐
3. La désobéissance civile est un concept relativement récent.	☐	☐
4. Elle est difficilement compatible avec la démocratie.	☐	☐
5. Les contempteurs d'une loi sont ses défenseurs, ses partisans.	☐	☐

SCORE : ....

DOC 2 **Activité 4** **Choisissez la bonne réponse.**

1. Pour protester, Thoreau a choisi
   - ☐ de ne pas partir à la guerre.
   - ☐ de ne pas donner d'argent à l'État.
   - ☐ de donner de l'argent au Mexique.
2. L'action menée par Gandhi consistait
   - ☐ à ne pas laisser entrer les produits anglais sur le territoire indien.
   - ☐ à détruire les produits anglais présents sur le territoire indien.
   - ☐ à ne pas acheter de produits anglais.
3. Pour la démocratie, certains considèrent que la désobéissance civile
   - ☐ représente un danger.
   - ☐ est inutile.
   - ☐ doit être réglementée.
4. Selon les militants, le système économique actuel
   - ☐ contribue à éliminer certaines injustices.
   - ☐ est responsable de certaines règles injustes.
   - ☐ n'a aucun lien avec les décisions politiques injustes.
5. L'obéissance servile, c'est le fait
   - ☐ d'obéir en connaissance de cause.
   - ☐ d'obéir de manière responsable.
   - ☐ d'accepter sa propre soumission.

SCORE : ....

À RETENIR

Les 10 mots incontournables de la séquence

- boycott
- militer
- rébellion
- désobéir
- résister
- oppression
- menace
- ségrégation
- interdire
- résistance

Pour aller plus loin ou en savoir plus sur ce thème

Comment comprenez-vous la phrase de Jean-Denis Miller : « Ce qui menace la démocratie, aujourd'hui comme hier, ce n'est pas la désobéissance civile, mais l'obéissance servile. »

Connaissez-vous des exemples actuels d'actions de désobéissance civile ? Cela existe-t-il dans votre pays ?

https ://www.nddl-poursuivre-ensemble.fr/la-zad-de-notre-dame-des-landes

Exercices Bonus

1 Argot / Verlan / Textos

Exercice 1 **L'argot.** Associez chaque mot en argot avec son équivalent en français standard.

1. Une bagnole, une caisse	a. Des vêtements
2. Le fric, la tune	b. Un frère, une sœur
3. Un flic	c. Une maison
4. Être bourré	d. Un nul, naïf ou stupide
5. Faire dodo	e. Un enfant
6. Des fringues	f. Une voiture
7. Être naze	g. Une cigarette
8. Le boulot, le taf	h. Une chose, un objet
9. Un bolos	i. Un livre, lire
10. Un mec, un gars	j. La peur
11. Un pote	k. L'argent
12. Un frangin/une frangine	l. La nourriture, manger
13. Kiffer	m. Une personne fatiguée ou un objet mal en point
14. Un(e) gosse, un(e) gamin(e), un(e) môme	n. Être ivre
15. Une baraque	o. Un ami
16. Un bouquin, bouquiner	p. Dormir
17. Une clope	q. Un homme
18. La bouffe, bouffer	r. Aimer
19. La trouille	s. Un policier
20. Un bidule, un truc, un machin	t. Le travail

Exercice 2 **Le verlan.** Associez chaque mot en verlan avec son équivalent en français standard.

1. Ouf	a. Louche, bizarre
2. Chelou	b. Femme
3. Chanmé	c. Arabe
4. Être vénère	d. Merci
5. Meuf	e. Cher
6. Teuf	f. Français
7. Rebeu	g. Lourd
8. Keuf	h. Vas-y
9. Téssi	i. Génial, super
10. Cimer	j. Frère
11. Zarbi	k. Fou
12. Reuch'	l. Cité (en banlieue)
13. Céfran	m. Bête
14. Relou	n. Métro
15. Zyva	o. Être énervé
16. Reuf'	p. Cigarette
17. Tebé	q. Chien
18. Tromé	r. Bizarre
19. Garetteci	s. Policier
20. iench'	t. Fête

Exercice 3 **Les textos.** Associez chaque phrase en texto avec son équivalent en français standard.

1. Suis oqp, ok ?	a. Je vais au ciné et toi ? Tu fais quoi ?
2. Jv 6né é twa ? Tu fé koi ?	b. C'est excellent pour demain, je suis trop heureuse pour le week-end.
3. il a ri1 compri, il é tro bete, mdr	c. Je peux pas je dois rentrer chez moi
4. on svoi ssoir, a + tar	d. Je suis occupé d'accord ?
5. C xlt pr dm1, suis tro happy pr le we	e. Là j'ai un problème, je peux pas
6. jpEx pa jdoi rentr ché mwa	f. Il a rien compris, il est trop bête, mort de rire
7. é m1tenan tfè koi ? T où ?	g. On se voit ce soir, à plus tard
8. la g 1 pb, jpEx pa	h. Il y a qui pour sortir ce soir ? On se fait un ciné ?
9. Ya ki pr sortir ssoir ? on sfè 1 ciné ?	i. T'arrives à quelle heure pour l'apéritif ?
10. tariv a quL eur pr lapero ?	j. Et maintenant tu fais quoi ? T'es où ?

2 Sigles et acronymes indispensables

Sigles ou acronymes ?

- Un sigle est une suite d'initiales prononcées lettre par lettre, par exemple AFP (Agence France Presse) se prononce [aɛfpe], chaque lettre se prononce distinctement des autres.
- Un acronyme est une suite d'initiales formant un mot que l'on peut prononcer, par exemple FAQ (Foire Aux Questions) se prononce [fak], en une seule syllabe.

Exercice 1 **Écoutez puis indiquez si les éléments suivants sont des sigles ou des acronymes.**

Sport

Suite et fin de la 32e journée de Ligue 1, le LOSC reçoit l'OM dans un match décisif pour le maintien. En effet, les Lillois et les Marseillais sont à égalité à la 16e place. Le PSG se déplace chez le leader nantais ; invaincu depuis la 3e journée, le FCN compte 5 points d'avance sur le deuxième, le SCO d'Angers. Les deux équipes se retrouveront la semaine prochaine pour un match au sommet. Football international : la FIFA présente le nouveau classement international après les derniers matchs de la ligue des Nations de l'UEFA. La France reste deuxième derrière la Belgique.

Enfin, Jeux Olympiques : le Comité International Olympique a validé les propositions de l'Union Cycliste Internationale concernant les nouvelles épreuves de Vélo Tout Terrain.
Par le passé, le CIO s'était montré très méfiant vis-à-vis du VTT aux JO.

	Sigle	Acronyme
LOSC	☐	☐
OM	☐	☐
PSG	☐	☐
FCN	☐	☐
SCO	☐	☐
FIFA	☐	☐
UEFA	☐	☐
CIO	☐	☐
VTT	☐	☐
JO	☐	☐

Exercice 2 **Dans les phrases suivantes, choisissez à quoi correspond le sigle ou l'acronyme.**

1. C'est terrible, avec la crise, il y a de plus en plus de **SDF** dans les rues de notre ville.
   - ☐ Sans Domicile Fixe
   - ☐ Serpent à Dents de Fer
   - ☐ Soirée De Folie
2. Quand j'étais jeune, j'ai longtemps habité dans une **HLM** de banlieue, et ça se passait très bien.
   - ☐ Hôtellerie de Loisirs Moderne
   - ☐ Habitation à Loyer Modéré
   - ☐ Hyper Luxueuse Maison
3. Cet été, la **SNCF** propose des prix intéressants pour les jeunes, sur toutes les destinations.
   - ☐ Société Nationale des Coureurs de Fonds
   - ☐ Société Nationale des Cars et Ferries
   - ☐ Société Nationale des Chemins de Fer
4. Ma grand-mère ne veut plus rentrer à l'**EHPAD**, elle dit que c'est comme la prison.
   - ☐ Établissement d'Hébergement pour Personnes Agées Dépendantes
   - ☐ Ensemble Hospitalier Pour Adultes Délinquants
   - ☐ Entité Hôtelière avec Priorité Aux Dames
5. Je dois écrire à la **CPAM**, je n'ai toujours pas été remboursé de mes médicaments.
   - ☐ Centrale de Prévention des Allergies et des Maladies
   - ☐ Caisse Primaire d'Assurance Maladie
   - ☐ Commission Paritaire d'Aide Médicale
6. En 1975, la loi sur l'**IVG** a été une grande avancée pour les femmes.
   - ☐ Instigation à la Violence en Groupe
   - ☐ Insuffisance Ventriculaire Gauche
   - ☐ Interruption Volontaire de Grossesse
7. Le **PDG** de l'entreprise visitera notre site la semaine prochaine, préparez-vous !
   - ☐ Propriétaire Du Garage
   - ☐ Président-Directeur Général
   - ☐ Premier Dirigeant du Groupe
8. La manifestation s'est terminée par l'intervention musclée des **CRS**.
   - ☐ Compagnie Républicaine de Sécurité
   - ☐ Corps de Répression Sociale
   - ☐ Comité de Réaction Salutaire
9. Pour mon mémoire, je vais régulièrement à la **BNF**, il y a tous les documents dont j'ai besoin.
   - ☐ Bourse des Nouvelles Formations
   - ☐ Bibliothèque Nationale de France
   - ☐ Base Numérique Fondamentale
10. Avec la loi sur le mariage pour tous, le **PACS** a perdu tout son intérêt, je trouve.
    - ☐ PActe Civil de Solidarité
    - ☐ PArtenariat de Classe Sociale
    - ☐ PArticipation Civique et Symbolique

Exercice 3 **Complétez le texte avec les sigles et acronymes ci-dessous.**

a. **DROM-COM** (Départements et Régions d'Outre-Mer, Communautés d'Outre-Mer)
b. **INSEE** (Institut National de la Statistique et des Études Économiques)
c. **JT** (Journal Télévisé)
d. **OGM** (Organisme Génétiquement Modifié)
e. **OMS** (Organisation Mondiale De La Santé)
f. **OTAN** (Organisation du Traité de l'Atlantique Nord)
g. **SIDA** (Syndrome d'ImmunoDéficience Acquise)
h. **RIB** (Relevé D'identité Bancaire)
i. **TICE** (Technologies de l'Information et de la Communication pour l'Enseignement)
j. **VO** (Version Originale)

1. L'ONU élabore actuellement sa nouvelle stratégie mondiale de lutte contre le ...., maladie qui menace encore la santé publique.
2. Le .... est constitué d'un numéro qui permet d'identifier le compte bancaire d'une personne de l'Union européenne, tout comme la plaque d'immatriculation d'un véhicule par exemple.
3. Le .... de 20 heures à la télévision reste la principale source d'informations d'un grand nombre d'adultes.
4. Les .... sont les territoires français éloignés de la France hexagonale située sur le continent européen, tels que la Guadeloupe, la Guyane ou la Réunion.
5. Dans le conflit qui oppose les deux pays voisins, l'.............................. ne sait pas comment intervenir et espère que la tension va rapidement baisser.
6. Selon l'.............................., les inégalités en France ont augmenté en 2018, de même que le nombre de personnes sous le seuil de pauvreté.
7. Pas question de regarder ce film coréen en français ! Je veux la .... pour entendre les vraies voix des acteurs, et on pourra lire les sous-titres.
8. L'.............................. a pour mission de promouvoir la santé, de préserver la sécurité mondiale et de servir les populations vulnérables.
9. Malgré l'interdiction de cultiver des .... sur le territoire français, qui date de 2008, ceux-ci seraient présents dans un tiers des champs de colza et de tournesols.
10. Les .... font désormais partie du quotidien des enseignants, de la maternelle à l'Université, et plus personne ne conteste leur utilité.

Exercice 4 **Complétez le texte avec les sigles et acronymes ci-dessous.**

a. **BAFA** (Brevet d'Aptitude aux Fonctions d'Animateur)
b. **BD** (Bande Dessinée)
c. **CGT** (Confédération Nationale du Travail)
d. **CNC** (Centre National du Cinéma et de l'image animée)
e. **ENA** (École Nationale d'Administration)
f. **GPS** (Géo-Positionnement par Satellite)
g. **LSF** (Langue des Signes Française)
h. **RAS** (Rien À Signaler)
i. **RATP** (Régie Autonome des Transports Parisiens)
j. **TNT** (Télévision Numérique Terrestre)

1. Le festival de la .... d'Angoulême récompense chaque année les meilleurs albums de ce que l'on appelle également le 9e art.

2. J'étais inquiet de ne pas le voir revenir ; je lui ai envoyé un message, il m'a répondu : « .... », donc, tout va bien.

3. Mais non, ... ne signifie pas Rentre Avec Tes Pieds ! Le métro n'est pas toujours en grève, il ne faut pas exagérer.

4. C'est notamment grâce au .... que les jeunes réalisateurs peuvent avoir accès à des financements, même s'ils ne sont pas encore connus.

5. Les gens reprochent aux hommes politiques de faire partie d'une caste fermée, qui se connaissent tous, et c'est vrai qu'ils sont nombreux à avoir étudié à l'..............................

6. Avec la ...., les téléspectateurs ont accès à beaucoup plus de chaînes et l'image est d'une qualité nettement supérieure.

7. Le .... de ma voiture ne fonctionne pas, il m'a envoyé dans la zone piétonne du centre-ville, dans des toute petites rues où j'ai failli rester bloqué !

8. Cet été, Maria veut passer son ...., comme ça, elle pourra travailler dans un centre aéré avec des enfants ou encadrer des colonies de vacances.

9. La .... est un langage visuel et gestuel utilisé par les personnes malentendantes et certains entendants dans lequel l'expression du visage est très importante.

10. De tous les syndicats, seule la .... a décidé de ne pas signer le texte qu'elle ne trouve pas assez favorable aux travailleurs.

3 Franglais

Anglicismes

> Hello everybody !
>
> Petit feedback sur la conf call de ce matin : le brainstorming a permis d'identifier les points à améliorer dans nos pratiques de co-working. Jef prépare une to do list pour chacun d'entre nous, c'est lui qui prend le lead du projet, il vous briefera asap.
>
> P. Dupont
> Commercial manager

- Voici un mail que de nombreux employés pourraient recevoir. Quoi de plus normal en effet pour un cadre d'entreprise que de tenir au courant ses collaborateurs des décisions prises, des méthodes utilisées, des choix de la direction, etc. Mais le message pourrait aussi être rédigé ainsi :

> Bonjour à tous,
>
> Petit retour sur la réunion téléphonique de ce matin : le remue-méninges a permis d'identifier les points à améliorer dans nos pratiques de cotravail. Jef prépare une liste de tâches pour chacun d'entre nous, c'est lui qui prend la direction du projet, il vous tiendra informés dès que possible.
>
> P. Dupont
> Responsable commercial

- À vous de choisir !
- Il ne s'agit pas ici de dénoncer les anglicismes : les apports étrangers à la langue française ont toujours existé et ont contribué à l'enrichir, qu'ils viennent de l'anglais, de l'espagnol, de l'italien ou de l'arabe. En général, un mot nouveau accompagne une chose nouvelle : quand le sucre arrive en Europe via la Méditerranée, on le désigne par le nom que lui donnent les voyageurs arabes qui l'ont apporté, nom qu'ils ont eux-mêmes emprunté au sanskrit. Les mots voyagent et s'exportent tout autour du monde avec les choses qu'ils désignent.
- On peut cependant constater qu'ils ne sont pas toujours indispensables à la langue, quand le français dispose déjà des équivalents ; ils ne servent parfois qu'à conférer au discours et à son locuteur un aspect plus moderne, plus à la mode, plus tourné vers le monde anglo-saxon ou celui du business, pardon : des affaires, bref, à le singulariser. Rien de répréhensible, donc, s'il n'y avait le risque de devenir obscur par l'abus de ces mots importés, ou de paraître pédant. Mais après tout, le ridicule ne tue pas et dire « coach » plutôt qu'« entraîneur », « guest » au lieu d'« hôte » ou préférer « addict » à « dépendant » ou « accro » est peut-être tout simplement une question de goût.

▸ Certains anglicismes, comme week-end, camping ou bestseller, sont entrés il y a très longtemps dans la langue française.

Exercice 1 **Complétez le texte suivant avec les mots de la liste.**

boss • challenge • discount • interview • job • parking • pickpocket • pom pom girls • scoop • smartphone • sponsors

Je me souviens de mes débuts de journaliste. Mon premier ...., c'était assistant de rédaction d'un petit journal de province : préparation de café et photocopies. Un jour, mon .... me convoque dans son bureau et me propose d'aller faire une .... du maire d'une petite ville pour l'inauguration d'un supermarché .... J'étais content, c'était enfin un travail de journaliste, un vrai ...., je devais être à la hauteur. Le rendez-vous avait lieu sur le .... du supermarché, nous étions entourés de .... aux couleurs de la marque. J'ai posé trois questions, l'échange a duré moins de cinq minutes, les réponses étaient banales, il n'y avait aucun ...., mais j'avais enfin exercé l'activité dont j'avais toujours rêvé. Et même si le texte n'a été publié qu'en page 9 entre deux annonces de ...., j'étais devenu journaliste ! La journée aurait été parfaite si un .... ne m'avait pas volé mon ....

▸ De même, on en retrouve un grand nombre dans des domaines tels que le sport et l'habillement :

Exercice 2 **Indiquez (☑) la ou les réponse(s) correcte(s).**

1. Quels mots désignent des chaussures de sport ?
   ☐ baskets ☐ joggings ☐ tennis ☐ crickets ☐ foots
2. Quels noms de sport sont d'origine anglaise ?
   ☐ rugby ☐ handball ☐ canoë ☐ escrime ☐ golf
3. En français, quels mots désignent un vêtement ?
   ☐ pull over ☐ short ☐ sweat-shirt ☐ skirt ☐ scarf
4. Pour parler de changement d'apparence, quels mots utilise-t-on en français ?
   ☐ relookage ☐ relookement ☐ relooking ☐ relookeuse ☐ relookation
5. Vrai ou faux ?

	Vrai	Faux
a. Au football, pour désigner le classement des meilleures équipes nationales, on utilise le mot « ranking ».	☐	☐
b. Un jogging désigne une course à pied et un vêtement de sport.	☐	☐
c. Pour parler d'un espace réservé aux supporters, on utilise le mot « fan zone ».	☐	☐

▸ Dans le domaine du travail et des affaires (voir mail ci-dessus), ils occupent également une place importante :

Exercice 3 **Récrivez ces phrases en substituant des anglicismes de la liste aux mots ou groupe de mots français en gras.**

benchmarking • business plan • deadline • (être) focus • process • start up • task force

1. Il s'agissait de produire rapidement et selon **une méthode** industrialisée un grand nombre de logements.

....

....

....

2. Le gouvernement est particulièrement attentif au développement des **entreprises innovantes nouvellement créées**.

....

....

....

3. Le **plan de développement** est entièrement à revoir, je veux que vous soyez tous **concentrés** sur ce problème dans les jours à venir.

....

....

....

4. L'Union européenne a mis en place une **force opérationnelle** afin d'étudier toutes les implications du Brexit.

....

....

....

5. Je vous confie ce travail urgent, la **date butoir** est à la fin de la semaine, alors ne perdez pas de temps !

....

....

....

6. L'**étude comparative de la concurrence** nous permettra d'identifier nos points faibles et d'y remédier dans le futur.

....

....

....

- Plus récemment, le domaine des médias, de l'information et, naturellement, des nouvelles technologies a vu arriver des nouveaux termes :

Exercice 4 **Complétez la grille en trouvant les mots qui se cachent derrière les définitions suivantes.**

Horizontalement

1. Technique consistant à provoquer du bouche à oreille dans un but publicitaire
2. Personne qui est abonné à votre compte sur un réseau social
3. Média, éditeur de presse n'opérant que sur Internet
4. Résumé d'une œuvre en une phrase
5. Courant de pensée, goût de la majorité

Verticalement

6. Film biographique
7. Ensemble de morceaux de musique regroupés pour être joués les uns à la suite des autres
8. Personne qui critique violemment d'autres personnes sur les réseaux sociaux
9. Canular informatique, information inventée et diffusée via Internet

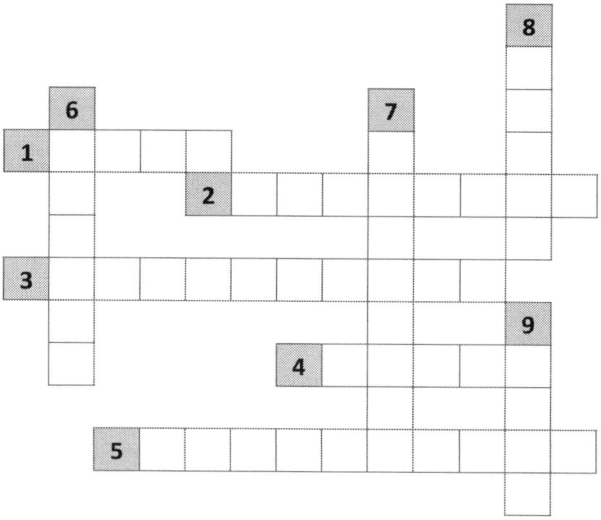

et aussi : talk show, smiley, prime time…

- La langue dite « des jeunes », en particulier liée aux domaines de la mode et de la musique, accueille elle aussi son lot d'export US qui démodent un certain nombre d'expressions.

Exercice 5 **Remplacez les expressions en gras par un équivalent de la liste.**

crush • feat • punch line • swag • trendy

1. J'ai rencontré un mec trop beau, trop stylé, un vrai **coup de foudre** !

   ....

2. C'est pas parce qu'il a des Nike® qu'il est **chic et à la mode**.

   ....

3. Avec son piercing et son petit haut **tendance**, elle me plaît bien, la prof de maths.

   ....

4. Le prof de sport, il se croit drôle avec ses **phrases choc**, mais on dirait mon grand-père !

   ....

5. Pierre prétend que Strong va faire **un duo avec lui** sur son morceau, quel mytho !

   ....

- Enfin, de nombreux emprunts de l'anglais se sont francisés, notamment des verbes qui, issus de l'anglais, se conjuguent selon le modèle français. Exemple : to forward devenu forwarder et qui se conjugue comme un verbe du premier groupe : « je forwarde, tu forwardes, etc ».

Exercice 6 **Vrai ou faux ? Indiquez si les formes verbales suivantes s'utilisent en français.**

	Oui	Non
1. J'ai rebooté mon ordi, mais il ne marche pas mieux.	☐	☐
2. On avait rendez-vous à 9 heures ? Je suis désolé, j'ai zappé.	☐	☐
3. Mets les infos en haut de la page, sinon il faut scroller.	☐	☐
4. Trop bien, cette console, l'écran splitté en 4, c'est magique !	☐	☐
5. Pour savoir qui c'est, checke son compte Insta.	☐	☐
6. Un virus m'a wipeouté tout mon disque dur, je suis trop dégouté...	☐	☐

Le cas du Québec.

- On dit souvent que les Québécois n'utilisent pas d'anglicismes et qu'ils traduisent ou adaptent les mots anglais en français. En réalité, ils utilisent également des anglicismes, mais ce ne sont pas toujours les mêmes qu'en France. Par exemple, ils ne vont pas voir un match de football, mais une partie de soccer.

Exercice 7 **Choisissez la bonne réponse.**

1. Au Québec, le crop top (T-shirt court laissant voir le nombril) est appelé :
   - ☐ haut court.
   - ☐ petit maillot.
   - ☐ chandail bedaine.

2. Les Québécois ne font pas de shopping, ils vont :
   - ☐ magasiner.
   - ☐ lécher les vitrines.
   - ☐ commercer.

3. Plutôt que de faire du snow board, ils font :
   - ☐ du ski large.
   - ☐ du monoski.
   - ☐ de la planche à neige.

4. S'ils racontent la fin d'un film, ils ne spoilent pas, ils :
   - ☐ divulgachent (de « divulguer » + « gâcher »).
   - ☐ dénouvoilent (de « dévoiler » + « dénouement »).
   - ☐ sabotrahissent (de « saboter » et « trahir »).

5. Enfin, au lieu de chatter avec leurs amis, les Québécois préfèrent :
   - ☐ parlécraner (de « parler » et « écran »).
   - ☐ clavarder (de « clavier » et « bavarder »).
   - ☐ taputer (de « taper » et « discuter »).

4 Apocopes

▸ Une apocope est une modification phonétique qui se caractérise par l'abréviation du mot complet, en gardant uniquement son ou ses premiers phonèmes ou syllabes, par exemple « auto » pour « automobile » ou « télé » pour « télévision ». Elles sont très courantes en français.

Exercice 1 **Complétez les phrases avec un des mots de la liste.**

manif • muscu • ordi • pub • impec • comme d'hab • actu • p'tit dej • exam • compta

1. Delphine travaille à la ...., elle édite des factures toute la journée.
2. Il y avait beaucoup de monde à la .... contre la réforme des retraites.
3. Je vais à la salle de gym tous les jours pour faire de la ....
4. Il est hyper angoissé à cause de son .... de maths demain matin.
5. Zut ! L'écran de mon .... ne s'allume plus, je vais devoir le faire réparer.
6. Qu'est-ce que tu bois au...................................., du thé ou du café ?
7. Pour progresser en français il faut aussi suivre l'.............................. tous les jours.
8. Il y a vraiment trop de .... sur les chaînes de télévision, c'est insupportable.
9. Ce petit séjour en Bretagne était ...., on s'est régalés !
10. Aujourd'hui encore il est en retard pour la réunion, ..., il ne changera jamais.

Retrouvez le mot dans son intégralité :

ordi	
muscu	
comme d'hab	
impec	
actu	
compta	
pub	
p'tit dej'	
manif	
exam	

Exercice 2 **Complétez les phrases avec un des mots de la liste.**

allocs / sécu / répet / périf / modif / congel / manip / déca / com / clim

1. Quelle chaleur dans ce bureau ! Quelqu'un peut allumer la .... ?
2. Après le déjeuner je bois toujours un ...., je ne supporte pas la caféine.
3. Pour aller de ce côté de la ville en voiture je vous conseille plutôt de prendre le ...., c'est plus rapide.
4. J'ai acheté des glaces, elles sont dans le ...., tu peux en prendre une si tu veux.
5. En France il y a un système qui rembourse les dépenses de santé, on l'appelle la ....
6. Je ne pourrai pas venir avec toi demain soir parce que j'ai ma .... avec mon groupe de musique, je ne peux pas la rater, on a un concert samedi soir.
7. Les personnes en situation précaire peuvent demander de toucher les ...., ce sont des aides sociales.
8. Elle a longtemps travaillé dans le domaine de la ...., mais elle trouvait que c'était trop superficiel.
9. Je lui ai envoyé le fichier mais il a fait plein de ...., je n'y comprends plus rien maintenant.
10. Ce logiciel est infernal, il y a trop de ...., je suis complètement perdu.

Retrouvez le mot dans son intégralité :

manip	
répet	
allocs	
sécu	
déca	
périf	
modif	
clim	
com	
congel	

Exercice 3 **Pour chaque ligne du tableau, retrouvez l'apocope en « o » qui correspond aux définitions.**

intello • ado • pro • perso • expo • hosto • accro •
proprio • dico • démo • mytho • rando • tuto

1. faire des promenades à la campagne ou à la montagne	→ faire de la ....
2. Jeune entre 12 et 17 ans	→ un / une ....
3. être dépendant de quelque chose ou quelqu'un	→ être ....
4. un hôpital	→ un ....
5. personne possédant un appartement	→ un / une ....
6. recueil contenant des définitions de mots	→ un ....
7. événement culturel présentant les œuvres d'un artiste	→ une ....
8. vidéo expliquant la façon d'accomplir une tâche précise	→ un ....
9. personne racontant des mensonges pour se mettre en valeur	→ un / une ....
10. un expert / une experte	→ un / une ....
11. action de montrer le fonctionnement d'un appareil	→ une ....
12. personne dotée de culture et de capacités de réflexion importantes	→ un / une ....
13. dans le sport collectif, action d'être individualiste	→ jouer ....

LEXIQUE

Français familier, argot et verlan

Français familier, argot et verlan	Français standard
« J'ai le seuml »	Je suis énervé
« J'en ai ras-le-bol »	J'en ai assez, ça suffit
« Tu abuses »	Tu exagères
« Tu assures grave »	Ce que tu fais est très bien
« Tu t'es fichu de moi »	Tu t'es moqué de moi
« Wesh, je me suis fait tej par mon bae, chuis en dep de ouf, lâche-moi !»	Mon petit ami m'a quitté, je suis déprimé, laisse-moi tranquille
À la bourre	En retard
À plus	À plus tard
Accro	Dépendant, addict
Addition salée	Addition élevée
Ado(s)	Adolescent(s)
Appli	Application
Bagnole	Voiture
Balancer	Révéler
Bif	De l'argent
Binouze	Bière
Blé	De l'argent
Bobard	Mensonge
Bobards	Mensonges
Bolos	Pauvre type
Bordel	Confusion / chaos
Bosser	Travailler
Bosser / on bosse	Travailler, nous travaillons
Bouffer	Manger
Bouffer	Manger
Boulot	Travail
C'est chaud, c'est auch	C'est compliqué
C'est dingue	C'est fou
C'est du fake	C'est faux
C'est kom ass	C'est comme ça
C'est le pied!	C'est merveilleux! Quel plaisir!
C'est relou	C'est lourd, pesant
C'est trop classe	C'est très élégant
Ça coûte une blinde	C'est très cher
Ça déchire	C'est très bien

Français familier, argot et verlan	Français standard
Ça fait un bail	Ça fait longtemps
Ça passe crème	Ça passe bien
Ça roule	D'accord
Cafèt	Cafétéria
Céfran	Français
Chanmé	Méchant
Chelou	Louche, bizarre
Chouchoute/chouchous	Préférée, préféré
Chouette	Super / sympathique
Chouette !	Super !
Cimer	Merci
Ciné	Cinéma
Clope	Cigarette
Combi	Combinaison, tenue
Cracher sur les autres	Dire du mal des autres
Crevé	Fatigué
Daron	Père
De la soupe	De la musique de mauvaise qualité
Déco	Décoration
Dégueu	Pas bon
Dégueulasse	Mauvais / méchant
Dispo	Disponible
Dragueur	Séducteur
En avoir (y en a) ras-le-bol / en avoir (y en) a marre	Il y en a assez / c'est insupportable
En boîte	En discothèque
Être à l'ouest	Faire n'importe quoi
Être au bout du rouleau / au BDR	Être complètement épuisé
Être gonflé	Avoir du culot, se permettre des choses que l'on ne devrait pas
Être HS	Être épuisé (hors service)
Facs	Facultés, universités
Filer	Partir
Filer	Donner
Flipper	Être angoissé
Foncer dans le mur	Faire les choses trop vite sans réfléchir aux conséquences

Français familier, argot et verlan	Français standard
Frangin	Frère
Frangine	Sœur
Fric	De l'argent
Fric	Argent
Fringues	Vêtements
Fringues	Vêtements
Fun	Amusant, joyeux
Futal, fut'	Pantalons
Gaffer, faire une gaffe	Commettre une maladresse
Garo	Cigarette
Guedin	Dingue
Hyper	Très
Il s'en fichent	Ils ne sont pas intéressés
Info	Information
Je kiffe	J'adore
Kiffer	Aimer
Kiffer grave	Adorer, aimer beaucoup
L'apéro	L'apéritif
La tronche	Le visage
Larguer	Quitter (une personne)
Les gosses	Les enfants
Lovés	De l'argent
Méfu	Fumer
Méga	Très
Meuf	Femme
Meuf	Fille
Naze	Nul
OKLM	Au calme, tranquille
Paperasse	Papier
Parano	Qui a peur de tout, qui se méfie de tout le monde
Peinard	Tranquille
Perso	Personnellement, en ce qui me concerne
Pognon	De l'argent
Potes	Amis
Pro	Qui connait bien son métier, son domaine

Français familier, argot et verlan	Français standard
Quécho	Choqué
Quelle galère	C'est difficile
Ragots	Rumeurs
Réglo	Honnête
Relou	Pénible
Restos	Restaurants
Reuché	Cher
Reufré	Frère
Reum	Mère
Reusse	Sœur
S'éclater	S'amuser
S'engueuler	Se disputer
S'enjailler	S'amuser, faire la fête
Sortir de ses gonds	Se mettre en colère
Survêt	Survêtement
Sympas	Sympathiques
Taf	Travail
Teuf	Fête
Tromé	Métro
Truc	Chose
Un bon plan	Une bonne idée, une bonne affaire
Un clash	Une dispute
Un coup de boost	De l'énergie
Un coup de main	Une aide
Un truc de ouf	Un événement incroyable
Un tuto	Un tutoriel, une vidéo d'explication
Un(e) mytho	Une personne qui invente des histoires pour se mettre en valeur
Une addition salée	Une addition chère
Une asso	Une association
Une baraque	Une maison
Une boîte	Une entreprise, une société
Une expo	Une exposition
Une histoire de ouf	Une histoire folle / incroyable
Une nouba (vieilli)	Une fête
Une sale journée	Une mauvaise journée

Français familier, argot et verlan	Français standard
Une soirée pourrie	Une très mauvaise soirée
Vanne	Plaisanterie, blague
Vanne	Moquerie désagréable
Vénère	Énervé
Vérifs	Vérifications
Vivre au pays des Bisounours	Être naïf
Wesh	Comment ça va ?
Zarbi	Bizarre

Annexes

Cartes de la France, des DOM-TOM et de la Francophonie

Carte de la France

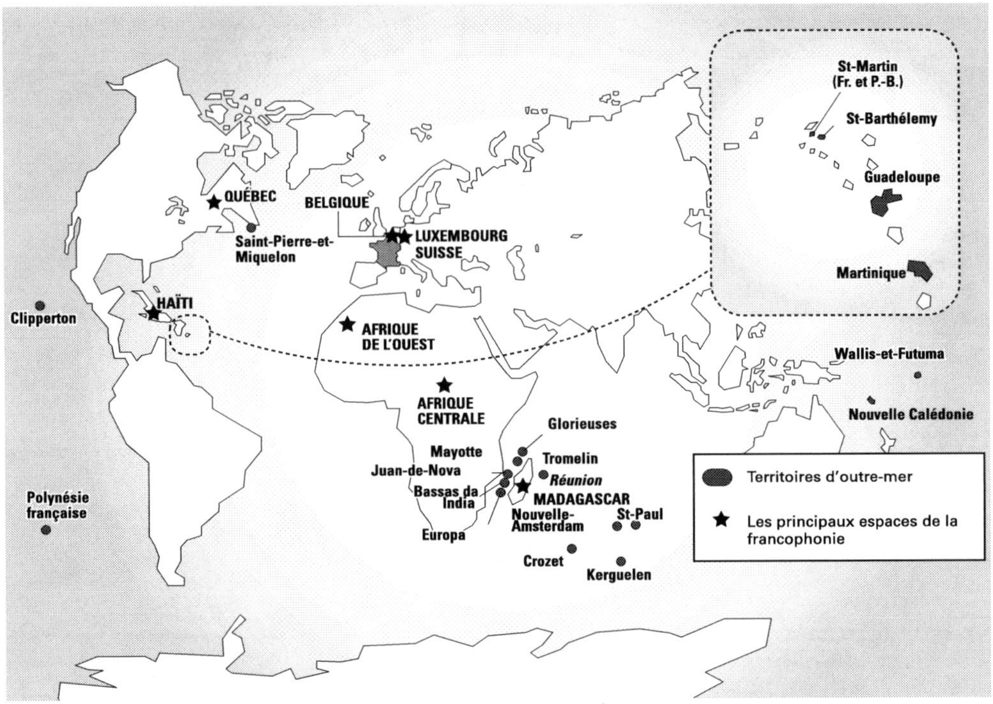

Carte des DOM-TOM

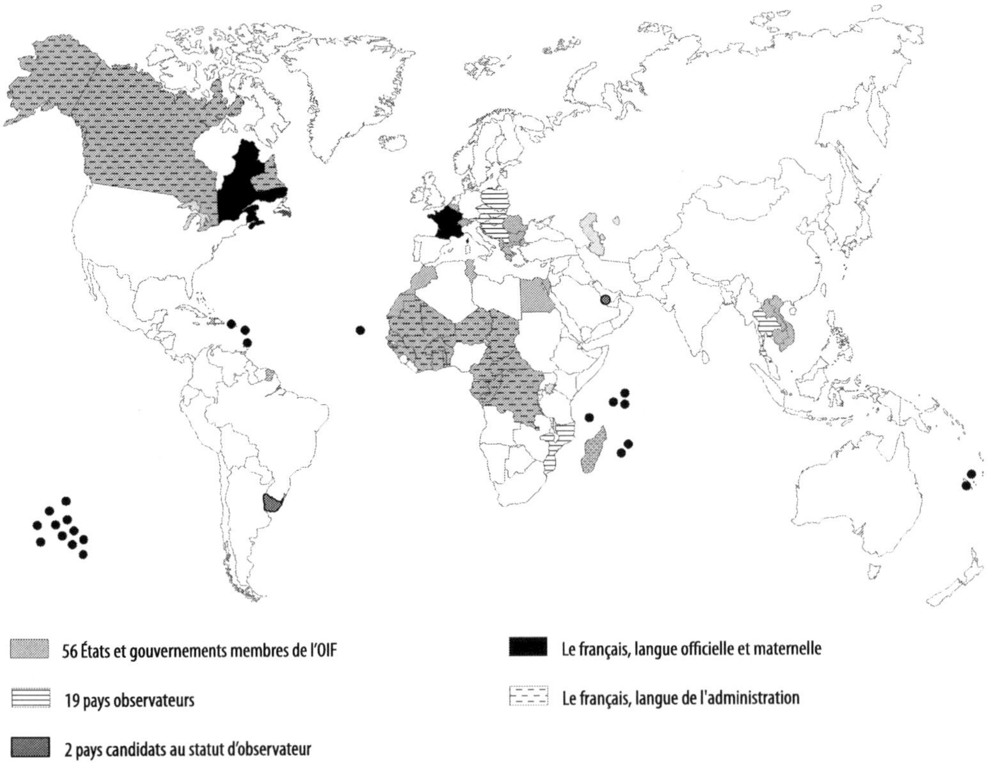

Carte de la Francophonie

Liste des écoutes

Corrigés

Partie 1 Vie quotidienne

1. Faire ses courses, aller au marché [p. 12]

- *Activité n° 1.* 1. Faux • 2. Vrai • 3. Faux • 4. Vrai • 5. Faux
- *Activité n° 2.* 1. c • 2. d • 3. a • 4. b • 5. e
- *Activité n° 3.* 1. Chloé achète des fruits et des légumes • 2. Les fraises sont produites en France • 3. Ce n'est pas sûr • 4. Le marchand fait payer moins à Chloé
- *Activité n° 4.* 1. Faux • 2. Vrai • 3. Faux • 4. Vrai • 5. Vrai

2. Prendre les transports en commun [p. 16]

- *Activité n° 1.* 1. Vrai • 2. Vrai • 3. Vrai • 4. Vrai • 5. Faux
- *Activité n° 2.* 1. mobile et cité • 2. partagé
- *Activité n° 3.* 1. libre-service • 2. mairie • 3. chantier • 4. embouteillage • 5. données
- *Activité n° 4.* 1. Parce qu'il doit aller à Nantes le mois prochain • 2. Il trouve ce service « impeccable ». • 3. Les premiers sont des professionnels formés à leur métier, les seconds n'ont aucune référence/formation. • 4. Très sympa/moins cher que l'avion ou le train.
- *Activité n° 5.*

	Train	Avion	Covoiturage
1. Le prix est trop élevé.	☑	☑	☐
2. Ce n'est pas rassurant.	☐	☑	☑
3. Les horaires sont contraignants.	☑	☐	☑
4. On manque d'informations.	☐	☐	☑

3. Fréquenter les réseaux sociaux [p. 20]

- *Activité n° 1.* 1. c • 2. a • 3. d • 4. e • 5. b
- *Activité n° 2.* 1. Faux, elles contrôlent et bloquent l'accès aux réseaux sociaux • 2. Faux, désormais les smartphones et les tablettes sont dans le viseur • 2. Vrai, elles négocient des contrats pour empêcher l'installation des principaux réseaux sociaux • 2. Vrai, objectif concentration et productivité • 2. Faux, il faudrait réfléchir sur l'éducation à un usage sage et raisonnable.
- *Activité n° 3.* 1. est trop cool • 2. régler • 3. pouvoir sélectionner ses contacts • 4. peut déranger
- *Activité n° 4.* 1. Vrai, ils sont de plus en plus nombreux • 2. Vrai, ils sont démunis pour faire face à ce phénomène • 3. Faux, cela pourrait créer des tensions supplémentaires • 4. Vrai, il faut apprendre à faire un usage raisonnable et sécurisé des outils numériques pour ensuite prendre conscience des risques des réseaux.

4. Être à la mode [p. 24]

- *Activité n° 1.* 1. Faux, on va sur Internet • 2. Vrai, il préfère acheter en magasin • 3. Vrai, il travaille dans un bar • 4. Vrai, il risque d'être exclu • 5. Vrai, les smartphones et les écouteurs sont aussi importants que les fringues
- *Activité n° 2.* 1. c • 2. e • 3. a • 4. b • 5. d
- *Activité n° 3.* 1. a le vent en poupe • 2. un jean élimé • 3. dénicher • 4. sortir du lot • 5. une arnaque
- *Activité n° 4.* 1. A immédiatement cédé • 2. Parce que son travail le demande • 3. Que son père faisait pareil au même âge • 4. Compte encore sur l'argent de ses parents

5. **Passer du temps en famille** [p. 28]

- *Activité n° 1.* 1. Faux. Département de l'Isère (38). • 2. Vrai. Une nounou. • 3. Vrai, car il n'aime pas être en retard. • 4. Faux. Il ne range jamais son blouson. • 5. Vrai. Les enfants progressent, pas le père.
- *Activité n° 2.* 1. b • 2. c • 3. a • 4. e • 5. d
- *Activité n° 3.* 1. se reposer • 2. une copine de Chloé • 3. faire les courses • 4. regarder un dessin animé • 5. pas très souvent ensemble
- *Activité n° 4.* 1. Avec ses beaux-parents, les parents de Cédric • 2. Gosse • 3. De se reposer • 4. À la mer, car les enfants sont petits et il est plus facile de les y occuper • 5. C'est loin

Partie 2 Géographie

1. **Voyager en France** [p. 34]

- *Activité n° 1.* 1. En partageant le logement et les trajets en voiture (covoiturage) • 2. La Normandie • 3. Car elle est fan d'histoire, elle souhaite visiter les plages du débarquement de 1944 et le Mémorial de Caen • 4. Car il aime la nature. Carla a peur de s'y ennuyer. • 5. Non, ils n'ont rien organisé et veulent improviser. • 6. Toulouse, Montpellier et Marseille. • 7. Le temps et l'argent (durée des étapes et budget prévu).
- *Activité n° 2.* 1. c • 2. a • 3. e • 4. b • 5. d
- *Activité n° 3.* 1. Faux. Justification : « J'ai consulté votre site Internet » • 2. Vrai. Justification : « l'heure exacte de la visite... demain matin » • 3. Faux. Justification : « la visite dure bien deux heures » • 4. Faux. Justification : « Vous êtes Italienne ? » • 5. Vrai. Justification : « mais vous parlez très très bien ! »
- *Activité n° 4.* 1. voiture • 2. une heure environ • 3. il s'est endormi • 4. vouvoyer

2. **Découvrir Bordeaux** [p. 38]

- *Activité n° 1.* 1. près du Grand-Théâtre. • 2. faire un tour en bateau. • 3. ils retrouvent le guide dans l'entrée. • 4. en vendant des esclaves. • 5. des magasins et des bars.
- *Activité n° 2.* 1. d • 2. e • 3. a • 4. b • 5. c
- *Activité n° 3.* 1. Faux • 2. Faux • 3. Vrai • 4. Vrai • 5. Faux
- *Activité n° 4.* 1. canard • 2. alose • 3. façade • 4. château • 5. nectar
- *Activité n° 5.* 1. incontournable • 2. magnifique • 3. animé • 4. restauré

3. **Comparer des régions** [p. 42]

- *Activité n° 1.* 1. pluvieux • 2. déménager • 3. reliefs • 4. petit à petit • 5. les plages du débarquement
- *Activité n° 2.* 1. meilleur • 2. moins • 3. de nombreux • 4. plus • 5. davantage
- *Activité n° 3.* 1. vrai • 2. faux • 3. vrai • 4. faux • 5. vrai
- *Activité n° 4.* 1. d • 2. e • 3. a • 4. b • 5. c • 6. f
- *Activité n° 5.* 1. Faux • 2. Faux • 3. Vrai • 4. Vrai • 5. Vrai

4. **Découvrir la francophonie et la France d'outre-mer** [p. 46]

- *Activité n° 1.* 1. Faux • 2. Faux • 3. Vrai • 4. Faux • 5. Vrai
- *Activité n° 2.* 1. douze • 2. Antarctique • 3. jeune • 4. en Amérique du Sud • 5. mal

- *Activité n° 3.* 1. Oui, car elle fait partie des langues les plus parlées (généralement parmi les 10 premières). • 2. Non, il est parlé sur tous les continents. • 3. Oui, l'OIF, la Francophonie (avec une majuscule). • 4. Oui, 17 sommets depuis 1986, soit un sommet tous les deux ans. • 5. Oui, certainement, grâce au continent africain, le français va devenir une des langues les plus utilisées au monde d'ici 2050-2060.
- *Activité n° 4.* 1. Vrai • 2. Faux • 3. Vrai • 4. Vrai

5. **Vivre en ville ou à la campagne ?** [p. 50]

- *Activité n° 1.* 1. depuis qu'il né, depuis toujours • 2. Non, il ne pourrait jamais vivre ailleurs (dans un autre lieu) que la ville • 3. raisons professionnelles et culturelles • 4. il aime les ambiances internationales • 5. oui, les municipalités font des efforts pour améliorer les réseaux de transports • 6. la pollution et le prix des loyers.
- *Activité n° 2.* 1. d • 2. a • 3. f • 4. b • 5. c • 6. e
- *Activité n° 3.* 1. Faux • 2. Vrai • 3. Faux • 4. Vrai • 5. Vrai • 6. Faux
- *Activité n° 4.* 1. bien ancré (bien installé) • 2. de continuité (de survie) • 3. participent à la vie locale • 4. le manque d'infrastructures de leur commune • 5. des possibles violences (des incivilités)

Partie 3 Sorties entre amis

1. **Fixer un rendez-vous** [p. 56]

- *Activité n° 1.* 1. Faux • 2. Vrai • 3. Vrai • 4. Faux • 5. Vrai • 6. Vrai
- *Activité n° 2.* 1. f • 2. a • 3. d • 4. g • 5. b • 6. e • 7. c
- *Activité n° 3.* 1. Elle est née comme ça, ce n'est pas de sa faute. • 2.À l'adolescence / Au collège et au lycée. • 3. Grâce au smartphone. • 4. Ils lui envoient des messages de rappel. • 5. Non (d'après la dernière phrase).
- *Activité n° 4.* 1. oublié • 2. 11 h • 3. énervée • 4. après le déjeuner

2. **Prendre l'apéro** [p. 60]

- *Activité n° 1.* 1. Vrai • 2. Vrai • 3. Faux • 4. Faux • 5. Vrai
- *Activité n° 2.* 1. c : CACAHUÈTES • 2. a : PALUDISME • 3. e : ÉPICES • 4. d : BISCUIT • 5. b : COCKTAIL
- *Activité n° 3.* 1. savoir ce dont les Français aiment discuter. • 2. a toujours existé. • 3. le sport. • 4. nécessite du recul et du respect mutuel. • 5. de l'excès d'informations brutes sur tous les sujets.
- *Activité n° 4.* 1. nuance • 2. alarmiste • 3. bouleversements • 4. bienveillance • 5. polémique

3. **Manger au resto** [p. 64]

- *Activité n° 1.* 1. faux • 2. faux • 3. vrai • 4. faux • 5. vrai • 6. faux • 7. faux
- *Activité n° 2.* 1. c • 2. d • 3. f • 4. e • 5. a • 6. b
- *Activité n° 3.* 1. La formule à 25 euros • 2. Le moelleux au chocolat et la salade de fruits • 3. saignant • 4. frites, riz, pâtes, salade verte, le client choisit les frites • 5. Parce qu'une bouteille c'est trop • 6. du pain et une carafe d'eau.
- *Activité n° 4.* 1. b • 2. a • 3. f • 4. d • 5. e • 6. g • 7. c

4. **Rire / Se moquer** [p. 68]

- *Activité n° 1.* 1. A « désacraliser la bêtise, exorciser les chagrins véritables et fustiger les angoisses mortelles ». • 2. Il pense qu'on ne peut pas rire de tout. • 3. Oui : les limites sont fixées par la loi. • 4. Ils intentent des procès et exigent l'interdiction de certaines unes de journaux. • 5. Parce que des dessinateurs, des humoristes, des journalistes refusent toute forme de censure et continuent à rire et à se moquer de tout.
- *Activité n° 2.* 1. désacraliser • 2. exorciser • 3. satire • 4. irrévérencieux • 5. censure
- *Activité n° 3.* 1. Vrai • 2. Faux • 3. Vrai • 4. Vrai • 5. Faux
- *Activité n° 4.* 1. Ne mesurent pas la portée de leurs paroles. • 2. La question du directeur était stupide. • 3. Qu'il n'y a pas que les employés dans l'entreprise. • 4. A vu rapidement les employés tous ensemble. • 5. Est mauvaise.

5. **Fêter un événement** [p. 72]

- *Activité n° 1.* 1. Deux coupes du Monde. • 2. de la deuxième victoire française en Coupe du monde. • 3. en Russie. • 4. gardent un bon souvenir de ces soirées. • 5. une grande émotion.
- *Activité n° 2.*

	F. n° 1	H. n° 1	F. n° 2	H. n° 2	Intrus
1. C'était génial, la fête a duré plusieurs jours sans interruption !	☐	☐	☐	☑	☐
2. Pendant un moment, les gens se sont sentis très proches les uns des autres. Mais malheureusement, ça n'a pas duré.	☐	☑	☐	☐	☐
3. J'adore quand tout le monde se retrouve dans la rue, comme ça, on peut faire de belles rencontres !	☐	☐	☑	☐	☐
4. J'ai assisté aux deux finales dans le stade, en direct ! C'est super et j'espère vivre encore un moment comme ça.	☐	☐	☐	☐	☑
5. Je suis contente que ma fille connaisse ce moment, comme moi la première fois, au même âge qu'elle !	☑	☐	☐	☐	☐

- *Activité n° 3.* 1. Faux • 2. Faux • 3. Faux • 4. Vrai • 5. Vrai • 6. Faux
- *Activité n° 4.*

	prochain anniversaire de Marcel	fête surprise	bal costumé	fête avec gâteau et bougies	soirée karaoké	saut à l'élastique	intrus
original	☐	☐	☐	☐	☐	☑	☐
démodé	☐	☐	☐	☑	☐	☐	☐
ennuyeux	☐	☐	☐	☐	☑	☐	☐
banal	☐	☐	☑	☐	☐	☐	☐
trop cher	☐	☐	☐	☐	☐	☐	☑
inoubliable	☑	☐	☐	☐	☐	☐	☐
risqué	☐	☑	☐	☐	☐	☐	☐
embarrassant	☐	☑	☐	☐	☐	☐	☐

1. **Aller au stade** [p. 78]

- *Activité n° 1.* 1. hésite encore à les prendre • 2. se jouera en soirée • 3. les prix sont excessifs • 4. Opposera deux équipes de la même ville • 5. Il est conseillé de prendre les transports en commun
- *Activité n° 2.* 1. Faux • 2. Vrai • 3. Faux • 4. Vrai • 5. Faux • 6. Vrai • 7. Faux
- *Activité n° 3.* 1. d • 2. h • 3. g • 4. f • 5. a • 6. c • 7. b • 8. e
- *Activité n° 4.* 1. b • 2. e • 3. a • 4. c • 5. d • 6. f

2. **Soutenir une équipe** [p. 82]

- *Activité n° 1.* 1. le rugby • 2. Parce qu'il n'était pas assez fort • 3. le rouge et le noir • 4. l'état d'esprit (la bonne ambiance) • 5. Il va boire un coup avec ses copains • 6. C'est le fair play • 7. oui, c'est le plus titré
- *Activité n° 2.* 1. vrai • 2. vrai • 3. faux • 4. faux • 5. faux
- *Activité n° 3.* 1. f • 2. d • 3. a • 4. e • 5. c • 6. b
- *Activité n° 4.* 1. avec son papa • 2. il participe à l'animation du virage • 3. se déplace souvent • 4. de vivre sa passion avec ses amis • 5. ne gagne pas souvent le championnat • 6. est causée par quelques individus

3. **Fréquenter une salle de sport** [p. 86]

- *Activité n° 1.* 1. Faux • 2. Vrai • 3. Faux • 4. Faux • 5. Vrai • 6. Faux
- *Activité n° 2.* 1. e • 2. c • 3. a • 4. b • 5. d • 6. f
- *Activité n° 3.* 1. Parce qu'il est tout rouge, que probablement il ne se sent pas très bien. • 2. D'après elle, pas du tout, car elle varie les activités • 3. Non, plus maintenant, seulement les premiers mois. • 4. Non, elle préfère manger normalement, elle veut simplement être en forme. • 5. Pour reprendre le sport et pour la flexibilité d'horaire. • 6. Pour ne pas le pousser à l'abandon.
- *Activité n° 4.* 1. je dois arrêter • 2. se dépenser • 3. se lever tard • 4. le volley-ball • 5. fumer

4. **Faire du sport dans une asso** [p. 90]

- *Activité n° 1.* 1. faux • 2. faux • 3. vrai • 4. faux • 5. vrai • 6. faux • 7. vrai
- *Activité n° 2.* 1. c • 2. a • 3. f • 4. g • 5. b • 6. d • 7. e
- *Activité n° 3.* 1. bénévole • 2. bien entretenue • 3. enfants • 4. peu d'argent • 5. organiser des événements • 6. sera peut-être construite un jour • 7. il y a aussi des personnes âgées • 8. accueille ses adhérents.
- *Activité n° 4.* 1. b • 2. e • 3. d • 4. a • 5. c • 6. f

5. **Organiser un séjour à Paris pour les JO** [p. 94]

- *Activité n° 1.* 1. d'aller à Paris pour les Jeux Olympiques. • 2. un séjour à Paris risque de coûter très cher. • 3. sont déjà fixées. • 4. cherchent un petit appartement sur un site de location. • 5. vont vouloir faire comme eux.

▸ *Activité n° 2.*

	n'intéresse personne	n'intéresse pas la jeune femme	intéresse la jeune femme	nouvelle discipline	se voit toute l'année à la télé	organisé hors de Paris	intrus
surf	☐	☐	☐	☑	☐	☑	☐
skate board	☐	☐	☐	☑	☐	☐	☐
rugby	☐	☑	☐	☐	☐	☐	☐
football	☑	☑	☐	☐	☑	☐	☐
beach volley	☐	☐	☑	☐	☐	☐	☐
basket	☐	☑	☐	☐	☐	☐	☐
break dance	☐	☐	☐	☑	☐	☐	☐
billard	☐	☐	☐	☐	☐	☐	☑
tae kwon do	☐	☐	☑	☐	☐	☐	☐
escalade	☐	☐	☐	☑	☐	☐	☐

▸ *Activité n° 3.* 1. Faux • 2. Faux • 3. Vrai • 4. Faux • 5. Vrai

▸ *Activité n° 4.*

	Château de Versailles	Grand Palais éphémère	Champ de Mars	Place de la Concorde	Tour Eiffel
au départ d'une course cycliste ?	☐	☐	☐	☐	☑
à une compétition de skateboard ?	☐	☐	☐	☑	☐
à un match de beach volley ?	☐	☐	☑	☐	☐
à un concours d'équitation ?	☑	☐	☐	☐	☐
à un combat d'escrime ?	☐	☑	☐	☐	☐

Partie 5 Services publics, administration, milieu associatif

1. S'adresser à l'administration [p. 100]

▸ *Activité n° 1.* 1. d • 2. a • 3. b • 4. c • 3. e

▸ *Activité n° 2.* 1. Vrai • 2. Vrai • 3. Faux • 4. Vrai • 5. Faux

▸ *Activité n° 3.* 1. quatre • 2. SMS • 3. D'un mois • 4. temps

▸ *Activité n° 4.* 1. Car il loue un appartement. • 2. De phobie administrative. • 3. Trois. • 4. Trop de papiers encombrants. • 5. Il numérise ses papiers.

2. Interagir avec sa banque [p. 104]

▸ *Activité n° 1.* **1.** Faux • **2.** Faux • **3.** Vrai • **4.** Vrai • **5.** Faux

▸ *Activité n° 2.* 1. b • 2. a • 3. d • 4. c • 5. e

▸ *Activité n° 3.* 1. c • 2. e • 3. a • 4. b • 5. d

▸ *Activité n° 4.* 1. poli • 2. une carte bancaire • 3. un livret A • 4. domicilié • 5. une assurance-vie

3. **Se soigner**

- *Activité n° 1.* 1. s'est blessé en faisant du sport. • 2. orthopédiste. • 3. a beaucoup de travail. • 4. pendant les vacances. • 5. des documents administratifs.
- *Activité n° 2.* 1. b • 2. a • 3. c • 4. e • 5. d
- *Activité n° 3.* 1. Vrai • 2. Vrai • 3. Vrai • 4. Faux • 5. Faux
- *Activité n° 4.* 1. Elle est gratuite. • 2. de s'identifier auprès de l'Assurance Maladie, de se faire rembourser les frais de santé et de bénéficier du tiers payant. • 3. Les personnes de plus de 16 ans, les personnes ayant un numéro de sécurité sociale, les jeunes de plus de douze ans sur demande d'un parent. • 4. Partout en France, métropolitaine et d'Outremer. • 5. Tous les renseignements nécessaires au remboursement de vos frais de santé et à votre prise en charge en cas d'hospitalisation.
- *Activité n° 5.*

	feuille de soins	sécurité sociale	carte Vitale	assurance maladie	tiers payant
1. système permettant aux individus de ne pas payer directement les frais liés à la santé	☐	☐	☐	☐	☑
2. document muni d'une puce électronique justifiant l'affiliation au système de santé	☐	☐	☑	☐	☐
3. document où sont indiqués les actes médicaux exécutés par un professionnel de santé	☑	☐	☐	☐	☐
4. dispositif chargé d'assurer un individu face à des risques financiers liés à la santé	☐	☐	☐	☑	☐
5. système de protection des individus face aux risques sociaux, notamment liés à la santé	☐	☑	☐	☐	☐

4. **Aider les séniors** [p. 112]

- *Activité n° 1.* 1. Faux • 2. Vrai • 3. Faux • 4. Faux • 5. Faux • 6. Vrai • 7. Vrai
- *Activité n° 2.* 1. parce qu'il a des problèmes aux jambes, pour marcher • 2. parce qu'il est en consultation • 3. la chaleur de l'été • 4. remèdes • 5. Parce que Monsieur Givors peut se faire aider par son auxiliaire de vie (AVS)
- *Activité n° 3.* 1. b • 2. g • 3. a • 4. c • 5. d • 6. e • 7. f
- *Activité n° 4.* 1. c • 2. d • 3. f • 4. g • 5. a • 6. e • 7. b

5. **Faire du bénévolat** [p. 116]

- *Activité n° 1.* 1. Faux • 2. Vrai • 3. Vrai • 4. Vrai • 5. Faux
- *Activité n° 2.* 1. du Burkina Faso • 2. 15 jours pour un projet de construction d'école • 3. depuis l'année dernière • 4. aider les autres, se sentir utile, partager • 5. l'organisation, la mise en place • 6. de venir à une réunion pour découvrir l'asso.
- *Activité n° 3.* 1. e • 2. a • 3. d • 4. b • 5. c
- *Activité n° 4.* 1. car il a été sensibilisé par ses parents • 2. donner un coup de main aux autres • 3. a eu lieu au lycée après la visite d'une asso • 4. les rapports humains avec les locaux • 5. être capable de trouver des solutions • 6. sont un plus dans la recherche d'un emploi.

Partie 6 Monde professionnel

1. Rédiger un CV [p. 122]

- *Activité n° 1.* 1. de montrer que l'on est meilleur que les autres. • 2. en insistant sur ses qualités. • 3. compte, mais moins que le contenu. • 4. doivent correspondre à l'emploi proposé. • 5. donnent du relief à la candidature.
- *Activité n° 2.* 1. impression • 2. pourvoir • 3. sobre • 4. occulter • 5. chatoyant
- *Activité n° 3.* 1. Faux • 2. Vrai • 3. Faux • 4. Vrai • 5. Vrai
- *Activité n° 4.*

	utile	inutile
diplôme d'ingénieur	☑	☐
brevet des collèges	☐	☑
expérience de 6 mois dans l'animation sportive	☐	☑
stage de 3 mois dans une start up techno	☑	☐
baby-sitting les week-ends et pendant l'été	☐	☑
CDD de 9 mois chez Apple	☑	☐
Loisirs : planche à voile et e-sport (ShootMania, Rocket League)	☑	☐

2. Passer un entretien d'embauche [p. 126]

- *Activité n° 1.* 1. Faux • 2. Faux • 3. Vrai • 4. Vrai • 5. Faux • 6. Faux • 7. Vrai
- *Activité n° 2.* 1. h • 2. e • 3. f • 4. a • 5. c • 6. g • 7. b • 8. d
- *Activité n° 3.* 1. dans le domaine des RH • 2. C'est un milieu qu'elle connaît très bien • 3. il faut être rigoureux, responsable, avoir le sens des rapports humains, savoir gérer les conflits calmement • 4. il faut calmer les esprits et faire valoir les intérêts de l'entreprise • 5. pour suivre les évolutions rapides de la profession • 6. Il y en aura un second avec les responsables des services pour avoir une vision plus globale de la société.
- *Activité n° 4.* 1. la rigueur • 2. la responsabilité • 3. la gestion • 4. l'antipathie • 5. La remise en question • 6. la mise en place • 7. la confrontation • 8. l'adaptation.

3. Organiser et participer à une réunion [p. 130]

- *Activité n° 1.* 1. Faux • 2. Vrai • 3. Vrai • 4. Faux • 5. Faux • 6. Vrai
- *Activité n° 2.* 1. c • 2. a • 3. b • 4. e • 5. d • 6. f
- *Activité n° 3.* 1. b • 2. e • 3. d • 4. c • 5. a
- *Activité n° 4.* 1. nerveuse • 2. seul • 3. écouter • 4. ne pas parler de travail • 5.immédiatement

4. Discuter entre collègues devant la machine à café [p. 134]

- *Activité n° 1.* 1. Vrai • 2. Faux • 3. Vrai • 4. Faux • 5. Vrai
- *Activité n° 2.* 1. c • 2. e • 3. a • 4. b • 5. d
- *Activité n° 3.* 1. e • 2. a • 3. b • 4. f • 5. c • 6. d
- *Activité n° 4.* 1. n'a pas encore décidé • 2. ensoleillées • 3. la date des congés • 4. à l'océan • 5. elle y allait quand elle était petite

5. Parler avec son / sa chef [p. 138]

- *Activité n° 1.* 1. disponible • 2. son lieu de travail • 3. partiellement d'accord • 4. accepte • 5. dans un mois
- *Activité n° 2.* 1. Vrai • 2. Faux • 3. Vrai • 4. Faux • 5. Vrai

- *Activité n° 3.*

Expression	adaptée	peu adaptée	à éviter
1. Je souhaiterais vous parler au sujet de…	☑	☐	☐
2. On pourrait se parler deux minutes ?	☐	☑	☐
3. Auriez-vous une minute à m'accorder ?	☑	☐	☐
4. Chef, t'as deux secondes pour parler ?	☐	☐	☑
5. Il faut que tu m'aides !	☐	☐	☑
6. Voilà pourquoi je fais appel à vous.	☑	☐	☐

- *Activité n° 4.* 1. hiérarchie • 2. vouvoiement • 3. foncer dans le mur • 4. sortir de ses gonds • 5. concis • 6. démarche
- *Activité n° 5.*

Conseils	Bon	Pas bon
1. Tutoyer son chef	☐	☑
2. Rester courtois	☑	☐
3. Aller droit au but de manière très directe	☐	☑
4. Être franc/franche	☑	☐
5. Faire de long discours	☐	☑
6. Insister sur sa situation personnelle	☐	☑

Partie 7 Commentaires

1. Commenter un fait d'actualité [p. 144]

- *Activité n° 1.* 1. Vrai • 2. Vrai • 3. Faux • 4. Faux • 5. Faux
- *Activité n° 2.* 1. d • 2. e • 3. b • 4. c • 5. a • 6. f
- *Activité n° 3.* 1. b • 2. c • 3. a • 4. d • 5. e
- *Activité n° 4.* 1. rubrique • 2. intéressants • 3. très forte • 4. d'insécurité • 5. Faux

2. Parler de tout et de rien [p. 148]

- *Activité n° 1.* 1. g • 2. c • 3. a • 4. h • 5. f • 6. d • 7. e • 8. b
- *Activité n° 2.* 1. Faux • 2. Faux • 3. Faux • 4. Faux • 5. Vrai
- *Activité n° 3.* 1. a • 2. e • 3. c • 4. d • 5. b
- *Activité n° 4.* 1. parce qu'il va arriver en retard au travail à cause des embouteillages • 2. avant l'été • 3. il hésite entre la Bretagne et partir à l'étranger • 4. parce qu'il la connaît déjà • 5. maison • 6. La nature • 7. à pied parce que c'est plus rapide • 8. parce qu'il a un autre engagement.
- *Activité n° 5.* 1. d • 2. e • 3. a • 4. h • 5. c • 6. f • 7. b • 8. g

3. Pratiquer la langue de bois [p. 152]

- *Activité n° 1.* 1. Vrai • 2. Faux • 3. Faux • 4. Vrai • 5. Vrai
- *Activité n° 2.* 1. c • 2. d • 3. e • 4. a • 5. b
- *Activité n° 3.* 1. f • 2. e • 3. d • 4. c • 5. b • 6. a
- *Activité n° 4.* 1. en avoir assez • 2. énervés • 3. parler pour ne rien dire • 4. un bavardage sans intérêt • 5. qui divise l'opinion

4. **Laisser son avis en ligne** [p. 156]

- *Activité n° 1.* 1. à la campagne • 2. un hôtel • 3. positifs • 4. 152 euros • 5. de prendre une chambre dans le deuxième hotel
- *Activité n° 2.*

	La Hacquebute	Le Clos des Marcellines
1. accueil	+	+
2. température la nuit	–	?
3. rapport qualité prix	?	?
4. personnel	+	+
5. petit déjeuner	?	+
6. équipements de l'hôtel	–	?
7. confort des chambres	–	+

- *Activité n° 3.* 1. assez négative • 2. très négative • 3. la préparation des plats • 4. le décor du restaurant • 5. ne va pas servir à grand-chose
- *Activité n° 4.* Addition n° 2

5. **Critiquer une expo ou un concert** [p. 160]

- *Activité n° 1.* 1. Vrai • 2. Faux • 3. Vrai • 4. Vrai • 5. Faux
- *Activité n° 2.* 1. Parce que la phrase anglaise veut tout dire et son contraire. • 2. Il en garde des souvenirs forts, tenaces. • 3. Il a rapidement oublié ce qu'il avait vu. • 4. Produire un résultat satisfaisant, faire réussir le projet. • 5. Il n'en reste rien, c'est quelque chose de trop fugace.
- *Activité n° 3.* 1. ont assisté à un concert de pop. • 2. était très bien. • 3. est trop prévisible. • 4. à la fin du mois d'août. • 5. sera meilleur que le précédent.
- *Activité n° 4.*

	Strong avec C. Oxalis	Strong à Saint-Aleaume	Ruhonna au festival de Saint-Aleaume	A. Filler au Blue Note	A. Filler à la Villette
1. Ce serait le pompon ! → [–]	☐	☐	☑	☐	☐
2. De la soupe → [–]	☑	☐	☐	☐	☐
3. ça, c'est du vrai jazz ! → [+]	☐	☐	☐	☑	☐
4. En petite forme → [–]	☐	☐	☐	☐	☑
5. les cuivres assourdissants. → [+]	☐	☐	☐	☐	☑
6. ça déchire → [+]	☐	☑	☐	☐	☐

Partie 8 Culture contemporaine

1. **Aller au musée** [p. 166]

- *Activité n° 1.* 1. Vrai • 2. Vrai • 3. Faux • 4. Vrai • 5. Faux • 6. Faux
- *Activité n° 2.* 1. La Vierge aux rochers, la Belle Ferronnière, la Joconde, le Saint Jean Baptiste et la Sainte Anne. • 2. Un large choix de dessins et un ensemble de tableaux et de sculptures de l'environnement du maître. • 3. Apporter la vie à ses tableaux. • 4. Une

technique picturale qui permet d'obtenir des contours imprécis / de créer une impression de douceur. • 5. Examen scientifique renouvelé des tableaux du Louvre et restauration de trois d'entre eux. • 6. à la vie / à la biographie de Léonard de Vinci. • 7. la liberté.

- *Activité n° 3.* 1. sont professeurs dans un collège. • 2. d'organiser une sortie scolaire dans un musée. • 3. si les enfants apprécieront l'exposition. • 4. utiliser des supports numériques. • 5. une participation financière. • 6. qu'il va être difficile de trouver un jour qui convienne à tous les profs.
- *Activité n° 4.*

> **Exceptionnel !**
> *Du ~~23~~ **22** mars au 12 septembre*
> *Exposition Toutankhamon*
> *~~Musée du Louvre~~ **Grande Halle de la Villette***
> Pour la dernière fois en Europe avant installation définitive ~~à Alexandrie~~ **au Caire**
> Entrée : 10 euros – Scolaires : ~~60~~ **50** euros / 10 places

2. Découvrir les cultures urbaines [p. 170]

- *Activité n° 1.* 1. Faux • 2. Vrai • 3. Vrai • 4. Faux • 5. Faux • 6. Vrai • 7. Faux • 8. Faux
- *Activité n° 2.* 1. f • 2. e • 3. g • 4. c • 5. a • 6. b • 7. d • 8. h
- *Activité n° 3.* 1. graff • 2. danse hip hop • 3. sculpture • 4. photos • 5. mode • 6. skate • 7. parkour • 8. sport collectif de rue • 9. concert
- *Activité n° 4.* 1. Dans le centre-ville et sur les principales places • 2. les artistes eux-mêmes • 3. une expo photos et la conférence d'un vidéaste • 4. un sport urbain, une discipline acrobatique • 5. non, on peut s'inscrire sur place.

3. Partager des expériences [p. 174]

- *Activité n° 1.* 1. Vrai • 2. Faux • 3. Vrai
- *Activité n° 2.*

	Philippe Jeannod	Christophe Lamarck	Giulio Lombardi	Hans Ehrlich
1. Ça ne sert à rien.	☐	☑	☐	☐
2. Il faut que les deux parents se répartissent les jours de congé	☑	☐	☐	☑
3. Le projet n'est pas idéal, mais je voterai oui.	☐	☐	☐	☑
4. C'est un très bon projet, très équilibré.	☐	☐	☑	☐
5. Je ne voterai pas en faveur de ce projet.	☑	☑	☐	☐
6. ~~Le rôle du père est de nourrir sa famille, sa place est au travail, pas à la maison.~~	☐	☐	☐	☐
7. Pendant les premiers jours d'un bébé, la présence du père n'est pas très utile.	☐	☑	☐	☐

- *Activité n° 3.* 1. n'ont jamais fait de plongée ensemble. • 2. est raisonnable. • 3. mercredi à 10 heures au port. • 4. pourront utiliser le matériel de l'école de plongée.
- *Activité n° 4.* 1. b • 2. c • 3. a

4. **Lire une bande dessinée** [p. 178]

- *Activité n° 1.* 1. Parce qu'il vient d'acheter un nouveau *One Piece* / un nouveau manga. • 2. Non, il n'aime pas trop les mangas. • 3. Il faut les lire à l'envers (de droite à gauche). • 4. Les bulles sont déformées et les personnages se ressemblent. • 5. D'essayer de lire un manga.
- *Activité n° 2.* J'adore les mangas, même si je ne suis pas **japonais** ! Je trouve que c'est **moderne** ! Bien sûr, il faut lire de droite à gauche, mais on s'habitue vite, ce n'est pas très **compliqué**. Je trouve que les dessins sont **magnifiques** et que les personnages sont très **reconnaissables**.
- *Activité n° 3.* 1. les difficultés des immigrés italiens en France. • 2.de prendre la nourriture des Français. • 3. l'histoire officielle ne raconte pas la vérité. • 4. sympathiques et engagés. • 5. des documents officiels.
- *Activité n° 4.* 1. un festival de bande dessinée vient de commencer. • 2. la lecture d'une BD n'est pas forcément plus facile que la lecture d'un livre. • 3. comment inciter sa fille à lire autre chose que des BD. • 4. le passage de la BD au livre se fait en général naturellement. • 5. de ne pas obliger un enfant à lire.
- *Activité 5.* 1. Faux • 2. Faux • 3. Vrai • 4. Vrai • 5. Faux

5. **Se confronter avec la langue française aujourd'hui** [p. 182]

- *Activité n° 1.* 1. c • 2. e • 3. a • 4. b • 5. d
- *Activité n° 2.* b, i, e, g, h, f, d, k, j, a, c
- *Activité n° 3.* b, n, e, g, c, h, a, j, k, l, f, o, i, d, p, m
- *Activité n° 4.* 1. e • 2. f • 3. a • 4c • 5. b • 6. d • 7. g

Partie 9 Échecs / réussites

1. **Parler des enfants** [p. 188]

- *Activité n° 1.* 1. f • 2. d • 3. b • 4. a • 5. d • 6. e • 7. c
- *Activité n° 2.* 1. Vrai • 2. Vrai • 3. Faux • 4. Faux • 5. Faux • 6. Faux • 7. Faux • 8. Vrai • 9. Faux • 10. Faux
- *Activité n° 3.*

Vivien	Noémie	L'ami de Vivien	Sophie	Cyprien	Intrus
5	4	1	8	2	3
7	11	9	12	10	6

2. **Recevoir / décerner un prix, une récompense** [p. 192]

- *Activité n° 1.* 1. parce qu'il a reçu un prix. • 2. pourquoi il a été récompensé. • 3. lisait beaucoup. • 4. pour avoir un effet sur le monde qui l'entoure. • 5. qui traitent de la réalité des hommes. • 6. doit s'effectuer au contact des gens.
- *Activité n° 2.*

	annonce du prix	discours public	enfance	raisons du choix
gratitude	☑	☐	☐	☐
émotion	☑	☐	☐	☐
incrédulité	☑	☐	☐	☑
impatience	☐	☐	☑	☑
inquiétude	☐	☑	☐	☐

- *Activité n° 3.* 1. Vrai • 2. Faux • 3. Faux • 4. Vrai • 5. Faux
- *Activité n° 4.* 1. s'arracher • 2. débridé • 3. irrépressible • 4. métissé • 5. récolter • 6. abattre

3. S'inscrire et étudier à la fac [p. 196]

- *Activité n° 1.* 1. Faux • 2. Faux • 3. Vrai • 4. Vrai • 5. Faux • 6. Vrai • 7. Vrai
- *Activité n° 2.* 1. f • 2. e • 3. a • 4. b • 5. d • 6. c
- *Activité n° 3.* 1. b • 2. f • 3. d • 4. e • 5. a • 6. c
- *Activité n° 4.* 1. inquiet • 2. réviser • 3. Un mémoire • 4. écrit • 5. les deux

4. Draguer, séduire [p. 200]

- *Activité n° 1.* 1. âme sœur • 2. échecs • 3. coups de foudre • 4. bouleversements • 5. mœurs • 6. désuète
- *Activité n° 2.* 1. vrai • 2. faux • 3. faux • 4. faux • 5. faux • 6. faux • 7. faux
- *Activité n° 3.* 1. f • 2. d • 3. c • 4. g • 5. a • 6. e • 7. b
- *Activité n° 4.* Phrases n° 2, 3, 4, 7, 8, 10

5. Jouer aux cartes ou aux jeux de société [p. 204]

- *Activité n° 1.* 1. Vrai • 2. Vrai • 3. Vrai • 4. Faux • 5. Vrai
- *Activité n° 2.*

Ces drôles de cartes valent de 1 à <u>5</u> « têtes de bœuf » chacune.
7

Votre but : en récolter le <u>plus</u> possible.
moins

En début de manche vous recevez <u>12</u> cartes. À chaque tour,
10
les joueurs choisissent une carte et la révèlent à tous en même temps :
ces cartes sont ajoutées à l'une des 4 séries qui se forment
sur la table. Celui qui doit jouer la <u>septième</u> carte d'une série « récolte »
sixième
les 5 premières... et toutes leurs têtes de bœuf !

- *Activité n° 3.* La Baule. **Festival** international des jeux de **société**. du **12** au **15** mai. **Palais** des Expositions
- *Activité n° 4.* 1. de jouer à des jeux de société anciens ou nouveaux. • 2. aux joueurs amateurs ou professionnels. • 3. un prix remis par un groupe de professionnels. • 4. faire preuve de malice et de fourberie.

Partie 10 Controverses

1. Donner son avis sur… [p. 210]

- *Activité n° 1.* 1. Vrai • 2. Vrai • 3. Faux • 4. Faux • 5. Vrai
- *Activité n° 2.*

	Chanteurs en Herbe	Les jurés	Les candidats
1. chiffres dithyrambiques	+		
2. Superbe(s)	+		
3. Beaucoup de grimaces		–	
4. Fait/font preuve d'originalité		+	
5. Nul(s)	–		
6. Ne fait / font pas ce qu'on attend d'elle / d'eux		–	
7. Utilise(nt) l'anglais			–
8. moins bon(s) qu'avant		–	

- *Activité n° 3.*

	J.-P. Sartre	R. Aron
1. hostile au marxisme	☐	☑
2. étudiant à l'école Nationale Supérieure	☑	☑
3. brillant sociologue	☐	☑
4. engagé pour les boat people	☑	☑
5. ~~a vécu près de 100 ans~~	☐	☐
6. toujours très étudié dans les autres pays	☑	☐
7. n'acceptait pas les récompenses	☑	☐
8. a perdu la vue	☑	☐

- *Activité n° 4.* 1. mandarin • 2. symbiose • 3. défaillant • 4. agaçant • 5. dédaigner

2. Se plaindre, râler [p. 214]

- *Activité n° 1.* 1. Faux • 2. Faux • 3. Vrai • 4. Vrai • 5. Vrai
- *Activité n° 2.* 1. b • 2. d • 3. a • 4. c • 5. a
- *Activité n° 3.* 1. d • 2. a • 3. e • 4. c • 5. b
- *Activité n° 4.* 1. qu'on en a marre • 2. les impôts • 3. l'absence de volonté de travailler • 4. climatique • 5. les élections

3. Dire du mal des autres [p. 218]

- *Activité n° 1.* 1. b • 2. a • 3. e • 4. f • 5. c • 6. d
- *Activité n° 2.* 1. houleuse • 2. des gros-mots • 3. son mauvais fonctionnement • 4. compréhensif • 5. des conséquences

▸ *Activité n° 3.*

Lolo	Gabriel	La DRH	Le responsable des ventes
prend toujours la défense des autres	N'était pas à la réunion	a subi beaucoup d'insultes	a rejeté la faute sur une autre personne
pense qu'il ne faut pas exagérer	pense qu'il faut être franc	se plaindra sans doute au directeur	a dépassé les limites

▸ *Activité n° 4.* 1. Faux • 2. Vrai • 3. Faux • 4. Vrai • 5. Faux • 6. Vrai • 7. Vrai

▸ *Activité n° 5.* 1. a • 2. d • 3. f • 4. c • 5. b • 6. e

4. Se disputer à propos de... [p. 222]

▸ *Activité n° 1.* 1. Faux • 2. Vrai • 3. Vrai • 4. Vrai • 5. Faux

▸ *Activité n° 2.* 1. tendue • 2. place dans la file d'attente • 3. de ne pas faire la queue • 4. de lui avoir pris sa place dans la queue • 5. une personne qui ne respecte pas les règles

▸ *Activité n° 3.* 1. e • 2. c • 3. a • 4. b • 5. d • 6. f

▸ *Activité n° 4.* 1. e • 2. a • 3. b • 4. f • 5. c • 6. d

5. Désobéir [p. 226]

▸ *Activité n° 1.* 1. Il est sorti / il est allé chez sa copine Cristina • 2. Elle a vu des photos sur Instagram • 3. Parce qu'il devait réviser pour un contrôle d'histoire • 4. en colère et déçue • 5. Parce qu'il y avait tout le monde / il ne pouvait pas rater ça • 6. Qu'en passant en bon week-end, on obtient de bons résultats scolaires.

▸ *Activité n° 2.* 1. réviser • 2. blouson • 3. kiffer • 4. faire le mur • 5. rater • 6. détendu

▸ *Activité n° 3.* 1. Faux • 2. Vrai • 3. Faux • 4. Vrai • 5. Faux

▸ *Activité n° 4.* 1. de ne pas donner d'argent à l'État. • 2. à ne pas acheter de produits anglais. • 3. représente un danger. • 4. est responsable de certaines règles injustes. • 5. d'accepter sa propre soumission.

Exercices Bonus

1. Argot / Verlan / Textos [p. 232]

▸ *Exercice 1.* 1. f • 2. k • 3. s • 4. n • 5. p • 6. a • 7. m • 8. t • 9. d • 10. q • 11. o • 12. b • 13. r • 14. e • 15. c • 16. i • 17. g • 18. l • 19. j • 20. h

▸ *Exercice 2.* 1. k • 2. a • 3. i • 4. o • 5. b • 6. t • 7. c • 8. s • 9. l • 10. d • 11. r • 12. e • 13. f • 14. g • 15. h • 16. j • 17. m • 18. n • 19. p • 20. q

▸ *Exercice 3.* 1. d • 2. a • 3. f • 4. g • 5. b • 6. c • 7. j • 8. e • 9. h • 10. i

2. **Sigles et acronymes indispensables** [p. 234]

▸ *Exercice 1.*

	Sigle	Acronyme
LOSC	☑	☐
OM	☐	☑
PSG	☐	☑
FCN	☐	☑
SCO	☑	☐
FIFA	☑	☐
UEFA	☐	☑
CIO	☐	☑
VTT	☐	☑
JO	☐	☑

▸ *Exercice 2.* 1. Sans Domicile Fixe • 2. Habitation à Loyer Modéré • 3. Société Nationale des Chemins de Fer • 4. Établissement d'Hébergement pour Personnes Agées Dépendantes • 5. Caisse Primaire d'Assurance Maladie • 6. Interruption Volontaire de Grossesse • 7. Président-Directeur Général • 8. Compagnie Républicaine de Sécurité • 9. Bibliothèque Nationale de France • 10. PActe Civil de Solidarité

▸ *Exercice 3.* 1. h • 2. i 3. d • 4. a • 5. g • 6. c • 7. j • 8. e • 9. d • 10. i

▸ *Exercice 4.* 1. b • 2. h • 3. i • 4. d • 5. e • 6. j • 7. f • 8. a • 9. g • 10. c

3. **Franglais** [p. 238]

▸ *Exercice 1.* Je me souviens de mes débuts de journaliste. Mon premier **job**, c'était assistant de rédaction d'un petit journal de province : préparation de café et photocopies. Un jour, mon **boss** me convoque dans son bureau et me propose d'aller faire une **interview** du maire d'une petite ville pour l'inauguration d'un supermarché **discount**. J'étais content, c'était enfin un travail de journaliste, un vrai **challenge**, je devais être à la hauteur. Le rendez-vous avait lieu sur le **parking** du supermarché, nous étions entourés de **pom pom girls** aux couleurs de la marque. J'ai posé trois questions, l'échange a duré moins de cinq minutes, les réponses étaient banales, il n'y avait aucun **scoop**, mais j'avais enfin exercé l'activité dont j'avais toujours rêvé. Et même si le texte n'a été publié qu'en page 9 entre deux annonces de **sponsors**, j'étais devenu journaliste ! La journée aurait été parfaite si un **pickpocket** ne m'avait pas volé mon **smartphone**.

▸ *Exercice 2.* 1. baskets, tennis • 2. rugby, golf • 3. pull over, short, sweat-shirt • 4. relookage, relooking, relookeuse • 5. Vrai ou faux ? (a) Vrai / (b) Vrai / (c) Vrai

▸ *Exercice 3.* 1. un process • 2. start up • 3. business plan / focus • 4. task force • 5. deadline • 6. benchmarking

▸ *Exercice 4.*

											8	
											H	
	6							**7**			A	
1	B	U	Z	Z				P			T	
	I			**2**	F	O	L	L	O	W	E	R
	O							A			R	
3	P	U	R	E	P	L	A	Y	E	R		
	I							L			**9**	
	C					**4**	P	I	T	C	H	
								S			O	
		5	M	A	I	N	S	T	R	E	A	M
											X	

▸ *Exercice 5.* 1. crush • 2. swag • 3. trendy • 4. punch line • 5. feat

▸ *Exercice 6.* 1. oui • 2. oui • 3. oui • 4. oui • 5. oui • 6. non (pas encore)

▸ *Exercice 7.* 1. chandail bedaine. • 2. magasiner. • 3. de la planche à neige. • 4. divulgachent (de « divulguer » + « gâcher »). • 5. clavarder (de « clavier » et « bavarder »).

4. **Apocopes** [p. 244]

▸ *Exercice 1.* 1. compta • 2. manif • 3. muscu • 4. exam • 5. ordi • 6. p'tit dej' • 7. actu • 8. pub • 9. impec • 10. comme d'hab
ordi : ordinateur • muscu : musculation • comme d'hab : comme d'habitude • impec : impeccable • actu : actualité • compta : comptabilité • pub : publicité • p'tit dej' : petit déjeuner • manif : manifestation • exam : examen

▸ *Exercice 2.* 1. Clim • 2. déca • 3. périf • 4. congel • 5. sécu • 6. répet • 7. allocs • 8. com • 9. modifs • 10. manips
manip : manipulation • répet : répétition • allocs : allocations • sécu : sécurité sociale • déca : décaféiné • périf : périphérique • modif : modification • clim : climatisation • com : communication • congel : congélateur

▸ *Exercice 3.* 1. faire de la rando • 2. un / une ado • 3. être accro • 4. un hosto • 5. un / une proprio • 6. un dico • 7. une expo • 8. un tuto • 9. un / une mytho • 10. un / une pro • 11. une démo • 12. un / une intello • 13. jouer perso

Table des matières

Made in the USA
Middletown, DE
06 February 2024

49229175R00161